BÜTÜN-BEYİNLİ ÇOCUK

DANIEL J. SIEGEL
TINA PAYNE BRYSON

ISBN: 978-605-69495-4-8

YAYINEVİ SERTİFİKA NO: 47887

MATBAA SERTİFİKA NO: 47939

Bütün-Beyinli Çocuk

Daniel J. Siegel & Tina Payne Bryson

Özgün Adı: **The Whole-Brain Child**

Yayın yönetmeni: Erdem Boz
Çeviren: Handan Ünlü Haktanır

Baskı : My Matbaacılık SAN. VE TİC. LTD. ŞTİ.

MY MATBAACILIK SAN. VE TİC. LTD. ŞTİ.

Maltepe Mah. Yılanlı Ayazma Sk. No: 8/F
Zeytinburnu / İstanbul Tel: 0212 674 85 28

Cilt: My Matbaacılık SAN. VE TİC. LTD. ŞTİ.

Diyojen Yayıncılık, İstanbul, 2022

DİYOJEN YAYINCILIK TİC. LTD .ŞTİ

Maltepe Mah. Yılanlı Ayazma Sk. No: 8/F Zeytinburnu / İstanbul
info@diyojenyayinevi.com
www.diyojenkitap.com

BÜTÜN-BEYİNLİ ÇOCUK

DANIEL J. SIEGEL
TINA PAYNE BRYSON

Çeviren: Handan Ünlü Haktanır

İÇİNDEKİLER

Yıkılmayın, Ayakta Kalın *ve* Başarılı Olun

Siz de öyle günler yaşamışsınızdır, değil mi? Uykusuzluk, çamurlu spor ayakkabılar, yeni ceketin üzerindeki fıstık ezmesi lekesi, ev ödevi savaşları, bilgisayar klavyenizin üzerindeki oyun hamuru parçaları ve bitmez tükenmez "Ama o başlattı!" nakaratı, bir an önce yatağa girmek için dakikaları size saydırmıştır mutlaka. Öyle günlerde, bir de çocuğunuzun burun deliğinden bir kuru üzümü çıkarmanız (yine mi?!!) gerekmişse, başınıza gelebilecek en iyi şeyin *yıkılmamak ve ayakta kalabilmek* olduğunu düşünmeye başlamışsınızdır.

Yine de, konu çocuklarınız oldu mu, hedefiniz ayakta kalabilmekten çok daha yükseklerde bir yerdedir. Tabii ki, o katlanması güç, restorandaki-öfke-krizi anlarından bir an önce sıyrılmak istersiniz ama bir ebeveyn veya bir çocuğun bakımından sorumlu herhangi başka biriyseniz, nihai hedefiniz onları *hayatta başarılı* olabilecekleri tarzda yetiştirmektir. Onların anlamlı ilişkiler yaşamalarını, şefkatli ve merhametli olmalarını, okulda başarı elde etmelerini, çok çalışmalarını ve sorumluluk sahibi bireyler olarak yetişmelerini ve kendilerinden memnun olmalarını istersiniz.

Yıkılmamak. Hayatta başarılı olmak.

Yıllar boyunca pek çok ebeveynle tanıştık. Onlara "Sizin için en önemli olan şey nedir?" diye sorduğumuzda, bu iki hedef her zaman listelerin başında gelmiştir. Hepsi de çocuk büyütmenin zorluklarını ayakta kalarak atlatmak ve çocuklarının ve ailelerinin başarılı olduğunu görmek istiyorlardı. Ebeveynler olarak biz de kendi ailelerimiz için aynı amaçları güdüyoruz. Daha kibar, sakin ve aklı başında olduğumuz anlarda, hedefimiz çocuklarımızın zihinlerini beslemek, merak duygularını uyandırmak ve onlara hayatın her anında potansiyellerini kullandırmaktır. Ama daha heyecanlı, stresli ve *ufaklığı-rüşvetle-uyut da-futbol-maçına-kaçalım* anlarında, bazen tek beklentimiz birilerine bağırmamak veya birinin bize "Ne lanet birisin!" dediğini duymamaktır.

Bir an durun ve kendinize sorun: Çocuklarınız için gerçekten ne istiyorsunuz? Sizce, onlar yetişkin hayatlarına götürmelerini ümit ettiğiniz ne gibi özellikler geliştirmeliler? Muhtemelen onların mutlu, bağımsız ve başarılı olmalarını, doyurucu ilişkiler yaşamalarını, anlamlı ve amaçlarla dolu bir hayat sürmelerini arzu ediyorsunuzdur. Şimdi de çocuklarınızın bu özelliklere sahip olması için, vaktinizin ne kadarını bilinçli olarak ayırdığınızı düşünün. Eğer pek çok diğer ebeveyn gibiyseniz, günü (ve bazen bir sonraki beş dakikayı) nasıl yıkılmadan atlatacağınız endişesi yaşadığınız için, çocuklarınıza hem bugün, hem de gelecekte başarılı olmalarını sağlayacak deneyimler yaratmak için yeterli vakit ayıramadığınıza siz de üzülüyorsunuzdur.

Belki de kendinizi, ayakta kalmak için mücadele vermekten bıkmayan ve yaşamının her saniyesini çocuklarının başarılı olması için harcayan bir tür mükemmel ebeveyn ile karşılaştırıyorsunuzdur. Bilirsiniz, dengeli beslenmeye kafayı takan, çocuklarına bir yandan organik ürünlerden yemekler pişirirken bir yandan da onlara başka insanlara yardım etmenin önemine değinen Latince bir metin okuyan Okul Aile Birliği başkanları vardır. Bu kişiler, daha sonra çocuklarını bir sanat müzesine götürürler ve onlara bir yandan klasik müzik konseri dinletirken bir yandan da klimalardan lavanta aromaterapisi yaptırırlar! Ama hiçbirimiz bu sanal süper ebeveynler gibi olamayız. Özellikle de günlerimizin büyük oranda bir doğum günü partisinden sonra kendimizi fal taşı gibi açılmış gözlerle ve kıpkırmızı bir yüzle bulduğumuz bir ayakta kalma modunda geçtiğini düşünüyorken… "Bu oyuncak ok ve yay konusunda bir tartışma daha olursa, kimse hediye *mediye* almayacak!"

Bütün bunlar size tanıdık geliyorsa, size önemli bir haberimiz var: *Yıkılmadan ayakta kalmak için uğraş verdiğiniz o anlar aslında çocuklarınızın başarılı olmasına yardımcı olacak olan büyük fırsatlardır.* Zaman zaman (şefkat veya karakter konusunda anlamlı bir sohbet gerçekleştirmek gibi) sevgi dolu anların, ebeveynlerin karşılaştığı (ev ödevleriyle ilgili bir başka savaş veya yeni bir moral bozukluğu gibi) güçlüklerle aynı derecede önemli olmadığını düşünürsünüz. Ama bunlar birbirinden hiç de farklı değildir. Çocuğunuzun saygısız davrandığı ve size karşılık verdiği; okul müdürünün konuşmak için sizi odasına çağırdığı; duvarınızın üzerinde kurşun kalemle çiziktirilmiş eciş bücüş yazılar gördüğünüz zamanlar, hiç şüphesiz ki ayakta kalmanızı gerektiren anlardır. Ama bunlar aynı zamanda fırsatlar, hatta lütuflardır, çünkü bir ayakta kalma anı *aynı zamanda* bir başarı anıdır ve ebeveyn olmanın önemi ve anlamı da burada yatmaktadır.

Örneğin, bir an önce atlatmak istediğiniz bir olayı düşünün. Çocuklarınız üç dakika içinde üçüncü kez birbirlerine girmiş olsun. (Bunu hayal etmek hiç de zor değil, öyle değil mi?) Kavgayı durdurmak ve tartışan kardeşleri ayrı odalara göndermek yerine bu olayı, onların birbirlerini dinlemeyi ve birbirlerinin görüşlerine kulak vermeyi; kendi arzularını açık, net ve saygın bir şekilde iletmeyi; karşılıklı ödün vererek fedakarlıkta bulunmayı, müzakere etmeyi ve bağışlayıcı olmayı öğrenmeleri için kullanabilirsiniz. Biliyoruz: Bütün bunları tam o sırada, sıcağı sıcağına yapabilmek kolay değildir. Ama çocuğunuzun duygusal ihtiyaçlarını ve ruh hallerini biraz olsun bilirseniz, Birleşmiş Milletler Barış Gücü'nün bile yardımına ihtiyaç hissetmeden, bu tür olumlu bir sonuç elde edebilirsiniz.

Kavga eden çocuklarınızı ayırmanın bir mahsuru yoktur. Bu da iyi bir ayakta kalma tekniğidir ve bazı durumlarda en iyi çözüm de olabilir. Ama genellikle bir tartışmayı ve gürültüyü sona erdirmekten daha iyi şeyler yapabiliriz. Yaşanan bir olayı sadece çocuğumuzun beyninin değil, ilişki kurabilme becerisinin ve karakterinin gelişimi için de kullanabiliriz. Zaman içinde, kardeşlerin her biri gelişecek ve ebeveynlerinin rehberliği olmadan sorunların üstesinden gelmekte daha usta olmaya başlayacaktır. Çocuklarınızın başarılı olmasına yardımcı olmak için yapabileceğiniz pek çok şeyden biri de budur.

Bu *yıkılmadan-ayakta-kal-ve-başarılı ol* yaklaşımının güzel tarafı, çocuklarınızın başarılı olmasına yardımcı olmak için özel bir vakit ayırmanıza gerek kalmamasıdır. Onlarla paylaştığınız sadece mucizevi ve sevgi dolu olanları değil, stresli ve öfkeli anlar da dahil olmak üzere, *tüm* etkileşimlerinizi, onların tam istediğiniz gibi sorumluluk sahibi, şefkatli ve becerikli kişiler olmaları için fırsat olarak değerlendirebilirsiniz. İşte bu kitap da zaten bununla ilgili, yani çocuklarınızla her gün geçirdiğiniz anları onlara gerçek potansiyellerine erişmeleri için kullanmanız hakkında. Takip eden sayfalar, size çocuk büyütürken her ne pahasına olursa olsun başarı kazanmaya ve mükemmeliyetçiliğe aşırı önem veren akademik yaklaşımların panzehiri olacak çareler sunmaktadır. Bu kitapta biz size çocuklarınızın daha oldukları gibi ve hayatla daha barışık, güçlü ve dirençli kişiler olabilmeleri için neler yapabileceğinizi göstereceğiz. Bütün bunları nasıl yapabilirsiniz? Bu sorunun yanıtı çok basittir: Gelişmesine ve olgunlaşmasına yardımcı olmak istediğiniz o genç beyinle ilgili bazı temel bilgilere sahip olarak. Bu kitap da zaten size bunu öğretecek.

BU KİTABI NASIL KULLANMALISINIZ

Bir anne-baba, büyükanne-büyükbaba, öğretmen, terapist veya bir çocuğun yetiştirilmesinden sorumlu bir kişiyseniz, bu kitap tam size göre. Kitap boyunca "ebeveyn" sözcüğünü kullanacağız ama bu sözcük aslında çocukların büyütülmesi, desteklenmesi ve beslenmesi gibi önemli işlerden sorumlu olan herkesi kapsamaktadır. Hedefimiz çocuklarınızla olan günlük etkileşimlerinizi, onların hayatta yıkılmadan ayakta kalmaları ve başarılı olmalarına yardım eden fırsatlar olarak değerlendirmenize yardımcı olmaktır. Okuyacaklarınızın çoğunu, yaratıcı bir şekilde ergen çocuklarınıza da uygulayabilirsiniz (aslında kitabımıza sadece onları ilgilendiren bazı takviyeler yapmayı da planlıyoruz), ama bu kitap yeni doğanlardan başlayıp on iki yaşına kadarki çocuklara ve ağırlıklı olarak yeni yürüyenlere, okula gitme yaşına gelmiş olanlara ve ergenlik öncesi yıllarını yaşayanlara yönelik olacaktır.

İlerleyen sayfalarda Bütün-Beyin bakış açısını anlatacak ve çocuklarınızın daha mutlu, daha sağlıklı ve daha özgüvenli olmalarına yardımcı olabilmeniz için size bazı yöntemler öğreteceğiz. Birinci bölümde, beyin olgusunu akılda tutarak nasıl ebeveynlik edebileceğinizi anlatacak ve Bütün-Beyin yaklaşımının can damarını oluşturan ve basit olmasına rağmen güçlü bir kavram olan entegrasyondan söz edeceğiz. Bölüm 2'de, mantıksal ve duygusal kimlikleriyle bağ kurabilmesi için bir çocuğun sol ve sağ beyninin birlikte çalışmasına nasıl yardımcı olabileceğinize odaklanacağız. Bölüm 3 sezgisel "alt kattaki" beynin, karar vermekten, kişisel içgörüden, empatiden ve ahlaktan sorumlu ve daha düşünceli olan "üst kattaki" beyinle bütünleşmesinin önemini vurgulayacak. Bölüm 4'de, anlayışlı davranma yoluyla çocuğunuzun geçmişten gelen bazı acılarla baş etmesine ve onun bu acıları hoşgörüyle, bilinçli bir şekilde ve isteyerek ele almasına nasıl yardımcı olabileceğinizi anlatacağız. Bölüm 5'de, çocuklarınıza kendi ruh halleri hakkında durup düşünme yeteneğine sahip olmayı nasıl öğreteceğinizi göstereceğiz. Çocuklarınız bütün bunları başardıkları vakit, dünyayı nasıl algılayacaklarına ve ona nasıl bir tepki vereceklerine dair kendilerine bazı seçenekler yaratabileceklerdir. Bölüm 6'da ise kimliklerini kaybetmeden başkalarıyla bağ kurmanın verdiği mutluluğu ve tatmin duygusunu çocuklarınıza nasıl öğretebileceğinizi anlatacağız.

Bütün-Beyin yaklaşımının bu farklı yönlerini net bir şekilde anlamak, sizin çocuk büyütme olayını yepyeni bir şekilde görmenize izin verecektir. Ebeveynler olarak bizler çocuklarımızı tehlikelerden ve olabilecek zararlardan korumak üzere kurgulanmışızdır ama bunu her zaman başarmamız mümkün olmayabilir. Onlar yere düşeceklerdir, duygusal olarak incinecek, öfkelenecek, korkacak ve üzüleceklerdir. Aslında, onları olgunlaştıran ve onlara hayatı öğreten şeyler de işte yaşadıkları bu zor deneyimlerdir. Çocuklarımızı hayatın kaçınılmaz güçlüklerinden korumak yerine, onların bu deneyimlerini dünyayla ilgili anlayışlarıyla entegre etmelerine ve onlardan ders almalarına yardımcı olabiliriz. Unutmamalıyız ki, çocukların genç hayatları sadece onların başlarına gelen şeylerden değil, ebeveynlerinin, öğretmenlerinin ve onlara bakmakla sorumlu olan kişilerin verdikleri tepkilerle de şekillenmektedir.

İşte bu yüzden, *Bütün-Beyinli Çocuk* adlı bu kitapta tanıştırdığımız özel araçların çocuk yetiştirmeyi sizin için mümkün olduğu kadar kolaylaştırmasını ve çocuklarınızla olan ilişkilerinizi daha anlamlı bir hale getirmesini öncelikli hedeflerimiz olarak saptadık. O nedenle, bölümlerin neredeyse yarısında, bahsi geçen bilimsel kavramları uygulayabilmeniz için bazı pratik öneriler ve örnekler verdiğimiz "Neler yapabilirsiniz" bölümleri bulunmaktadır.

Ayrıca, her bir bölümün sonunda, edindiğiniz bu yeni bilgileri hemen uygulamaya koymanız için tasarlanmış iki bölüm bulacaksınız. Bunlardan birincisi, o belirli bölümde verdiğimiz temel bilgileri çocuklarınıza öğretmenize yardımcı olan "Bütün-Beyinli Çocuklar" bölümüdür. Küçük çocuklara beyinden bahsetmek tuhaf gelebilir. Ne de olsa bu, beyin *bilimidir*. Ama dört beş yaşlarındaki küçük çocukların bile beynin çalışmasıyla ilgili bazı temel kavramları anlayabildiklerini ve kendi davranış ve duygularını da güçlü bir şekilde kavrayabildiklerini fark ettik. Bu bilgi, sadece çocuk üzerinde değil, bu bilgileri ona öğretmeye ve onu her iki tarafın da mutlu olabileceği yöntemlerle yetiştirmek ve sevmek için çaba gösteren ebeveyn üzerinde de çok etkili olabilmektedir. "Bütün-Beyinli Çocuklar" bölümlerini okul çağındaki çocukları göz önüne alarak yazdık, ancak bu bilgileri yüksek sesle okumakta ve çocuğunuzun gelişimine uyacak şekilde uyarlamakta tamamen özgürsünüz.

Her bir faslın sonunda bulacağınız ikinci bölümün adı ise

"Kendimizi Entegre Etmek"tir. Kitabın önemli bir kısmı çocuğunuzun hayatına ve sizin onunla olan ilişkinize odaklanmış olmasına rağmen, bu bölümlerde her bir bölümde verdiğimiz kavramları kendi hayatınıza ve ilişkilerinize adapte etmenize yardımcı olacağız. Çocuklar geliştikçe, beyinleri de ebeveynlerinin beyinlerinin "aynası" halini alır. Diğer bir deyişle, ebeveynin kendi gelişmesi ve olgunlaşması veya bunlardan yoksun olması, çocuğunun da beynini etkiler. Ebeveynler farkındalıklarını geliştirdikçe ve duygusal anlamda daha sağlıklı oldukça, çocukları da bunun semeresini toplarlar ve daha sağlıklı olmaya doğru ilerlerler. Bu da, çocuklarınıza verebileceğiniz en cömert hediyenin kendi beyninizi entegre etmek ve eğitmek olduğu anlamına gelir.

Faydalı bulacağınızı umduğumuz bir başka araç da, kitaptaki fikirleri çocuğunuzun yaşına göre nasıl uygulayabileceğinizi gösteren, kitabın sonundaki "Yaşlara ve Aşamalara Göre Uygulanabilecek Stratejiler" grafiğidir. Kitaptaki her bir bölüm, çocuk gelişiminin belirli yaş ve aşamalarına hitap eden pek çok öneri içermektedir ve bu fikirler hemen uygulamaya geçirilebilecek şekilde dizayn edilmiştir. Ama kitabın sonundaki bu referans bölümü, uygulanmalarını ebeveynler için daha da kolaylaştırmak üzere, yaş ve gelişim kategorileri halinde incelenmiştir. Örneğin, eğer yeni yürüyen bir bebeğin annesiyseniz, bebeğinizin sol ve sağ beyni arasındaki entegrasyonu güçlendirmek için ne yapacağınızı gösteren bir hatırlatmayı süratle bulabileceksiniz. Sonra, çocuğunuz büyüdükçe kitapta onun yaşına uygun bölüme geçebilecek ve çocuğunuzun hayatındaki bu yeni aşamaya daha uygun olan örneklerin ve önerilerin listesine bir göz atabileceksiniz.

Ayrıca, "Yaşlara ve Aşamalara Göre Uygulanabilecek Stratejiler" bölümünden hemen önce, bir de "Buzdolabı Bölümü" adını verdiğimiz ve kitaptaki en önem hususları kısaca vurgulayan bir bölüm bulacaksınız. Bu sayfanın fotokopisini çekebilir ve bunu buzdolabınızın üzerine yapıştırabilirsiniz, böylece sizi ve çocuklarınızı seven diğer ebeveyn, çocuk bakıcıları, büyük ebeveynler ve benzeri kişilerle, çocuklarınızın genel anlamda mutluluğu için el ele verip birlikte çalışabilirsiniz.

Bu kitabı yazarken, sizin için kolayca okunabilir ve kavranabilir olmasına gayret ettiğimizi umarız fark etmişsinizdir. Bilim insanları olarak bizler gerçekçi olmaya ve doğruları söylemeye önem verdik; ebeveynler olarak ise kitaptaki bilgilerin kolay uygulanabilir olmasına. Bunun yarattığı stresle baş etmek için verdiğimiz mücadelede, size en yeni ve en önemli bilgileri en iyi şekilde nasıl iletebileceğimizi düşündük ve bu bilgilerin anlaşılması kolay, faydalı ve hemen uygulanabilir olması için özel bir gayret gösterdik. Kitap bilimsel temellere dayanmakla birlikte, kendinizi bir fen sınıfındaymış veya akademik bir makale okuyormuş gibi hissetmeyeceksiniz. Evet, söz konusu olan şey beyin bilimidir ve biz araştırmaların ve bilimin gösterdiklerine kesinlikle sadık kalacağız. Ama bu bilgileri paylaşırken sizi kapının dışında bırakmayacak, evin içine davet edeceğiz. Her ikimiz de kariyerlerimizi beyinle ilgili karmaşık ama hayati bilimsel bilgiler edinmeye ve bu bilgileri ebeveynlerin anlayabileceği ve günlük yaşamlarında çocuklarına kolaylıkla uygulayabilecekleri şekilde özetlemeye adamış bulunuyoruz. O yüzden, beyin sözcüğünü duyunca hemen paniklemeyin. Edindiğiniz bilgilerin büyüleyici olduğunu düşüneceğinizi umuyoruz. Ayrıca temel bilgilerin çoğunun hem anlaşılması, hem de uygulanması son derece kolay bilgiler olduğunu göreceksiniz.

Çocuklarınızın gerçekten de daha mutlu, daha sağlıklı ve daha çok kendileri gibi olmalarına nasıl yardımcı olabileceğinizi gösterecek olan bu yolculukta bize katıldığınız için sizlere teşekkür ediyoruz. Beyninizi tanımakla, çocuklarınıza neler öğreteceğinizle, onlara nasıl ve neden tepki vermeniz gerektiğiyle ilgili olarak daha bilinçli bir hale geleceksiniz. Ondan sonra, sadece yıkılmadan ayakta kalmanın da ötesinde bir şeyler başarabilirsiniz. Çocuklarınıza tekrar tekrar onların beyinlerini geliştirecek egzersizler yaptırdığınız takdirde, günlük hayatınızda ebeveynlik yapmakla ilgili daha az sorunla karşılaşacaksınız. Ama bunun da ötesinde, entegrasyonun ne olduğunu anlarsanız, çocuğunuzu daha derinden tanıyabilecek, güç koşullarla daha etkili bir şekilde baş edebilecek ve ömür boyu sürecek olan mutluluk ve sevgi temellerini atmış olacaksınız. Bunun sonucunda da, hem çocuklarınız şimdi ve yetişkin olduklarında, hem de siz ve tüm aileniz başarılı olacaksınız.

Lütfen web sayfamıza girerek bizi ziyaret edin ve ebeveyn olarak Bütün-Beyin yaklaşımını uygularken yaşadıklarınızı bize anlatın. Sizi dinlemek için sabırsızlanıyoruz.

Dan ve Tina
www.WholeBrainChild.com

BÖLÜM 1

Beyin Faktörünü Akılda Tutarak Çocuk Yetiştirmek

Ebeveynler genellikle çocuklarının bedenleri konusunda uzmandır. 37 derecenin üzerindeki bir beden ısısının ateş olduğunu, bir yarayı mikrop kapmaması için nasıl temizleyeceklerini ve çocuklarını yatmadan önce ne tür yiyeceklerin sinir küpü haline getirdiğini bilirler.

Ama en özenli ve en eğitimli ebeveynler bile çocuklarının beyinleriyle ilgili temel bilgilerden yoksundur. Ne kadar şaşırtıcı, değil mi? Özellikle de, bir çocuğun hayatının karar verme, özfarkındalık, okul, insan ilişkileri gibi ebeveynlerinin önem verdiği her anında beynin oynadığı önemli rol göz önüne alındığında… Gerçekten de beynimiz bizim kim olduğumuza ve ne yaptığımıza önemli ölçüde şekil vermektedir. Ve beynin kendisi de biz ebeveynlerin sunduğu deneyimlerle şekil bulduğuna göre, bu deneyimlerin çocuğumuzun beyninde yapabileceği değişikliklerin bilincinde olursak, onun daha güçlü ve dirençli bir beyin geliştirebilmesine yardımcı olabiliriz.

İşte bu nedenden dolayı sizi "Bütün-Beyin" denen bir perspektifle tanıştırmak istiyoruz. Amacımız size beyin hakkında bazı temel kavramları anlatmak ve edindiğiniz bu yeni bilgileri çocuklarınızı daha kolaylık ve daha anlamlı bir şekilde yetiştirmenize yardımcı olacak şekilde uygulamanızı sağlamaktır. Bütün-Beyinli bir çocuk yetiştirmenin, ebeveynlikle birlikte gelen tüm hayal kırıklıklarını gidereceğini söylüyor değiliz. *Ama beynin işleyişiyle ilgili birkaç basit ve kolay anlaşılır temel ilkeyi tanıyarak, çocuğunuzu daha iyi anlayabilecek, güç durumlara daha etkili çareler bulabilecek ve onun sosyal, duygusal ve zihinsel sağlığı için sağlam temeller oluşturabileceksiniz.* Bir ebeveyn olarak ne yaptığınız önemlidir, o nedenle size çocuğunuzla onun beynini şekillendirmenizi sağlayacak güçlü ilişkiler kurabilmenize ve ona sağlıklı ve mutlu bir hayat kurması için gerekli olan temel ilkeleri öğretmenize yardımcı olacak kolay anlaşılır ve bilimsel temeli olan bazı fikirler vereceğiz.

Dilerseniz şimdi size, bu bilgilerin ebeveynler için ne kadar önemli olduğunu gösteren bir öykü anlatalım.

İİA VUU VUU

Marianna bir gün işteyken gelen bir telefondan iki yaşındaki oğlu Marco'nun bakıcısıyla birlikte bir araba kazası geçirdiği haberini aldı. Marco iyi durumdaydı ama arabayı kullanan bakıcısı bir ambulansla hastaneye sevk edilmişti.

Bir ilkokul müdiresi olan Marianna telaş içinde kaza mahalline koştu. Ona bakıcının araba kullanırken bir sara nöbeti geçirmiş olduğunu söylediler. Marianna bir itfaiyeciyi başarısız bir şekilde küçük oğlunu teselli etmeye çalışırken buldu. Marco'yu hemen kollarına aldı ve küçük çocuk annesinin onu rahatlatmasıyla hemen sakinleşti.

Çocuk ağlamasını keser kesmez Marianna'ya olayın nasıl meydana geldiğini anlatmaya başladı. Doğal olarak, iki yaşında her çocuk gibi o da bir tek ebeveynlerinin ve bakıcısının anladığı tarzda konuşuyordu. Marco sürekli olarak "İia vuu vuu" diyordu. "İia" onun çok sevdiği bakıcısı "Sophia" için kullandığı sözcüktü, "vuu vuu" ise itfaiye aracındaki sirenin (veya burada olduğu gibi bir ambulansın) çıkardığı sesti. Ama çocuğun sürekli olarak annesine "İia vuu vuu" demesi, yaşadığı olayın onu en çok etkileyen ayrıntısına, yani Sophia'nın ondan uzak bir yerlere götürülmüş olmasına odaklandığını gösteriyordu.

Böyle bir durumda, pek çoğumuz Sophia'nın iyi olacağına dair Marco'yu ikna ettikten sonra, onun dikkatini örneğin "Hadi, gel dondurma alalım!" diyerek hemen başka bir yöne çekme eğilimi içine gireriz. Olaydan sonraki günlerde de, pek çok ebeveyn çocuğun üzülmemesi için konuyla ilgili olarak konuşmaktan kaçınır. "Hadi, gel dondurma alalım" türündeki bir yaklaşımın sakıncası, çocuğun ne olduğuyla ve neden olduğuyla ilgili olarak zihin karışıklığı yaşamasına neden olmasıdır. Böyle bir yaklaşım, hâlâ derin ve ürkütücü duygular yaşamakta olan çocuğa onlarla etkili bir şekilde baş etmesi için izin vermemekte veya yardım etmemektedir.

Ama Marianna bu hatayı yapmadı çünkü Tina'nın "çocuk yetiştirme ve beyin" konulu derslerine devam etmişti, dolayısıyla öğrendiklerini hemen işe yarayacak şekilde uygulamaya girişti. O gece ve müteakip bir hafta boyunca, Marco kaza gününü her hatırladığında, ona kazanın nasıl olduğunu anlatması için yardımcı oldu. "Evet, sen ve Sophia bir kaza geçirdiniz, öyle değil mi?" diye sorduğunda Marco kollarını öne doğru uzatıp sallıyor ve Sophia'nın sara nöbeti geçirdiği anki halini taklit ediyordu. Marianna ise devam ediyordu: "Evet, Sophia bir nöbet geçirdi ve titremeye başladı ve araba da bir yere çarptı, öyle değil mi?" Marco'nun bundan sonra söylediği, doğal olarak, bildiğimiz "İia vuu vuu" oluyordu. Marianna şöyle yanıt veriyordu: "Haklısın. Vuu vuu geldi ve Sophia'yı doktora götürdü. Ve şimdi o çok daha iyi durumda. Onu dün görmeye gittiğimizi hatırlıyor musun? Ne kadar da iyi görünüyordu, öyle değil mi?"

Olayı tekrar tekrar anlatması için Marco'ya izin vermekle, Marianna onun neler olup bittiğini anlamasına ve böylece olayla duygusal olarak baş etmeye başlamasına yardım etmiş oluyordu. Bu ürkütücü olayı işlemden geçirmesi için oğlunun beynine yardım etmenin önemini bildiği için, ona olayı tekrar tekrar anlatıyor ve böylece korkusunu işlemden geçirerek günlük rutinine sağlıklı ve dengeli bir şekilde devam etmesine yardım ediyordu. Nitekim birkaç gün sonra Marco kazadan giderek daha az bahsetmeye başlamış ve bu olay, önemli olmakla birlikte, onun hayat deneyimlerinden sadece bir tanesi haline gelmişti.

Kitabın ilerleyen bölümlerinde Marianna'nın neden bu şekilde davrandığının ayrıntılarını ve bu davranışının oğlu için hem pratik, hem de nörolojik açılardan neden çok yararlı olduğunu öğreneceksiniz. Siz de beyin hakkındaki bu yeni bilgilerinizi çeşitli şekillerde uygulayarak, çocuğunuzla ilgili sorunların üstesinden daha kolaylıkla gelebilecek ve onu daha anlamlı bir şekilde büyütebileceksiniz.

Bu kitabın da temelini oluşturan, Marianna'nın yaklaşımının ardındaki kavram *entegrasyon*dur. Entegrasyonu, yani bütünleşmeyi net bir şekilde anlamak, çocuklarınızı yetiştirme tarzınızı tamamıyla değiştirecek, çocuklarınızdan daha çok keyif almanıza ve onları duygusal anlamda daha zengin ve anlamlı hayatlara hazırlamanıza yardım edecektir.

ENTEGRASYON NEDİR VE NEDEN ÖNEMLİDİR?

Pek çoğumuz, beynimizin farklı görevlere sahip pek çok farklı bölümleri olduğunu pek aklımıza getirmeyiz. Örneğin, beyninizin mantıklı davranmanıza ve düşüncelerinizi cümleler haline getirmenize yardım eden bir sol tarafı ve duygular yaşamanızı ve sözel olmayan işaretleri algılamanızı sağlayan bir de sağ tarafı vardır. Ayrıca, sezgisel olarak harekete geçmenizi ve hayatta kalmak için kaşla göz arasında karar almanızı sağlayan bir "sürüngen beyniniz", bir de sizi bağlantılara ve ilişkilere sürükleyen bir "memeli beyniniz" vardır. Beyninizin bir tarafı kendisini bellekle uğraşmaya adamıştır, diğer tarafı ise ahlaki ve etik kararlar alır. Beyniniz birden çok kişiliği olan bir insan gibidir; bazen rasyoneldir, bazen irrasyonel; bazen reflektiftir (yansıtıcı), bazen de reaktif (tepkisel). O yüzden, hepimizin farklı zamanlarda farklı insanlar gibi görünmemize şaşmamak gerekir.

Başarılı olmanın anahtarı, işte bu bölümlerin birlikte iyi çalışmasına, yani entegre olmasına yardımcı olmaktır. Sağ-sol entegrasyonu beyninizin belirli bölümlerini alır ve onların bir bütün olarak çalışmasına yardım eder. Bu olay örneğin, akciğerlerimizin havayı içine çekmesi, kalbimizin kan pompalaması ve midemizin yediklerimizi öğütmesi, yani bedenimizdeki farklı organların farklı farklı işler üstlenmesi gibi bir şeydir. Bedenimizin sağlıklı olması için, bu organların tümünün birbiriyle bütünleşmesi gerekir. Başka bir deyişle, bu organlar bir yandan kendi görevlerini yerine getirirken, bir yandan da bir bütün halinde çalışmalıdırlar. Entegrasyon dediğimiz olay budur, yani iyi işleyen bir bütün elde etmek için farklı öğelerin birbirine bağlanmasıdır. Aynı şekilde, beynimizin iyi bir performans göstermesi de, farklı bölümlerinin bir koordinasyon içinde ve dengeli bir şekilde birlikte çalışmasına bağlıdır. Sağ-sol entegrasyonu işte bunu gerçekleştirir, yani beynin farklı bölümlerini birbirine bağlar ve bunların arasındaki koordinasyonunu ve dengeyi sağlar. Çocuklarımızın entegre olmadıkları zamanları kolaylıkla fark ederiz. Öyle zamanlarda duygularına yenik düşerler, zihinleri kaotik ve allak bullaktır. İçinde bulundukları koşullara sakin ve ehil bir şekilde tepki veremezler. Öfke nöbetleri geçirirler, çöküş yaşarlar, saldırganlaşırlar. Ebeveynlerine yaşattıklarının pek çoğu, ayrışma (dezentegrasyon) olarak da bilinen entegrasyon eksikliğinin sonuçlarıdır.

Amacımız, beyinlerinin tümünü koordineli bir şekilde kullanabilmeleri için, çocuklarımızın daha iyi entegre olmalarına yardımcı olmaktır. Bizim istediğimiz, çocuklarımızın sol beyinlerindeki mantığın sağ beyinlerindeki duygularla birlikte daha iyi çalışabilmesi için *yatay bir biçimde entegre* olmalarıdır. Beynin eylemlerin düşünülerek yapılmasını sağlayan ve fiziksel olarak daha üstte olan bölümünün, daha çok sezgilerle, içgörülerle ve hayatta kalma içgüdüsüyle ilgili olan alt katıyla uyumlu bir şekilde çalışması için, *dikey bir şekilde entegre* olmalarını da istiyoruz.

Entegrasyon, pek çok kişinin farkında bile olmadan gerçekleşen muhteşem bir olaydır. Bilim insanları geçtiğimiz yıllarda, daha önce yapılması asla mümkün olmayan araştırmalara izin veren yeni bir beyin-tarama teknolojisi geliştirdiler. Bu yeni teknoloji, aslında bizim beyin hakkında daha önceden beri bildiklerimizin çoğunu doğrulamıştır. Buna rağmen, sinirbiliminin temellerini sarsan sürprizlerden biri, beynin aslında "plastik", yani "şekillendirilebilir" olduğunun keşfedilmesidir. Bunun anlamı beynin, daha önce varsaydığımız gibi sadece çocuklukta değil, tüm hayatımız boyunca fiziksel olarak değişiyor olmasıdır.

Beynimize şekil veren şey nedir? Deneyimdir, yani yaşadıklarımızdır. Yaşlandıktan sonra bile, deneyimlerimiz beynimizin fiziksel yapısını değiştirmektedir. Bir deneyim yaşadığımız vakit, beynimizdeki nöron adı verilen hücreler aktive olur, yani "kablolanarak" yeni bağlantılar oluştururlar. Beynimizdeki yüz milyar nöronun her birinin diğerleriyle ortalama on bin bağlantısı vardır. Beyindeki belirli devrelerin ne şekilde aktive olduğu, görme ve duymanın yanı sıra daha soyut olan düşünme ve akıl yürütme gibi zihinsel aktivitelerimizin doğasını da belirler. Nöronlar kablolandıkları vakit, aralarında yeni bağlantılar oluşur. Zaman içinde, bu hareketlilikten kaynaklanan bağlantılar beynin içinde "yeni şebekelerin" oluşmasına neden olur. Bu gerçekten de çok heyecan verici bir haberdir ve şu anlama gelmektedir: Bizler hayatımız boyunca beynimizin şu anda çalıştığı tarzın esiri olarak kalmak zorunda değiliz ve yeni şebekelerin oluşmasıyla daha mutlu ve daha sağlıklı olabiliriz. Bu ayrıca, sadece çocukluk ve ergenlik dönemi için değil, hayatın tüm evreleri için geçerli olan bir durumdur.

Şu anda bile, çocuğunuzun beyni sürekli olarak kablolanmakta ve yeniden kablolanmaktadır ve ona sunacağınız deneyimler onun beyninin nasıl şekilleneceğinin belirlenmesinde önemli bir rol oynayacaktır. Ama kendinizi baskı altında hissetmeyin ve endişelenmeyin. Doğa, beynin temel mimarisinin doğru beslenme, yeterli uyku ve yerinde uyarılmalarla iyi bir şekilde gelişmesini sağlamaktadır. Doğal olarak, insanların sahip oldukları karakterlerde, özellikle mizaç açısından, genlerin de önemli bir rolü vardır ama gelişim psikolojisinin farklı alanlarında elde edilen bulgular, dinlediğimiz müzik, sevdiğimiz insanlar, okuduğumuz kitaplar, bize verilen disiplin, hissettiğimiz duygular gibi yaşadığımız her şeyin beynimizin gelişmesini derin bir şekilde etkilediğini göstermektedir. Başka bir deyişle, beynimizin temel mimarisinin ve doğuştan gelen mizacımızın ötesinde, ebeveynlerin çocuklarına dirençli ve iyi entegre olmuş bir beynin gelişmesine yardımcı olmaya yarayan deneyimleri sunma konusunda yapabilecekleri pek çok şey vardır. Bu kitap size, günlük deneyimlerinizi çocuğunuzun beynini giderek daha entegre bir hale getirmek için nasıl kullanmanız gerektiğini gösterecektir.

Örneğin, kendi deneyimleri hakkında konuşan ebeveynleri olan çocuklar, o tür deneyimlerle daha kolay bağ kurabilmektedir. Kendi duyguları hakkında konuşan ebeveynlerin çocukları duygusal zekalarını geliştirebilmekte, hem kendi duygularını hem de başkalarının duygularını daha dolu dolu anlayabilmektedir. Dünyayı keşfetme konusunda destekleyici ve cesaret verici ebeveynleri olan çocuklar, çekingen mizaçlı da olsalar, davranış kısıtlamalarından kurtulabilmekte, buna karşın fazlaca korunan veya düşüncesizce endişe verici deneyimlere maruz bırakılan ve desteksiz kalan çocuklar, çekingenliklerini muhafaza etme eğiliminde kalmaktadır.

Çocuk gelişimi ve bağ kurma bilimi alanında bu görüşü destekleyen pek çok bulgu vardır ve nöroplastisite alanındaki yeni bulgular da, ebeveynlerin çocuklarının beyin gelişmesini onlara yaşattıkları deneyimlerle doğrudan şekillendirebildiklerini göstermektedir. Örneğin, video oyunları oynayarak, televizyon seyrederek veya mesajlaşarak ekran başında geçirilen saatler, çocuğun beynini belirli şekillerde harekete geçirecektir. Eğitimsel aktiviteler, spor ve müzik ise farklı şekillerde etkili olacaktır. Aileyle ve dostlarla birlikte vakit geçirmek ve özellikle de yüz yüze etkileşim sağlayan ilişkilerle ilgili bilgi sahibi olmak ise daha farklı şekillerde etki yapacaktır. Kısacası, başımıza gelen her şey, beynimizin ne şekilde gelişeceğini etkilemektedir.

Entegrasyonun temelinde işte bu kablolama ve yeniden kablolama süreci, yani çocuklarımıza, onların beyinlerinin farklı bölümleri arasında bağlantılar yaratacak deneyimler yaşatma olayı yatmaktadır. Bu bölümler işbirliği yaptığı vakit, beynin farklı bölümlerini birbirine bağlayan birleştirici dokular (fiberler) yaratırlar ve onları güçlendirirler. Bunun sonucunda, beynin farklı bölümleri daha güçlü bir şekilde birbirleriyle bağlanmış olur ve daha da uyumlu bir şekilde çalışabilirler. Nasıl ki, bir koroda şarkı söyleyen kişiler bir araya gelince farklı tonlardaki seslerini uyumlu hale getirebiliyorlarsa, entegre olan bir beyin de, farklı bölümlerinin tek başına yapabileceklerinden çok daha fazlasını yapabilir.

İşte bizim de çocuklarımızın her biri için yapmak istediğimiz şey budur, yani onların beyinlerinin zihinsel kapasitelerini sonuna kadar kullanacak şekilde entegre olmasını sağlamak. Marianna'nın da Marco için yaptığı tam anlamıyla budur. Marianna, hikayesini (yani "İia vuu vuu"yu) tekrar ve tekrar anlatmasını istemekle, Marco'nun beyninin sağ bölümündeki ürkütücü ve travmatik duyguları etkisiz hale getirmiş ve onların Marco üzerinde hakimiyet kurmasını engellemiş oluyordu. Böylece, Marco'nun (iki yaşındaki bir çocukta yeni yeni gelişmekte olan) beyninin sol tarafındaki olgusal gerçekleri ve mantığı ön plana getirmesini ve geçirdiği kazayı kendisinin de bir anlam verebileceği şekilde ele alabilmesini sağlamıştı.

Annesi kaza öyküsünü anlattırma yöntemiyle olayı anlamasına yardımcı olmamış olsaydı, Marco'nun korkuları çözümlenmeden kalmış olur ve başka şekillerde yüzeye çıkardı. Arabayla yolculuk etmekle veya ebeveynlerinden ayrı kalmakla ilgili bir fobi geliştirebilir veya beyninin sağ tarafı değişik şekillerde kontrolden çıkabilir ve onun öfke krizlerine kapılmasına neden olabilirdi. Ama Marianna öyküyü Marco'yla birlikte anlatarak, onun dikkatini hem kazayla ilgili olgusal gerçeklere ve ayrıntılara, hem de duygularına vermesine yardımcı olmuş, böylece beyninin hem sağ, hem de sol bölümlerini birlikte kullanmasını sağlamış ve bu bölümler arasındaki bağlantının güçlenmesine vesile olmuştur. (Bu özel kavramı Bölüm 2'de daha ayrıntılı bir şekilde anlatacağız.) Marianna böylece Marco'nun daha iyi entegre olmasına yardımcı olmuş ve böylece yaşadığı deneyimin yarattığı korku ve stresi yenmesini ve yeniden iki yaşında, normal ve gelişmekte olan bir çocuk haline gelmesini sağlamıştır.

Dilerseniz farklı bir örneğe daha bakalım. Artık birer yetişkin olan kardeşleriniz ve siz, hâlâ asansörün düğmesine kim basacak diye kavga ediyor musunuz? Tabii ki hayır. (En azından öyle olduğunu umuyoruz.) Peki, ya çocuklarınız buna benzer konularda ağız dalaşına giriyorlar ve birbirleriyle didişiyorlar mı? Eğer normal çocuklarsa, bunları yapıyorlardır.

Bu farklı davranışların arkasındaki neden, bizi tekrar beyne ve entegrasyona getiriyor. Kardeşler arasındaki rekabet, ebeveynlere dünyayı dar eden öfke krizlerinden, itaatsizlikten, ev ödeviyle ilgili savaşlardan, disiplin sorunlarından ve bunlara benzer pek çok konudan farklı değildir. Daha sonraki bölümlerde de anlatacağımız gibi, ebeveyn olarak her gün karşı karşıya kaldığınız bu tür zorluklar, çocuğunuzun beynindeki entegrasyon eksikliğinin bir sonucudur. Onun beyninin her zaman entegre olamamasının nedeni çok basittir: Çünkü gelişmek için yeterli vakti olmamıştır. Aslında, çocuğunuzun gidecek uzun bir yolu vardır, çünkü bir insanın beyni yirmili yaşların ilk yıllarına kadar tam anlamıyla gelişmiş sayılmaz.

Kötü haber de bu zaten, yani çocuğunuzun beyninin gelişmesini beklemeniz gerekiyor. Ama bu, sorun değil. Ana okullu yavrunuzun ne kadar süper olduğunu düşünürseniz düşünün, o on yaşındaki bir çocuğun beynine sahip değildir ve daha birkaç yıl da olmayacaktır. Beynin olgunlaşma hızı genellikle miras aldığımız genlere bağlıdır. Ama entegrasyon düzeyi, tamamen anne baba olarak çocuğumuzu her gün ne şekilde etkilediğimizle bağlantılıdır.

İyi haber ise şudur: Günlük yaşantınızın her anını kullanarak çocuğunuzun beyninin başarılı bir şekilde bütünleşmesini sağlayabilir ve bir ölçüye kadar da, bu entegrasyonun hangi hızla gelişeceğini belirleyebilirsiniz. Her şeyden önce, çocuğunuzun beynindeki çeşitli öğeleri geliştirmek için bunları çalıştıracak fırsatlar yaratmalısınız. İkinci olarak, beynin farklı bölümlerinin birbirleriyle daha iyi irtibat kurmasını ve birlikte daha güçlü bir şekilde çalışmasını sağlamak için bütünleşme sürecini kolaylaştırmalısınız. Bu, çocuklarınızın daha hızlı büyümesini sağlamaz ama onların beyinlerindeki farklı bölümlerin gelişmesine ve entegre olmalarına yardımcı olur. Size hayatınızın (ve çocuklarınızın hayatının) her bir anını önemli ve anlamlı kılmak için çılgınca bir gayret içine girmenizi önermiyoruz. Bizim söylemek istediğimiz şey sadece daha iyi entegre olmalarına yardımcı olmak için çocuklarınızın yanında olmanızdır. Bunun sonucunda onlar duygusal, entelektüel ve sosyal anlamda başarılı olacaklardır. Entegre olmuş bir beyin kişinin daha iyi kararlar almasını, bedenini ve duygularını daha iyi kontrol edebilmesini, kendisini daha iyi anlamasını, daha güçlü ilişkiler kurmasını ve okulda başarılı olmasını sağlar. Ve bütün bunlar, ebeveynlerin ve çocuk bakımından sorumlu diğer kişilerin entegrasyon ve akıl sağlığının temelini hazırlayan deneyimleriyle başlar.

KENDİNİZİ AKIŞA BIRAKIN:

KAOS İLE KATI DÜZEN ARASINDAKİ SULARDA YELKEN AÇMAK

Bir çocuk veya yetişkin bir kişinin entegrasyon durumunda olduğu vakit neler olup bittiğine biraz daha ayrıntılı bir şekilde göz atalım. Bir kişi iyi entegre olmuş ise, bu kişi akıl sağlığına sahiptir ve kendisini iyi hisseder. Ancak bu durumu tam olarak anlatmak kolay değildir. Nitekim, akıl *hastalıklarıyla* ilgili olarak kütüphaneler dolusu kitap yazılmış olmasına rağmen, bunlarda akıl *sağlığının* ne olduğu çok ender olarak anlatılmıştır. Dan, dünyadaki pek çok araştırmacının ve terapistin kullanmaya başladığı bir akıl sağlığı tanımının öncülüğünü yapmıştır. Bu tanım entegrasyon kavramına dayalı olup, ilişkilerle ve beyinle ilgili karmaşık dinamikleri kapsamaktadır. Yine de, en basit şekilde ifade etmek gerekirse, akıl sağlığının "kişinin kendisini iyi hissetme nehri içinde" kalabilme yeteneği olduğunu söyleyebiliriz.

Kırsal bir alanda huzur içinde akan bir nehir düşünün. İşte sizin kendinizi iyi hissetme nehriniz budur. Suyun üzerinde kanonuzla huzur içinde kayarken, kendinizi genel olarak çevrenizdeki dünyayla iyi ilişkiler içindeymiş gibi hissedersiniz. Kendiniz, başkaları ve hayatınızla ilgili olarak net bir anlayış içine girersiniz. Koşullar değiştiğinde esnek davranabileceğinizi ve uyum sağlayabileceğinizi hissedersiniz. Huzur içinde ve istikrarlısınızdır.

Yine de bazen, suyun üzerinde kayarken, nehrin iki kıyısından birine biraz fazlaca yaklaşırsınız. Bu, hangi yakaya yaklaştığınıza bağlı olarak, farklı sorunlara neden olur. Nehrin bir yakası, kendinizi kontrolü kaybetmiş gibi hissettiğiniz kaosu temsil eder. Huzur dolu nehrin üzerinde batmadan gitmek yerine, gürültülü çağlarcaların çekişine kapılırsınız ve gününüze zihin karışıklığı ve karmaşa hakim olur. Nehrin kaos yakasından kurtulup, huzurlu akan bölgelerine geri dönmeniz gerekir.

Ama çok da fazla uzaklaşmamalısınız, çünkü nehrin diğer yakasının da kendine özgü tehlikeleri vardır. Orası kaosun tersi olan hareketsizliği (katı düzeni, değişmezliği) temsil eder. Kontrol edememe durumunun tam tersine, burada etrafınızdaki her şeyi ve herkesi kontrol altına girmeye *zorlarsınız*. Uyum sağlamaya, uzlaşmaya veya müzakere etmeye hiç yanaşmazsınız. Nehrin bu yakasının yakınlarında su durgunlaşır ve pis kokmaya başlar, sazlıklar ve ağaç dalları kanonuzun sizin bu kendinizi iyi hissetme nehrinde yolculuk yapmanızı engeller.

Hiçbir kontrolün olmadığı kaos durumu aşırı bir uçtur, diğer aşırı uç ise hoşgörüsüzlüğe ve uyumsuzluğa yol açan çok fazla kontrolün olduğu katı düzen durumudur. Günlerimizi yaşarken, özellikle de çocuk büyütürken, hepimiz işte bu iki yaka arasında gider geliriz. Kaos ve katı düzen yakalarına çok yaklaştığımızda, akıl ve duygusal sağlığımızdan da o kadar uzaklaşmışız demektir. Bu iki yakadan ne kadar uzak kalmayı başarırsak, kendini iyi hissetme nehrinde o kadar uzun vakit geçiririz. Birer yetişkin olarak hayatımızın büyük bir kısmı böyle geçer, bazen bu nehrin akışının uyumu içinde kalarak, ama bazen de kaosta, kalıplaşmış bir katı düzen içinde veya bu ikisi arasında gidip gelerek... Uyum entegrasyondan doğar. Kaos ve katı düzen ise entegrasyon süreci bloke olduğunda ortaya çıkar.

Bütün bunlar çocuklarımız için de geçerlidir. Onların da kendilerine özgü kanoları vardır ve onlar da kendilerine ait bir iyi hissetme nehrinde yolculuk ederler. Ebeveynler olarak bizim karşımıza çıkan zorluklar, çocuklarımızın bu nehrin içinde olmadıkları ve fazla kaotik veya fazla kalıplaşmış bir katı düzen içinde oldukları vakitlerden kaynaklanır. Üç yaşındaki çocuğunuz oyuncak gemisini parktaki diğer çocuklarla paylaşmıyor mu? Bunun nedeni onun hoşgörüsüzlüğü ve katılığıdır. Ağlamaya, haykırmaya ve yeni arkadaşı gemisini alınca maraza çıkarmaya başlar. Bu da bir kaos ortamıdır. Sizin orada yapmanız gereken şey, çocuğunuzu yeniden kendini iyi hissetme nehrine, yani kaos ve hoşgörüsüzlükten uzak, uyumlu bir ortama sokabilmektir.

Daha büyük çocuklar için de durum aynıdır. Normal zamanlarda uysal olan beşinci sınıf öğrencisi çocuğunuz, okul konserindeki solo bölümü alamadığı için isterik bir şekilde ağlar. Hiçbir şekilde sakinleşmez ve size sürekli olarak, inatla beşinci sınıf öğrencileri arasındaki en güzel sesin kendi sesi olduğunu söyler. Çocuğunuz aslında nehrin kaos ve katı düzen yakaları arasında gidip gelmektedir ve duygularının mantığını kontrol altına aldığı açıkça belli olmaktadır. Bunun sonucu olarak, başkalarının da en az kendisi kadar yetenekli olabileceğini inatla göz ardı etmektedir. Onu yeniden kendini iyi hissetme nehrine sokmalı ve daha entegre bir duruma geçerek dengeye kavuşmasına yardımcı olmalısınız. (Merak etmeyin, bunu nasıl yapacağınıza dair size pek çok yol göstereceğiz.)

Esas itibarıyla, onun varlığını sürdürme anlarının tümünü bir şekilde bu çerçevenin içine sığdırabiliriz. Kaos ve katı düzen kavramlarının çocuğunuzun en zorlu davranışlarını anlamanıza nasıl yardımcı olacağını görmek, eminiz ki sizi çok şaşırtacaktır. Bu kavramlar aslında, belirli anlarda ne kadar entegre olduğunu anlamanız için çocuğunuzun "ateşini ölçmenize" izin verir. Termometre kaosu veya katı düzen durumunu gösteriyorsa, çocuğunuzun entegrasyon konumunda olmadığını anlarsınız. Ama çocuğunuz kendini iyi hissetme nehrinde yolculuk yapıyorsa, bizim zihinsel ve duygusal sağlığa sahip olarak nitelendirdiğimiz kişilerin niteliklerini sergiler; esnek, uyumlu ve istikrarlıdır ve hem kendisini, hem de içinde yaşadığı dünyayı anlayabilmektedir. Entegrasyonun güçlü ve pratik yaklaşımı sayesinde, çocuklarımızın ve kendimizin entegrasyonun bloke olmasından kaynaklanan kaos ve katı düzen ortamına nasıl düştüğümüzü görmemiz mümkün olur. Bu kavramın farkındalığı içine girebilirsek, çocuklarımız ve kendi hayatımızdaki entegrasyonu güçlendirecek stratejileri yaratabilir ve bunları uygulayabiliriz. Bütün bunlar, ilerideki bölümlerin her birinde keşfedeceğimiz ve günbegün uygulanabilen Bütün-Beyin stratejileridir.

BÖLÜM 2

İki Beyin Bir Beyinden Daha İyidir

Sağ ve Sol Beynin Entegrasyonu

Thomas'ın dört yaşındaki kızı Katie, anaokulunu seviyor ve ayrılma vakti geldiğinde de babasıyla vedalaşmayı dert edinmiyordu – sınıfta hastalandığı o güne kadar. Öğretmeni telefon edince, Thomas hemen kızını almak için okula gitti. Ertesi gün Katie okula gitmek için hazırlanma vakti geldiğinde, o ana kadar gayet iyi görünmesine rağmen, ağlamaya başladı. Müteakip birkaç gün boyunca, her sabah aynı şeyler oldu. Thomas çocuğu giydirmeyi başarıyordu ama okula vardıklarında her şey çok daha kötü oluyordu.

Thomas'ın anlattığına göre, Katie okulun park yerine geldiklerinde, arabadan çıkar çıkmaz adeta "dağıtıyordu." Önce, okul binasına yaklaştıklarında bir tür sivil itaatsizlik içine giriyordu. Babasının yanında yürümekle birlikte, minicik bedenini kuyruklu bir piyano gibi hantallaştırıyor ve bu direnişiyle yürüyüşlerini tam bir ayak sürümeye dönüştürüyordu. Sonra, sınıfa geldiklerinde, Thomas'ın elini giderek daha güçlü bir şekilde sıkıyor, çocuk bedeninin tüm gücüyle onun bacağına yaslanarak klasik bir "gövde gösterisi"nde bulunuyordu. Thomas kendisini kızının kenetlenen pençelerinden kurtarmayı başarıp sınıftan dışarı çıktıktan çok sonra bile, onun oyun alanındaki diğer tüm çocukların çıkardığı gürültüden daha baskın olan sesini duyabiliyordu. "Eğer beni bırakırsan ölürüm!"

Bu tür bir ayrılık endişesi yaşamak, küçük çocuklarda çok normaldir. Okul bazen çok ürkütücü bir yer olabilir. Ama Thomas "Katie hastalanmadan önce okula gitmek için doğmuş gibiydi" diye anlatmıştı. "Etkinlikleri, arkadaşlarını, hikayeleri seviyordu. Ve öğretmenine hayrandı."

Peki, ne olmuştu o zaman? Hastalanmak gibi basit bir deneyim neden Katie'de böylesine irrasyonel ve aşırı bir korku yaratmıştı ve bu durumda Thomas'ın takip etmesi gereken en iyi yol neydi? Thomas'ın öncelikli hedefi Katie'nin okula tekrar isteyerek ve hevesle gitmesini sağlayacak bir strateji belirlemekti. Bu onun "ayakta kalma" (bu badireyi atlatma) hedefiydi ama Thomas bu güç deneyimi hem kısa, hem de uzun vadede Katie'ye fayda sağlayacak bir fırsat haline dönüştürmek istiyordu. Bu, onun için bir tür "işleri daha iyiye götürme" hedefiydi.

Thomas, beynimizin ayakta kalma anlarını nasıl fırsatlara dönüştürdüğüyle ilgili temel bilgilere sahipti. Kızına yardımcı olmak için onun bu bilgileri kullanarak sorunla nasıl baş ettiğine daha sonra geleceğiz. Aslında onun tam olarak yaptığı şey, size şimdi göstereceğimiz şeyi, yani beynin farklı iki bölümünün nasıl çalıştıklarına dair bazı basit ilkeleri anlamaktı.

SOL BEYİN, SAĞ BEYİN: TEMEL NOKTALAR

Beyninizin iki yarımküreden oluştuğunu muhtemelen biliyorsunuzdur. Beynin bu iki bölümü birbirinden sadece anatomik olarak farklı değildir; aynı zamanda çok farklı şekillerde işlev görürler. Bazı insanlar bu iki yarımkürenin kendilerine özgü kişilikleri ve her birinin "kendisine ait bir aklı" olduğunu bile söylerler. Bilim âlemi, beynin farklı bölümlerinin bizi etkileme şeklini, "sol beyin ve sağ beyin modaliteleri" olarak tanımlar. Ama biz işi basite indirgemek için, yaygın kullanım şeklini benimseyecek ve sizin "sol ve sağ beyniniz"den bahsedeceğiz. Sol beyniniz düzeni sever ve arzular. O *mantıksal, gerçekçi, dilbilimsel* (sözcüklerden hoşlanır) ve çizgiseldir (her şeyi sıraya dizer ve bir düzene koyar). Sol beyin, örneğin sözcüklerin aynı harfle başlamasına *bayılır*. (Listeleri de çok sever.) Öte yandan, sağ beyin holistik yani bütüncüldür ve sözel değildir; iletişim kurmamızı sağlayan yüz ifadeleri, göz teması, ses tonu, duruş pozisyonu, jest ve mimikler gibi işaretleri alır ve gönderir. Sağ beynimiz ayrıntılara ve düzene değil, büyük resme bakar, yani yaşanan bir şeyin anlamına ve yarattığı hisse önem verir. İmgeler, duygular ve kişisel anılarda uzmanlaşmıştır. Sağ beynimizden bize "içgüdüsel duygular" veya "içten gelen sesler" gelir. Bazı insanlar sağ beynin daha "sezgisel" ve "duygusal" olduğunu söylerler, biz de bundan sonra sağ beynin işlevlerinden bahsederken kestirmeden gitmek için bu terimleri kullanacağız. Ama teknik olarak, beyninizin bu tarafının bedeninizden ve onun duygusal bilgileri kabul etmesine ve yorumlamasına izin veren alt beyin alanlarınızdan daha doğrudan bir şekilde etkilendiğini de lütfen hatırınızdan çıkarmayın. Bütün bunlar size giderek daha karmaşık geliyor olabilir ama önemli olan, sol beynin mantıksal, dilbilimsel ve gerçekçi, sağ beynin ise duygusal, deneyimsel ve otobiyografik olduğunu, buna karşın sözel olmadığını hatırlamaktır. Yani bir cümledeki sözcüklerin hepsinin aynı harfle başlaması, sağ beynin umurunda bile değildir.

Şöyle düşünebilirsiniz: Sol beyin *yasanın lafzıyla* (yani bir kelimenin ilk okunduğunda anlaşılan anlamı ile) ilgilenir. Bildiğiniz gibi, çocuklar büyüdükçe giderek artan bir şekilde sol beyinlerini kullanırlar. "Onu itip kakmadım, sadece ittim." Öte yandan, sağ beyin için *yasanın ruhu,* yani duygular ve ilişkilerde yaşanan deneyimler önemlidir. Sol beyin metne takılır kalır, sağ beyin ise içeriğe bakar. Nitekim Katie'nin babasına "Beni bırakırsan ölürüm!" diye bağırması da mantıksal olmayan, duygusal sağ beyninin işidir.

Gelişme açısından bakacak olursak, çok küçük çocukların sağ beyinleri sol beyinlerine baskındır, özellikle de ilk üç yıl boyunca. Onlar henüz duygularını ifade etmek için sözcüklerden ve mantıktan faydalanma yeteneğinde ustalaşmamışlardır. Hayatlarını tamamen şimdiki ana göre yaşarlar, o yüzden de kaldırımın üzerinde yürüyen bir uçuçböceğini seyretmek için ellerinde ne varsa bırakıp yere çökerler ve onu izlerken kendilerinden geçerler. Onlar için yeni yürüyen bebeklere verilen müzik dersini kaçırmak hiç önemli değildir. Mantık, sorumluluklar ve zaman kavramı onlar için henüz mevcut değildir. Ama yeni yürüyen bir çocuk sürekli "Neden?" diye sormaya başladığı vakit, onun sol beyninin devreye girmeye başladığını anlarız. Neden? Çünkü sol beyin dünyadaki çizgisel neden-sonuç ilişkilerini öğrenmek ve sözcükler kullanarak bu mantığı ifade etme peşindedir.

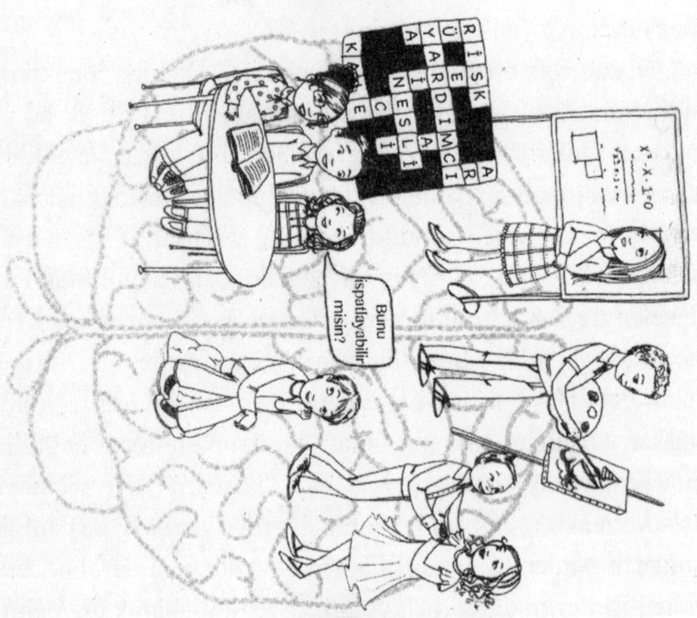

SOL MOD
Sağ Mod
Bunu ispatlayabilir misin?
$X^2-X-1=0$

İKİ YARIM BİR BÜTÜN EDER: SOL İLE SAĞI BİRLEŞTİRMEK

İlişkilerle dolu dengeli, anlamlı ve yaratıcı hayatlar yaşamak için, beyninizin iki yarımküresinin birlikte çalışmaları çok önemlidir. Beynin mimari yapısı bu şekilde tasarlanmıştır. Örneğin, korpus kallosum beynin merkezi boyunca uzanan ve sağ ve sol beyinleri birleştiren bir doku yumağıdır. Beynimizin iki tarafı arasında meydana gelen iletişim, bu dokuların bir tarafından diğer tarafına iletilir. Böylece iki yarımkürenin bir takım gibi çalışmasını sağlar. Çocuklarımız için istediğimiz şey, tam da budur. Bizler beyinlerinin uyum içinde hareket etmesi için, onların yatay olarak entegre olmalarını isteriz. Böylece, çocuklarımız mantıklarına *ve* duygularına değer vermeyi öğrenirler; dengeli olurlar ve hem kendilerini, hem de genel olarak dünyayı anlamayı başarırlar.

Beynin iki bölümden oluşmasının bir nedeni vardır: Bu iki bölümün ayrı işlevlere sahip olması sayesinde daha komplike hedeflere varabilir ve daha karmaşık ve daha sofistike görevlere soyunabiliriz. Beynimizin bu iki bölümünün entegre *olmaması* halinde belirli sorunlar meydana gelir ve yaşadıklarımızla baş etmeye çalışırken kendimizi sorunlarımızı beynimizin bir bölümüyle veya diğer bölümüyle çözmeye çalışırken buluruz. Beynimizin sadece sağ tarafını kullanmak, yüzerken tek kolumuzu kullanmak gibidir. Bu şekilde de yüzebiliriz belki ama iki kolumuzu birlikte kullandığımız vakit aynı daire içinde dönüp durmaktan kurtulup, çok daha başarılı olmaz mıyız?

Bu, beynimiz için de geçerlidir. Örneğin, duygularımızı bir düşünün. Duygular çok önemlidir ama eğer anlamlı bir hayat sürmek istiyorsak, yine de duyguların hayatımızı kontrol altına almasını istemeyiz. Eğer sağ beynimiz hakimiyeti ele alır ve biz de sol beynimizin mantıksal yönünü göz ardı edersek, imgeler ve bedensel duyumlar içinde boğulur gibi oluruz ve kendimizi bir duygu seli içinde sürüklenirken buluruz. Öte yandan, sadece sol beynimizin mantığını kullanıp, duygularımızın dilinden ve kişisel deneyimlerimizden tamamen sıyrılmak da istemeyiz. Böyle bir durum da, duygusal açıdan bir çölde yaşamak gibidir.

Hedefimiz, kendimizi bir duygu seline kapılmaktan *veya* duygusal açıdan bir çölde yaşamaktan uzak tutmak olmalıdır. Rasyonel olmayan imgelerimizin, otobiyografik anılarımızın ve hayati duygularımızın kendilerine özgü rollerini oynamalarına izin vermeli, ama aynı zamanda da beynimizin hayatımıza düzen veren bölümüyle onları entegre etmeliyiz. Katie babasının onu anaokulunda bırakmasından korktuğu vakit, daha çok sağ beyninin etkisi altında hareket etmişti. Thomas, bu durumun sonucu olan irrasyonel olmayan bir duygu seliyle karşılaşmış ve Katie'nin duygusal sağ beyninin mantıksal sol beyniyle koordineli bir şekilde çalışmadığına tanık olmuştu.

Burada önemli olan şey, sorun yaratan şeyin sadece çocuklarımızın yaşadığı duygu selleri olmadığını görmektir. Algıların ve sağ beynin ihmal edildiği veya inkar edildiği bir duygu çölünde yaşamak, bir duygu seline kapılıp yaşamaktan daha sağlıklı bir durum değildir. Biz bu durumu daha sıklıkla, yaşça biraz daha büyük olan çocuklarda görmekteyiz. Örneğin, Dan pek çoğumuza tanıdık gelen bir senaryoyla onu görmeye gelen on iki yaşındaki bir kızla yaşadığı bir olayı şöyle anlatmıştı:

Amanda en yakın arkadaşıyla yaptığı bir kavgayı anlatmıştı. Bu tartışmanın Amanda için son derece acı verici olduğunu annesinden öğrenmiştim, ama konu hakkında konuşurken Amanda omuzlarını silkmiş ve pencereden dışarı bakarak

"Bir daha hiç konuşmasak dahi umurumda değil. Zaten çok sinirime dokunuyordu," demişti. Yüzündeki ifade soğuk ve olayı kabullenmiş gibiydi, ama alt dudağının belli belirsiz titremesinden ve göz kapaklarının ürperti şeklinde hafif hafif açılıp kapanmasından, beyninin sağ yarımküresinin onun "gerçek duyguları" diyebileceğimiz hislerini açığa vuran sözel olmayan işaretler sergilediğini görebiliyordum. Reddedilmek insana acı verir. O anda Amanda'nın bu tür bir savunmasızlıkla baş edebilme yöntemi de "sola sığınmak", yani beyninin sol tarafındaki çorak (ama öngörülebilir ve kontrol edilebilir olan) duygusal çöle doğru koşmak olmuştu.

Arkadaşıyla yaşadığı bu olayı düşünmek ona acı vermesine rağmen, Amanda'nın dikkatini sağ beyninde olup bitene vermesine ve hatta ona saygı göstermesi gerektiğini anlamasına yardımcı olmalıydım. Çünkü sağ beynimiz bedensel duyumlarımızla ve duygularımızı yaratmak üzere beynimizin alt bölümünde bir araya gelen bilgilerle daha doğrudan bir ilişki içindedir. Böylece, beynin sağ tarafındaki tüm imgelemeler, duyulanmalar ve otobiyografik anılar duygularla dolar. Üzüldüğümüz vakit, sağ-taraftan kaynaklanan bu öngörülemez farkındalıktan uzaklaşmak ve sol beynin daha öngörülebilir ve daha kontrol edilebilir mantıksallığına sığınmak bize daha güvenli gelir.

Amanda'ya yardım etmenin yolu bu gerçek hislere nazikçe yaklaşmaktan geçiyordu. Hayatındaki bu önemli kişinin onu ne kadar incittiği gerçeğini kendisinden bile saklamakta olduğunu ona hop diye söylemedim. Tam tersine, onun hisleriyle empati kurdum ve sonra benim sağ beynim ile onun sol beyni arasında bir iletişim kurmaya çalıştım. Yüz ifademi ve duruş pozisyonumu kullanarak, onun duygularına gerçekten kanalize olduğumu bilmesini sağladım.

Bu, onun "hissedildiğini hissetmesini", yalnız olmadığını ve benim onun sadece dıştan neler yaptığıyla değil, içinden neler hissettiğiyle de ilgilendiğimi anlamasını sağladı. Aramızda bu tür bir ilişki kurduktan sonra, konuşmak ikimize de daha doğal gelmeye başladı ve onun gerçekte neler hissettiğinin özüne inmeye daha hazır bir hale geldik. Amanda'dan en yakın arkadaşıyla yaşadığı kavgayı anlatmasını ve hislerinde oluşan belli belirsiz değişimleri gözlemek amacıyla hikayenin belirli yerlerinde durmasını istedim; böylece onu yeni duygularıyla tanıştırdım ve bunlarla kendisine yararlı olacak şekilde başa çıkmasına yardımcı oldum. Yani, hisleri, bedensel algılarını ve imgeleriyle sağ beyninin, yaşadığı deneyimin hikayeyi sözcüklerle çizgisel olarak anlatma yeteneği olan sol beyniyle bu şekilde bir bağ kurmuş oldum. Bunun beyinde nasıl olduğunu kavrarsak, beynin iki bölümü arasında bir bağ kurmanın bir etkileşimin sonucunu nasıl tamamen değiştirebildiğini de anlamamız mümkün olabilir.

Biz çocuklarımızın incinmesini asla istemeyiz, ama aynı zamanda onların karşılaştıkları zorlukları atlatmaktan daha fazlasını yapmalarını da isteriz; onların sorunlarla yüzleşmesini ve onlardan bir şeyler öğrenmelerini arzu ederiz. Amanda beyninin sağ tarafındaki acı veren duygulardan saklanarak sol beynine sığındığı vakit, kimliğinin kabul etmesi gereken bir parçasını da inkar etmiş oluyordu.

Duygularımızı inkar etmek, sol beynimize fazla bel bağladığımız vakit karşılaşacağımız tehlikelerden sadece bir tanesidir. Her şeyi sözcüğü sözcüğüne yorumlamaya başlayabilir, böylece (sağ beynimizin bir özelliği olan) olayları bir bağlam içine koyarak anlamakta zorlanır ve bunun sonucu olarak bir perspektiften yoksun kalabiliriz. Sekiz yaşındaki çocuğunuzun, sizin masumane şakalarınıza bile tahammül edememesinin ve öfkelenerek savunmaya geçmesinin bir nedeni de budur. Sağ beynin sözel olmayan işaretleri okumakla görevli olduğunu aklınızdan çıkarmayın. O yüzden, özellikle çocuğunuz yorgun ve karamsar bir ruh hali içinde olduğu vakit, sadece sizin söylediğiniz sözcüklere odaklanacak, sesinizdeki şakacı tonu ve konuşurken yaptığınız kaş göz işaretlerini de fark etmeyecektir.

Tina, sol beynin işlere fazla hakim olduğu vakit neler olabileceğini gösteren eğlenceli bir olaya tanık olmuştu. En küçük oğlunun birinci yaş günü pastasını yerel bir pastaneye ısmarladı. Oğlunun yaş günü pastasının, birçok cupcake'in bir araya getirilmesiyle hazırlanan bir "cupcake pastası" olmasını istiyordu. Siparişini verirken, pastanın üstünü süsleyecek olan kişiye cupcake'lerin üzerine oğlunun adının baş harfleri olan J.P. harflerini yazmasını söyledi. Ne var ki, partiden önce pastayı almaya gittiğinde, bir kişinin sol beyninin

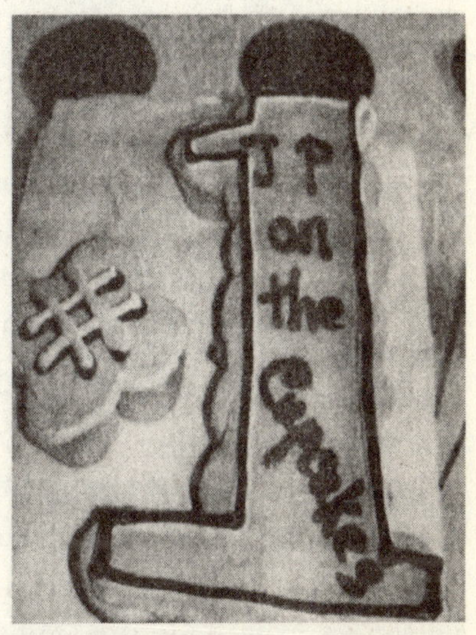

Tina pastacıya "cupcake'lerin üzerine J.P." dediği vakit, pastacının sol beyninin onun bu sözlerini harfi harfine yorumlayacağını hiç hesaba katmamıştı.

esiri haline geldiği vakit meydana gelebilecek bir sorunla karşı karşıya kaldığını gördü.

Demek ki hedefimiz, çocuklarımızın beyinlerinin her iki tarafını birlikte kullanmalarını, yani beyinlerinin sol ve sağ yarımkürelerini entegre etmeyi öğrenmelerini sağlamaktır. Daha önce bahsettiğimiz, bir yakasında kaos, diğer yakasında ise katı düzen durumunun olduğu "kendini iyi hissetme nehri"ni bir hatırlayın. Akıl sağlığını, bu iki aşırı ucun arasında kalan uyumlu akışın içinde kalmak olarak tanımlamıştık. Çocuklarımızın sağ ve sol beyinlerinin işbirliği yapmasına yardımcı olmakla, onlara nehrin kaos ve katı düzen yakalarından uzak durma şansı tanımış ve kendilerini nehrin orta yerindeki akıl sağlığı ve mutluluk akışına bırakarak yaşamalarını sağlamış oluruz.

Sol beynin sağ beyinle entegre olması, çocukların nehrin herhangi bir yakasına fazla yakın yerlerde seyretmelerini önler. Sağ beyinlerindeki ham duygular sol beyindeki mantıkla birleşmediği vakit, onlar da Katie gibi, kaos yakasına fazla yakın yerlerde yüzmeye başlarlar. Bunun anlamı da şudur: Çocuklarımızın sol beyinlerinin bir perspektif benimsemesini sağlamalı ve duygularıyla olumlu bir şekilde baş etmeleri için onlara yardımcı olmalıyız. Çocuklarımız aynen Amanda'nın yaptığı gibi, duygularını inkar ediyor ve sol beyinlerine sığınıyorlarsa, nehrin katı düzen yakasına kucak açıyorlar demektir. Böyle bir durumda, sağ beyinlerini daha fazla devreye sokmalarını ve böylelikle yeni bilgilere ve deneyimlere açılmalarını sağlamalıyız.

Peki o zaman, çocuğumuzun beyninde yatay bir entegrasyon olmasını nasıl teşvik edebiliriz? İşte size ailenizin karşısına "entegrasyon fırsatları" çıktığı vakit hemen uygulayabileceğiniz iki strateji. Bu teknikleri kullanırsanız, çocuğunuzun beyninin sol ve sağ yarımküreleri arasındaki entegrasyonu sağlamak için süratle adım atmış olursunuz.

Yapabilecekleriniz:
Beyninin Her İki Tarafını da Kullanması için Çocuğunuza Yardım Edebilirsiniz

Bütün-Beyin Stratejisi #1:
Çocuğunuzla Bağ Kurun ve Onu Yeniden Yönlendirin: Duygu Dalgaları Üzerinde Sörf Yapmak

Bir gece Tina'nın yedi yaşındaki oğlu, yatmaya gittikten kısa bir süre sonra aniden oturma odasında beliriverdi ve uyuyamadığını söyledi. Üzgün olduğu belli oluyordu. "Geceleri bana bir not bırakmadığınız için çok öfkeliyim!" diye açıkladı. Beklemediği bu çıkış karşısında şaşıran Tina "Benim sana bir not bırakmamı istediğini bilmiyordum," diye yanıt verdi. Çocuğun tepkisi ise makineli tüfek gibi şikayetlerini sıralamak oldu: "Benim için hiç güzel bir şey yapmıyorsunuz, üstelik doğum günüme daha on ay olduğu için de öfkeliyim ve ben ev ödevi yapmaktan da nefret ediyorum!"

Çocuğun bu çıkışı mantıklı mı? Hayır. Size tanıdık geliyor mu? Evet. Bütün ebeveynler zaman zaman çocuklarının anlamsız gibi görünen bazı sorunlarla ilgili konuştuklarına ve üzüldüklerine tanık olmuşlardır. Böyle bir şeyle karşılaşmak moral bozucu olabilir, özellikle de çocuğunuzun artık rasyonel davranma ve mantıklı bir sohbet yürütme yaşına geldiğini düşünüyorsanız. Ama öyle olur ki, çocuğunuzun aniden olmayacak bir şey için üzüldüğünü ve sizin yapacağınız hiçbir mantıklı konuşmanın onu ikna edemeyeceğini görürsünüz.

Beynin iki bölümüyle ilgili olarak bildiklerimize dayanacak olursak, Tina'nın oğlunun sağ beyninden gelen büyük duygu dalgalarına kapıldığını ve sol beyninden gelen denge sağlayabilecek mantık dalgalarından etkilenmediğini söyleyebiliriz. Böyle bir anda, Tina'nın yapabileceği en kötü şey, ortaya atılmak ve kendisini savunmak (*"Tabii ki* senin için güzel şeyler yapıyorum ben!) veya hatalı mantığı nedeniyle oğluyla tartışmaktır ("Doğum gününü yakınlaştırmak için yapabileceğim hiçbir şey yok. Ev ödevine gelince, o da benim değil senin çözüm bulman gereken bir şey.") Bu tür bir sol-beyne özgü mantıklı yanıt, kavramaya hazır olmayan sağ-beyin tuğla duvarına çarpar ve aralarında bir anafor yaratır. Çocuğun mantıksal sol beyni o an zaten ortalarda yoktur. Eğer Tina sol beyniyle hareket edip yanıt verseydi, çocuk annesinin onu anlamadığı veya duygularını umursamadığı hissine kapılabilir ve sağ beyninin rasyonel olmayan duygusal seline kapılmış olduğu için, ona verilecek bir sol-beyin yanıtı bir "kaybet-kaybet" (iki tarafın da kaybetmesine neden olan) yaklaşımı oluştururdu.

Ona otomatik olarak "Sen neden bahsediyorsun?" diye sormak veya derhal yatağına geri dönmesini söylemek son derece pratik (ve cazip) bir tepki olabilirdi ama Tina kendisine hakim oldu. Onun yerine "bağ kur-ve-yeniden yönlendir" tekniğini kullandı. Çocuğunu kendisine doğru çekti, sırtını okşadı ve şefkatli bir ses tonuyla ona "Bazen işler çok zorlaşıyor, değil mi? Ama ben seni asla unutmam. Sen her zaman benim aklımdasın ve senin benim için her zaman ne kadar özel olduğunu bilmeni istiyorum," dedi. Çocuğu bazen küçük erkek kardeşine daha fazla ilgi gösterdiğini düşündüğünü ve ev ödevlerinin boş vaktinin çoğunu aldığını anlatırken ona sarıldı. Tina, onun konuştukça gevşediğini ve yumuşadığını hissediyordu. Çocuk kendisine kulak verildiği ve ilgi gösterildiği için mutluydu. Sorunları çözmeye ve plan yapmaya hazır hale gelince, Tina çocuğun şikayetlerini kısaca ele aldı ve sabah olunca konular hakkında daha ayrıntılı konuşmak üzere mutabık kaldılar.

Böyle durumlarda, ebeveynler bazen çocuklarının gerçekten de yardıma ihtiyaçları olduğu için mi, yoksa sadece yatma vaktini geciktirmek için mi böyle davrandıklarını anlayamazlar. Bütün-Beyinli ebeveynler olmak, manipüle edilmeye izin vermek veya çocuğunuzun kötü bir davranışını teşvik etmek anlamına gelmez. Tam tersine, çocuğunuzun beyninin nasıl çalıştığını anlarsanız, onunla daha süratli ve daha az dramatik bir şekilde işbirliğine gidebilirsiniz. Az önce verdiğimiz örnekte, Tina oğlunun beyninde olup bitenleri anladığı için, ona verilecek en etkili yanıtın onun sağ beyniyle bağ kurmak olduğunu görmüştü. Kendi sağ beynini kullanarak onu dinledi ve aradan beş dakika bile geçmeden çocuk rahatlayarak yatağına geri döndü. Tina, yataktan çıktığı için sol-beyin mantığını ve yasa lafzını kullanarak çocuğa sert ve haşin davranmış olsaydı, her ikisi de daha fazla üzülebilirler ve çocuğun sakinleşip yatağına geri dönmesi beş dakikadan çok daha uzun bir vakit alırdı.

Hepsinden daha da önemli olan şey, Tina'nın verdiği şefkat ve ilgi dolu yanıttı. Oğlunun dile getirdiği sorunlar ona saçma sapan ve mantıksız görünüyor olabilirdi ama çocuğun bazı haksızlıkların olduğuna gerçekten inandığı ve haklı sayılabilecek bazı şikayetleri olduğu ortadaydı. Tina, verdiği bu yanıtla kendi sağ beyniyle oğlunun sağ beyni arasında bir bağ kurmuş ve çocuğunun duygularına önem verdiğini belli etmiş oluyordu. Çocuk birtakım bahanelerle onu oyalamaya çalışıyor olsa dahi, Tina'nın verdiği sağ-beyin yanıtı en etkili yaklaşımı oluşturuyordu, çünkü bu yanıt hem çocuğunun onunla bağ kurma ihtiyacını karşılamış oluyordu, hem de yatağına daha kısa bir süre içinde geri dönmesi için onu yeniden yönlendirmeye yaramıştı. Tina, çocuğunun duygu sellerinin koca dalgalarına karşı savaşmak yerine, onun sağ beynine hitap ederek bu dalgaların üzerinde adeta sörf yapmıştı.

Bu hikaye aslında önemli bir içgörüye işaret etmektedir: *Bir çocuk üzgün olduğu vakit, onun sağ beyninin duygusal ih-*

tiyaçlarına yanıt vermezsek, mantık da genellikle işe yaramayacaktır. Bu duygusal bağa biz, başka bir kişiyle derin bir bağ kurmamıza ve onların "hissedildiklerini hissetmelerine" izin verme anlamına gelen "uyumlu hale gelme" diyoruz. Nitekim ebeveynler çocuklarıyla uyumlu bir hale geldiklerinde, kendilerini onlarla bir gibi hissederler.

Tina'nın oğluna yaklaşımına da "bağ kurma ve yeniden yönlendirme" yöntemi diyoruz. Bu yöntem, sorunu çözmeden veya duruma mantıklı bir yaklaşım getirmeden önce çocuklarımızın "hissedildiklerini hissetmelerine" yardımcı olmakla başlar ve şöyle gelişir:

1. Adım: Çocuğunuzun Sağ Beyniyle Bağ Kurun

İçinde yaşadığımız toplumda bizler, karşımıza çıkan zorlukları sözcüklerle ve mantıkla halletmek üzere eğitilmişizdir. Ama dört yaşındaki çocuğunuza fizik yasaları hakkında bir diskur çekmek istiyorsanız, onun (Tina'nın oğlunun da bir zamanlar olduğu gibi) Örümcek-Adam gibi tavanda yürüyemediği için öfkelendiği anı seçmeniz, zamanlama açısından muhtemelen pek uygun olmayacaktır. Veya (Dan'in oğlunun zaman zaman hissettiği gibi) ablasının kendisinden daha ayrıcalıklı bir muameleye tabi tutulduğunu düşünüp kendini incinmiş hisseden on bir yaşındaki çocuğunuza verilebilecek en uygun yaklaşım, aralarında ayrım yapmadığınızı ve her birini eşit sayıda cezalandırdığınızı ispat eden bir çetele göstermek olmayabilir.

Bu gibi durumlar, çocuğumuzla yapacağımız bazı konuşmalarda mantığın öncelikli aracımız olmayabileceğini fark etmemizi sağlar. (Bu da biraz mantık dışı geliyor, öyle değil mi?) Çocuğumuzun duyguları bize ne kadar ipe sapa gelmez ve sinir bozucu gibi gelse de, bunların onun için sahici ve önemli olduğunu hatırda tutmamız gerekir. Verdiğimiz tepkide de, onlara öyleymiş gibi davranmamız hayati bir önem taşır.

Tina, oğluyla yaptığı konuşmada onun duygularını kabul ettiğini söylemekle onun sağ beynine hitap etmiş oluyordu. Ayrıca fiziksel temas, empati gösteren yüz ifadeleri, şefkatli bir ses tonu ve yargılayıcı olmadan dinlemek gibi sözel olmayan işaretler kullanmıştı. Başka bir deyişle, kendi sağ beyninin çocuğunun sağ beyniyle bağ ve iletişim kurmasını sağlamıştı. Sağ-ile-sağ arasında sağlanan bu uyum, çocuğun beyninin dengeli veya daha entegre bir hale gelmesine yardımcı olmuştu. Tina *ondan sonra* oğlunun sol beynine hitap etmeye başlamış ve ortaya attığı sorunları ele almıştı. Başka bir deyişle, sıra 2. Adım' a, yani sol ve sağ beyin entegrasyonunu sağlamaya gelmişti.

2 . Adım: Sol Beyinle Yeniden Yönlendirin

Sağ beyniyle yanıt verdikten sonra Tina oğlunu bu kez de sol beynini kullanarak yeniden yönlendirebilecekti. Oğluna, adil olmak için ne kadar gayret gösterdiğini mantıklı bir şekilde anlatabilecek, onun başucuna her gece bir not bırakmak için söz verebilecek, bir sonraki doğum günü için onunla birlikte stratejiler saptayabilecek ve ev ödevlerini daha eğlenceli kılmak için yöntemler geliştirebilecekti. (O gece bunların bir kısmını yaptılar, ama çoğunluğunu ertesi gün gerçekleştirdiler.)

Kendi sağ beyniyle oğlunun sağ beyni arasında bağ kurduktan sonra, sorunları rasyonel bir şekilde ele almak için sol beyinler arasında bağ kurmak çok daha kolay olmuştu. Tina önce oğlunun sağ beyniyle *bağ kurmuş,* daha sonra sol beynini kullanarak mantıklı bir açıklama ve planlama yapmış ve oğlunu *yeniden yönlendirerek* onun beyninin sol yarımküresinin de sohbete katılmasını sağlamıştır. Bu yaklaşım, çocuğun beyninin her iki tarafını bütünleştirmesine ve koordineli bir şekilde kullanmasına izin vermiştir.

"Bağ kur ve yeniden yönlendir" yönteminin her soruna çare olduğunu söylüyor değiliz. Ne de olsa, çocuklar zaman zaman dönüşü olmayan bir noktaya gelirler ve duygu dalgaları fırtına dinene kadar sahili dövmeye devam eder. Çocuk sadece bir şeyler yeme veya uyuma ihtiyacı içinde de olabilir. O zaman sizin de aynen Tina gibi, duyguları ve davranışı hakkında mantıklı bir sohbete girişmek için çocuğun daha entegre bir ruh hali içine girmesini beklemeniz gerekir.

Çocuğunuz mantıklı düşünemiyor diye sizin de aşırı hoşgörülü olmanızı veya sınırlarınızı değiştirmesine izin vermenizi öneriyor da değiliz. Çocuğunuzun beyninin sol yarımküresi devreye giremiyor diye saygı ve davranış kuralları çöpe atılmamalıdır. Örneğin, ailenizde (birine saygısızlık etmek, birini incitmek, eşyaları oraya buraya fırlatmak gibi) uygunsuz görülen davranışlara, duyguların en yüksek noktaya eriştiği anlarda dahi hoşgörü gösterilmemelidir. Yıkıcı davranışlara da dur demeniz ve onunla bağ kurup yeniden yönlendirmeden önce çocuğunuzu o konumdan çıkarmanız gerekir. Ama Bütün-Beyin yaklaşımı bize, yanlış davranışları ve bunların yarattığı sonuçları çocuk sakinleştikten *sonra* yapmanın genellikle daha iyi sonuç verdiğini gösterir, çünkü çocuğun bir duygu seline kapılmış olduğu anlar dersini öğrenmesi için en iyi anlar değildir. Sol beyni devreye giren bir çocuk, bazı şeyleri kabullenmeye çok daha açık olur ve disiplin de daha çok işe yarar. Bu, çocuğunuza bir daha bu kadar uzaklara yüzmemesini söylemeden önce, plajdaki bir cankurtaranın yaptığı gibi, denize atlayıp onu kucaklamanız ve kıyıya çıkarmanız gibi bir şeydir.

Strateji #1

EMİR VE TALİMAT VERMEK YERİNE...

ÇOCUĞUNUZLA BAĞ KURMAYI VE ONU YENİDEN YÖNLENDİRMEYİ DENEYİN

Buradaki anahtar nokta şudur: Çocuğunuz sağ beyninin duygu dalgaları arasında boğuluyorken, onu yeniden yönlendirmeden önce onunla bağ kurmayı başarırsanız kendinize (ve çocuğunuza) büyük bir iyilikte bulunmuş olursunuz. Bu yaklaşım, çocuğunuzun başını suyun üzerinde tutacak ve sizin de onunla birlikte suların derinliklerine çekilmenizi önleyecek bir can simidi olabilir.

Bütün-Beyin Stratejisi # 2:
Sorunu Halletmek için Sıkıntının Adını Koyun:
Güçlü Duyguları Yatıştırmak için Hikaye Anlatmak

Yeni yürümeye başlayan bebeğin yere düşmesi ve dizini incitmesi olağan bir durumdur. Anaokuluna giden bir çocuk çok sevdiği ev hayvanını kaybedebilir. Beşinci sınıftaki bir çocuğa da okulda zorbalık yapılabilir. Ama acı veren, hayal kırıklığına uğratan veya korkutan deneyimler, sağ beyni güçlü duygular ve bedensel duyumlarla dolup taşan bir çocuk için son derece ürkütücü olabilir. Böyle bir şey olduğunda, biz ebeveynler beyninin sol yarımküresini devreye sokmasına yardımcı olarak çocuğun neler olup bittiğini anlamasını sağlayabiliriz. Bu tür bir entegrasyonu sağlamanın en iyi yolu, çocuğa korku veya acı verici o deneyimi bir kez daha anlattırmaktır.

Örneğin Bella dokuz yaşındayken, tuvalet sifonunu çektikten sonra klozetten sular taşmış ve suların yükselişine tanık olma deneyimi onun bundan böyle sifonu çekmek istememesine (daha doğrusu çekememesine) neden olmuştu. Bella'nın babası Doug, "Sorunu halletmek için sıkıntının adını koyun" tekniğini öğrendikten sonra kızını karşısına aldı ve ona tuvaletin taştığı anı yeniden anlattı. Kızının hikayeyi mümkün olduğu kadar ayrıntılı bir şekilde anlatmasını sağladı ve sifonu çekmekle ilgili olan korkusu da dahil olmak üzere aradaki boşlukları doldurmasına yardım etti. Hikayeyi birkaç kez anlattıktan sonra, Bella'nın korkuları giderek azaldı ve sonunda yok oldu.

Bir hikayenin yeniden anlatılması neden bu kadar etkili olmuştu? Doug'ın yaptığı özünde, kızının sol ve sağ beynini bir araya getirmek ve onun olup biteni anlamasını sağlamaktı. Suyun taşıp etrafa yayıldığı anla ilgili olarak konuştuğu ve ne kadar korktuğunu ve endişelendiğini anlattığı vakit, beyninin iki yarımküresi entegre bir şekilde birlikte çalışmış oluyordu. Çocuk, ayrıntıları hatırlamaya çalışırken sol beynini işe koşmuş ve daha sonra da o an hissettiği duyguları yeniden yaşayarak sağ beynini devreye sokmuştu. Doug böylece, kızının korkularına ve duygularına bir ad vermesine ve daha sonra da bunlarla baş etmesine yardımcı olmuştu.

Çocuklarımızın bir olayla ilgili hikayeyi anlatmak istemedikleri zamanlar da olabilir. Yaşadıklarını bizimle paylaşmaları için zorlamak genellikle geri teper, o yüzden onların ne zaman ve nasıl konuşmak istediklerine saygı göstermemiz gerekir. (Yalnız kalmayı ve konuşmamayı tercih ettiğiniz anları bir düşünün. Öyle anlarda, içinizdeki duyguları boşaltmak için konuşmaya ve bunları başkalarıyla paylaşmaya birinin sizi ikna etmesi mümkün olabilir mi?) Onlara hoşgörüyle yaklaşmalı, hikayeyi kendimiz anlatmaya başlamalı ve ayrıntıları onun doldurmasını istemeliyiz. Eğer ilgi duymazlarsa, onları rahat bırakmalı ve daha sonra konuşmayı denemeliyiz.

Bu tür bir sohbeti başlatırken biraz stratejik davranırsanız, çocuğunuzun size olumlu tepki verme ihtimali daha yüksek olur. Her ikinizin de iyi bir ruh hali içinde olduğundan emin olun. Deneyimli ebeveynler ve çocuk terapistleri size çocuklarla yapılan en iyi sohbetin, çocuğun başka bir işle meşgul olduğu zaman olduğunu söyleyeceklerdir. Çocuklar bir şey inşa ederken, kart oyunu oynarken veya arabada yolculuk ederken, onların yanına oturup gözlerinin içine baktığınız ve konuşmalarını söylediğiniz zamandan çok daha fazla bazı şeyleri paylaşma eğilimi içinde olurlar. Çocuğunuz konuşmak istemediği zaman başvurabileceğiniz bir başka yöntem de, ondan olayın bir resmini çizmesini veya yaşı uygunsa olayı yazıya dökmesini istemenizdir. Eğer konuşmak istemediği kişinin siz olduğunuz hissine kapılırsanız, onu başka biriyle konuşması için teşvik edebilirsiniz. Bu kişi bir arkadaşı, bir başka yetişkin veya iyi bir dinleyici olabilen bir kardeş bile olabilir.

Ebeveynler çocukların dikkatini dağıtmak için hikaye anlatmanın ne kadar etkili olduğunu bilirler, ama insanların çoğu bu gücün arkasında bir bilim olduğunun farkında değildir. Beynimizin sağ tarafı bizim duygularımızı ve otobiyografik anılarımızı işlemden geçirir, ama bu duyguların ve anıların ne anlama geldiğine anlam veren beynimizin sol tarafıdır. Güç bir deneyimden sonra iyileşmek, sol beynin hayat hikayemizi anlatmak için sağ beynimizle birlikte çalışması sayesinde gerçekleşir. Çocuklar kendi hikayelerine dikkat etmeyi ve onları başkalarıyla paylaşmayı öğrendikleri vakit, derisi sıyrılan dirsekten başlayarak, büyük bir kayba veya travmaya kadar her şeye, daha sağlıklı bir şekilde tepki gösterebilirler.

Çocukların, özellikle de güçlü duygular yaşadıkları vakit genellikle ihtiyaçları olan şey, birinin neler olup bittiğini anlamalarına, yani olayları sıraya koyup, bu büyük ve korkutucu sağ-beyin duygularının adını koymak için sol beyinlerini kullanmalarına yardımcı olmasıdır. İşte hikaye anlatmak, tam olarak bu işi görür, yani sağ ve sol yarımküreleri birlikte kullanarak kendimizi ve içinde yaşadığımız dünyayı anlamamıza izin verir. Bir hikayeyi anlamlı bir hale getirmek için, sol beynimizin birtakım sözcükler ve mantık kullanarak olayları bir sıraya dizmesi gerekir; sağ beyin ise bedensel duyumlar, işlemden geçirilmemiş duygular ve kişisel anılarla katkıda bulunur. Böylece biz de resmin tamamını görür ve deneyimlerimizi anlatırız. Bu, günlük tutmanın ve güç bir olay hakkında konuşmanın iyileşmemize neden büyük ölçüde yardımcı olduğunu da açıklar. Gerçekten de araştırmalar, duygularımıza bir ad vermenin veya onları tanımlamanın kelimenin tam anlamıyla, sağ beyindeki duygusal devrelerin aktivitesini yavaşlattığını göstermektedir.

Aynı nedenden dolayı, yaşları ne olursa olsun, çocukların hikayelerini anlatmaları çok önemlidir, çünkü bunu yapmak onların duygularını ve başlarına gelen olayları anlamalarına yardım eder. Bazen ebeveynler çocuklarının başına gelen üzücü olayları, onların acısını arttıracağı veya işleri daha da berbat edeceği endişesiyle anlatmaktan kaçınırlar. Aslında, çocukların tam olarak istediği, hikayenin anlatılmasıdır. Çünkü böylece hem olan biteni anlayabilecekler, hem de olan bitenle ilgili olarak kendilerini daha rahat hissedecekleri bir konuma geçebileceklerdir. (Bölüm 1'deki Marianna'nın oğlu Marco'yu ve "İia vuu vuu" hikayesini hatırladınız mı?) Bize neler olduğunu anlama güdümüz öylesine güçlüdür ki, beynimiz yaşadığımız bir olayın ne anlama geldiğini anlamak için bunu başarana kadar çabalamaya devam eder. Ebeveynler olarak biz bu sürece hikaye anlatma yöntemini kullanarak yardımcı olabiliriz.

Onu okulda bıraktığı takdirde çığlık çığlığa öleceğini söyleyen kızı Katie ile ilgili olarak Thomas'ın yaptığı da buydu. Bu durum onun moralini çok bozmuştu ama yine de Katie'nin yaşadıklarını görmezden gelme dürtüsüne karşı koymayı başarmıştı. Daha önceden edinmiş olduğu bazı bilgiler, kızının beyninin birkaç olayı bir araya getirdiğini anlamasını sağlamıştı. Bunlar okulda bırakılmak, hastalanmak ve babasının gitmesiyle ilgili bir korku duygusu yaşamaktı. Bunun bir sonucu olarak, okula gitme hazırlıkları yapma anı yaklaşınca, beyni ve bedeni ona "Kötü fikir: Okul = Kendimi hasta hissediyorum = Babam gitti = Korkuyorum" diyordu. Bu açıdan bakarsak, Katie'nin okula gitmek istememesi mantıklı geliyordu.

Bunu fark eden Thomas beynin iki yarımküresi hakkında bildiklerini kullandı. Katie gibi küçük çocuklarda, tipik olarak sağ-beynin egemen olduğunu ve mantık kullanma ve duyguları sözcüklerle ifade etme yeteneğinin henüz gelişmediğini biliyordu. Katie güçlü duygular yaşıyordu ama bunları anlayamıyor ve net bir şekilde açıklayamıyordu. Bunun bir sonucu olarak, bu duygular yıkıcı olmaya başlamıştı. Thomas aynı zamanda otobiyografik belleğin beynin sağ tarafında depolandığını da biliyordu ve onun hastalanmasıyla ilgili ayrıntıların belleğinde yer ettiğini ve beyninin sağ yarımküresinin beşinci vitese geçmesine neden olduğunu anlamıştı.

Thomas bütün bunları kavrayınca, sol beynini kullanarak mantığını devreye sokması, olayları bir sıraya dizmesi ve duygularını sözcüklerle ifade etmesi için Katie'ye yardım etmesi gerektiğini fark etti. Bunu yapmak için o gün neler olup bittiğini ona anlattırdı ve böylece beyninin her iki tarafını da kullanmasını sağladı. Ona şöyle dedi: "Hastalandığından beri okula gitmekte güçlük çektiğini biliyorum. İstersen, okulda hastalandığın o günü bir hatırlayalım birlikte. Önce, okula gitmek için hazırlandık, öyle değil mi? Hani, sen kırmızı pantolonunu giymek istemiştin, birlikte yaban mersinli waffle yemiştik ve sonra sen dişlerini fırçalamıştın. Hatırlıyor musun? Sonra okula gittik, birbirimize sarıldık ve vedalaştık. Sen etkinlik masasında resim yapmaya başladın ve ben sana elimi salladım. Peki ben gittikten sonra ne oldu?"

Katie hastalandığını söyledi. Thomas devam etti. "Tamam. Kendini iyi hissetmiyordun, öyle değil mi? Ama sonra Bayan

LaRussa seninle ilgilendi ve babana ihtiyacın olduğunu bildiği için beni çağırdı ve ben de hemen geldim. Baban gelene kadar seninle ilgilenen bir öğretmenin olduğu için ne kadar şanslısın, değil mi? Ve sonra ne oldu? Ben seninle ilgilendim ve sen kendini iyi hissetmeye başladın." Thomas daha sonra hemen geldiğini tekrar vurguladı ve her şeyin yolunda olduğunu söyleyerek ihtiyacı olduğu her an onun yanında olacağına dair Katie'yi ikna etti.

Olayla ilgili hikayenin ayrıntılarını bu şekilde sıraya dizerek anlatmakla Thomas kızının, duygularıyla ve bedeniyle yaşadığı bu deneyimi anlamasını sağlamış oluyordu. Ondan sonra da Katie'nin okulda sevdiği ve beğendiği şeyleri hatırlatarak, okulun güvenli ve eğlenceli bir yer olduğuna dair yeni çağrışımlar yaratmasına yardımcı oldu. Birlikte olayın hikayesini anlatan bir kitapçık yazıp resimlendirdiler ve bu kitapçıkta Katie'nin sınıfta en çok sevdiği yerleri ön plana çıkardılar. Çocukların sıklıkla yaptığı gibi, Katie de kendi eliyle hazırladığı bu kitabı tekrar tekrar okumak istedi.

Kısa bir süre sonra, Katie okulunu yeniden sevmeye başladı ve başından geçen bu olay onun üzerindeki etkisini kaybetti. Aslında, onun seven kişilerin desteğiyle korkusunu yenebileceğini de öğrenmiş oldu. Katie büyüdükçe, babası ona yaşadıklarının ne anlama geldiğini anlaması için yardımcı olacaktır; bu hikaye anlatma süreci onun güç durumlarla baş etmek ve bir yetişkin olduğu vakit ve hayatının her safhasında karşılaştığı tersliklerle başa çıkmak için kullandığı doğal bir yöntemdir.

Katie'den çok daha küçük çocuklar bile (on ile on iki aylık olanlardan başlamak üzere) hikaye anlatılmasına çok iyi tepki verirler. Örneğin, yere düşüp dizini inciten yeni yürümekte olan bir çocuğu düşünün. Bu çocuğun tamamen şimdiki anı yaşayan, bedeniyle ve korkusuyla temas halinde olan sağ beyni, acı hisseder. Çocuk, bu acının bir daha gitmeyeceği endişesini bile yaşayabilir. Annesi olayın nasıl olduğunu belirli bir sıraya göre sözcüklerle ifade eder ve ona nasıl düştüğünün hikayesini anlatırsa, çocuğunun sol beynini devreye sokmasına ve geliştirmesine yardım etmiş olur. Çocuk böylece, düştüğü için canının yandığını anlayabilir.

Bir çocuğun dikkatini çekmek için hikaye anlatmanın ne kadar önemli olduğunu yadsımayın. Küçük bir çocuğunuz varsa bunu deneyin, ne kadar işe yaradığını ve onun gelecekte de canı yandığı veya kendini mutsuz hissettiği vakit hikaye anlatmaya ne kadar heveslendiğini görüp şaşıracaksınız.

Bu "Sorunu halletmek için sıkıntının adını koyun" tekniği daha büyük yaştaki çocuklar için de geçerlidir. Tanıdığımız annelerden biri olan Laura, bu tekniği on yaşındayken küçük (ama onun için hâlâ korkutucu olan) bir bisiklet kazası geçiren ve bisiklete bindiği vakit kendisini hâlâ rahatsız hisseden oğlu Jack üzerinde uygulamıştı. İçinde neler olup bittiğini anlaması için, bakın Laura oğluyla konuşarak ona nasıl yardımcı oldu:

LAURA: Düştüğün vakit ne olduğunu hatırlıyor musun?

JACK: Sokağın karşı tarafına geçerken sana bakıyordum. Ve kanalizasyon ızgarasını görmedim.

LAURA: Sonra ne oldu?

JACK: Bisikletin tekerleği oraya takıldı ve üzerime düştü.

LAURA: Ve bu seni korkuttu, öyle değil mi?

JACK: Evet ve ben ne yapacağımı bilemedim… Aşağıdaki sokağa doğru gittim ve ne olduğunu bir türlü anlayamadım.

LAURA: Böyle durup dururken bu olayın başına gelmesi seni çok korkutmuş olmalı. Daha sonra ne olduğunu hatırlıyor musun?

Strateji #2

GÖRMEZDEN GELMEK VE İNKAR ETMEK YERİNE...

SORUNU HALLETMEK İÇİN SIKINTININ ADINI KOYUN

Laura böylece Jack'in yaşadıklarını tümüyle anlatmasına yardımcı oldu. Bu çetin deneyimin, birkaç damla gözyaşı, teselli sözcükleri, yara bantları ve bisikletin tamir edilmesiyle birlikte sonuçta nasıl tatlıya bağlandığını tartıştılar. Daha sonra da kanalizasyon ızgaralarına ve sokaktaki trafiğe dikkat etmek gerektiğini konuştular ve böylece Jack kendisini çaresizlik duygusundan kurtarmayı başardı.

Bu tür bir sohbetin ayrıntılarının doğal olarak koşullara göre değişmesi normaldir. Ama Laura'nın hikayeyi oğlunun ağzından nasıl çekip çıkardığına ve bu süreçte onun aktif bir rol almasına nasıl izin verdiğine dikkat edin. Bir "arabulucu" gibi davranmış ve olayla ilgili olgusal gerçeklerin dosdoğru ortaya çıkmasını sağlamıştı. İşte, kendimizi kontrolden çıkmış gibi hissettiğimiz anlarda hikayeler bize bu şekilde güç verir. Korku ve acı verici deneyimlerimizi sözcüklerle ifade ettiğimiz, yani onlarla *hesaplaştığımız* vakit, bu deneyimler daha az korkutucu ve daha az acı verici olurlar. Aynı şekilde, çocuklarımıza da acılarına ve korkularına bir ad vermelerini söylediğimiz vakti, bu acı ve korkuları yatıştırmaları için onlara yardım etmiş oluruz.

Bütün-Beyinli Çocuklar: Çocuklarınıza Beyinlerinin İki Taraflı Olduğunu Öğretin

Bu bölümde sol ve sağ beyinlerini nasıl entegre edebileceklerini çocuklarınıza öğretebilmeniz için size birkaç örnek verdik. Çocuklarınızla konuşmanız ve bu bölümde öğrendiğiniz bazı temel bilgileri onlara anlatmanız da yararlı olabilir. Size daha da yardımcı olmak için, aşağıda çocuklarınızla birlikte okuyabileceğiniz bir sohbet örneği daha veriyoruz. Bunu beş ile dokuz yaş aralığındaki çocukları düşünerek yazdık, ama bunu kendinize göre değiştirip çocuklarınızın her birinin yaş ve gelişim düzeyine göre uyarlamanız gerekir.

SOL BEYNİNİZ VE SAĞ BEYNİNİZ

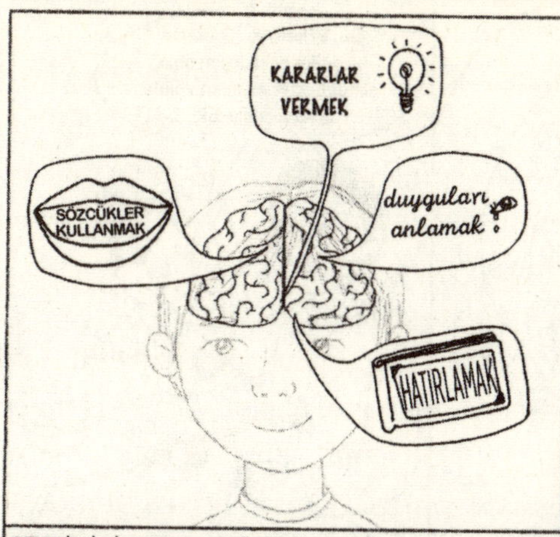

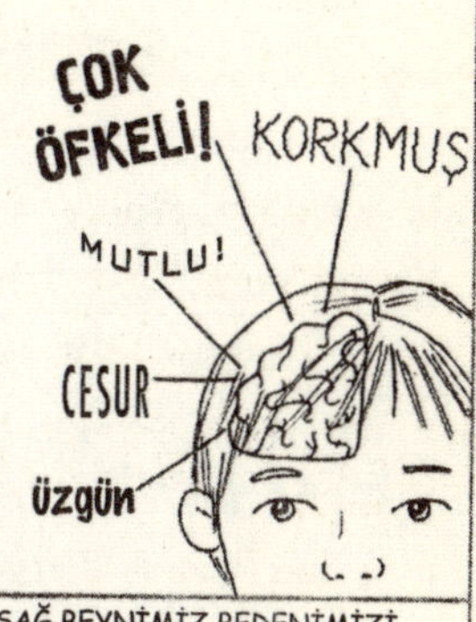

BEYNİNİZİN PEK ÇOK BÖLÜMÜ OLDUĞUNU VE BUNLARIN HER BİRİNİN FARKLI ŞEYLER YAPTIĞINI BİLİYOR MUSUNUZ? SANKİ PEK ÇOK BEYNİNİZ VE BUNLARIN HER BİRİNİN KENDİNE ÖZGÜ BİR AKLI VARDIR. AMA BİZ ONLARIN İYİ GEÇİNMELERİNİ VE BİRBİRLERİNE YARDIMCI OLMALARINI SAĞLAYABİLİRİZ.

SAĞ BEYNİMİZ BEDENİMİZİ VE BEYNİMİZİN DİĞER BÖLÜMLERİNİ DİNLER VE MUTLU VEYA CESUR VEYA KORKMUŞ VEYA ÜZGÜN VEYA ÇOK ÖFKELİ OLDUĞUMUZ ZAMAN HİSSETTİĞİMİZ GÜÇLÜ DUYGULARI BİLİR. BU DUYGULARA DİKKAT ETMEMİZ VE ONLAR HAKKINDA KONUŞMAMIZ ÖNEMLİDİR.

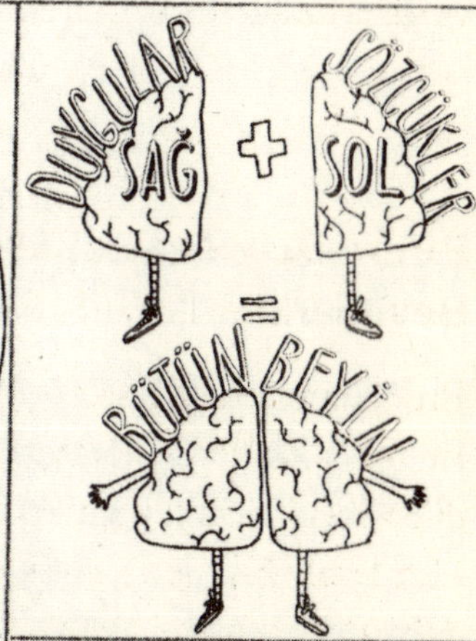

ÜZGÜN OLDUĞUMUZ VE ÜZÜNTÜMÜZ HAKKINDA KONUŞMADIĞIMIZ BAZI ZAMANLAR, DUYGULARIMIZ İÇİMİZDE BİRİKİP KOCAMAN BİR DALGA HALİNE GELEREK ÜSTÜMÜZE ÇÖKER VE İSTEMEDİĞİMİZ ŞEYLERİ SÖYLEMEMİZE VEYA YAPMAMIZA NEDEN OLUR.

AMA SOL BEYNİMİZ DUYGULARIMIZI SÖZCÜKLERE DÖKMEMİZE YARDIMCI OLUR. O ZAMAN BEYNİMİZİN BÜTÜN BÖLÜMLERİ BİR TAKIM HALİNDE BİRLİKTE ÇALIŞIR, BÖYLECE BİZ DE SAKİNLEŞİRİZ.

ÖRNEĞİN;

ANNIE HASTALANDI VE ARKADAŞININ DOĞUM GÜNÜ PARTİSİNE GİDEMEDİ. ANNIE EVDE KALMAK ZORUNDA KALDIĞI İÇİN ÖYLE ÖFKELENDİ Kİ, KOCA BİR ÖFKE DALGASI, İÇİNDE BÜYÜDÜ, BÜYÜDÜ VE TAM ÜSTÜNE ÇÖKMEK ÜZEREYKEN...

ANNIE'NİN BABASI DUYGULARI HAKKINDA KONUŞMASI İÇİN ONA YARDIMCI OLDU.

KENDİSİNİ NASIL HİSSETTİĞİNİ SÖZCÜKLERLE İFADE EDİNCE, ANNIE'NİN SOL BEYNİ SAĞ BEYNİNDEN YÜKSELEN BU BÜYÜK ÖFKE DALGASININ ÜZERİNDE ONUN SÖRF YAPMASINI SAĞLADI, BÖYLECE ANNIE SAKİN VE MUTLU BİR ŞEKİLDE NEHRİN KIYISINA ÇIKTI.

Kendimizi Nasıl Entegre Edebiliriz: Sol ve Sağ Beynimizi Birleştirmek

Beynin sol ve sağ bölümlerini şimdi daha iyi tanıdığınıza göre, artık kendi entegrasyonunuzu gerçekleştirme zamanı gelmiş demektir. Ebeveynlik yaparken, daha çok sağ beyniniz mi baskın oluyor? Sıklıkla duygu sellerine kapılır ve çocuklarınızı kendi yaşadığınız kaosun ve korkunun içine çeker misiniz? Veya duygusal açıdan bir çöl olan sol beyninizle birlikte yaşama eğilimindesinizdir, davranışlarınız hoşgörüsüzdür ve çocuklarınızın duygularını ve ihtiyaçlarını anlayıp onlara yanıt vermekte zorlanıyorsunuzdur.

Küçük oğluyla beyninin sadece bir tarafını kullanarak etkileşimde bulunduğunu fark eden bir annenin şu sözlerine bir kulak verin:

Bir asker ailesi içinde büyüdüm. Duygularını dışa vuran bir kişi olduğum söylenemez! Bir veteriner ve eğitimli bir sorun çözümleyicisiyim ama öyle olmam benim başkalarıyla empati kurmama yardım etmiyor.

Eskiden oğlum ağladığı veya üzüldüğü vakit, sorununu çözümlemesine yardımcı olmak için onun durulmasını beklerdim. Bu yaklaşım ona yardımcı olmuyor ve bazen ağlamasını şiddetlendiriyordu. Ben de onun yanından uzaklaşarak yatışmasını beklemeyi yeğliyordum.

Son sıralarda, onunla öncelikle duygusal bir bağ kurmak gerektiğini, yani o zamana kadar bana bütünüyle yabancı olan bir yaklaşımda bulunarak her ikimizin de sağ beyinlerimizi devreye sokmayı öğrendim. Şimdi, sağ ve sol beynimi birlikte kullanıyor, oğlumu kollarımın arasına alıyor, onu dinliyor ve hatta hikayesini anlatması için ona yardımcı oluyorum. Sonra onun davranışı hakkında konuşuyor veya sorununu birlikte çözmeye çalışıyoruz. Şimdi, önce oğlumla bağ kurmayı, sorunu ise daha sonra çözümlemeyi öğrenmiş bulunmaktayım.

Bunu yapmak biraz pratik gerektiriyor, ama oğlumla sadece sol beynimi değil, aynı anda sağ beynimi de kullanarak bağ kurduktan sonra, her şeyi çok daha rahatlıkla çözümleyebildiğimi gördüm ve ikimizin arasındaki ilişki de genel olarak daha iyi bir duruma geldi.

Bu anne, sağ beyninin bazı kısımlarını ihmal etmekle, oğluyla bağ kurma ve onun sağ beynini güçlendirme fırsatlarını önemli ölçüde kaçırmış olduğunu fark etmişti.

Çocuklarımızın beyin entegrasyonunu sağlamanın en iyi yollarından biri de, kendi beynimizi daha iyi entegre etmemizdir. (Bu konuyu Bölüm 6'da, ayna nöron sistemini anlattığımız vakit daha ayrıntılı olarak ele alacağız.) Sağ ve sol beyinlerimizi bütünleştirdiğimiz vakit, önemli kararlar almamızı, sorunlar çözmemizi ve bazı sınırlar koymamızı sağlayan sol beynimizin gerçekçiliğini ve rasyonelliğini, bedensel duyularımızın ve duygularımızın farkındalığı içine girmemizi ve çocuklarımızın ihtiyaçlarına sevgiyle yanıt vermemizi mümkün kılan sağ-beynimizin duygusallığı ile birleştirerek çocuklarımıza ebeveynlik edebiliriz. Bunu başardığımız takdirde, çocuklarımızı kendi entegre-beynimizi kullanarak yetiştiriyoruz demektir.

BÖLÜM 3

Aklın İçinde Bir Merdiven Kurmak

Üst ve Alt Beynin Entegrasyonu

Jill, bir öğleden sonra altı yaşındaki oğlu Grant'in odasından birtakım bağırışlar ve gürültüler geldiğini duydu. Dört yaşındaki Gracie ağabeyinin hazine kutusunu bulmuş ve içinden onun "en değerli kristalini" aldıktan sonra kaybetmişti. Gracie nispetçi bir ses tonuyla "O aptal bir taş parçasıydı ve onu kaybettiğim için çok *mutluyum*," dediği anda Jill olay yerine yetişti.

Jill yumruklarını sıkan ve yüzü al al olan küçük oğluna baktı. Çocuğunuzun hassas bir denge içinde olduğunu ve durumun her an kötüye gidebileceğini sezdiğiniz böyle bir anı muhtemelen sizler de yaşamışsınızdır. Durum düzeltilebilir, iyi ve barışçı bir çözüm bulunabilir. Ama başka bir yöne de kayabilir ve kaos, anarşi ve hatta şiddet ortamı oluşabilir.

Uff!

Jill nelerin gelmekte olduğunu derhal anladı: Grant kontrolünü kaybetmek üzereydi ve iyi bir karar *vermeyeceğ*i belli oluyordu. Onun gözlerindeki şiddetli öfkeyi ve vahşi bir haykırışın boğazından çıkmak üzere olduğunu fark etti. Kız kardeşiyle arasındaki birkaç adımlık mesafeyi koşarak geçerken, Jill de onu adım adım takip etti. Neyse ki, daha hızlı davranarak,

Gracie'nin yanına gelmeden önce Grant'i yakaladı. Onu kucaklayarak göğsüne dayadı. Grant, yumrukları ve tekmeleriyle havayı kırbaçlar gibi döverken, bir yandan da avaz avaz bağırıyordu. Sonunda mücadele etmeyi bırakınca Jill onu yere indirdi. Aslında ona hayran olan ve onu rol modeli olarak gören kız kardeşine gözlerinde yaşlarla bakarak, sakin bir şekilde şunları söyledi: "Sen dünyadaki en kötü kız kardeşsin."

Jill bu hikayeyi Dan'e anlatırken, bu sözlerin Grant'in beklediği etkiyi yaptığını ve Gracie'nin gözlerinde dramatik gözyaşlarının birikmesine neden olduğunu söylemişti. Yine de, Jill orada bulunduğu için memnundu, aksi takdirde oğlu, sadece duygusal değil, fiziksel olarak da kız kardeşini incitebilecekti. Jill'in Dan'e sorduğu soru pek çok anne babanın sıklıkla sorduğu bir soruydu: Çocuklarımla günün her saniyesinde birlikte olmam mümkün değil. Onlara doğru şeyleri yapmalarını ve ben etrafta olmasam dahi kendilerini kontrol altında tutmalarını nasıl *öğretebilirim?*

Çocuklarımıza öğretebileceğimiz en önemli becerilerden biri, onların Grant'in yaşadığı türde, güçlü duygulara neden olan durumlarda iyi kararlar almalarına yardımcı olmaktır. Biz onların harekete geçmeden önce biraz durup beklemelerini, davranışlarının sonuçlarını düşünmelerini, başkalarının duygularını göz önüne almalarını, etik ve ahlaki kararlar vermelerini isteriz. Çocuklarımız bazen bize gurur veren davranışlarda bulunurlar, ama bazen de bulunmayabilirler.

Çocuklarımızın bazı durumlarda akılcı kararlar almalarının, diğer bazı durumlarda ise bunu başaramamalarının nedeni nedir? Neden bazı durumlarda çocuklarımızın sırtını sıvazlarız da, bazı durumlarda ellerimiz havada kalır? Bütün bunlar, çocuğumuzun beyninin alt ve üst katlarında neler olup bittiğiyle bağlantılıdır da ondan...

AKIL MERDİVENİ: BEYNİN ÜST VE ALT KATLARINI ENTEGRE ETMEK

Beyin konusunda pek çok şey söyleyebiliriz. Bölüm 2'de, beynin sol ve sağ olmak üzere iki yarımküresi olduğunu vurgulamıştık. Şimdi de beyni yukarıdan aşağıya doğru, daha doğrusu aşağıdan yukarıya doğru inceleyeceğiz.

Beyninizin iki katlı bir ev olduğunu düşünün. Alt kattaki beyniniz (alt beyin), boynunuzun üst tarafından burun kemerinize kadarki kısmını oluşturan beyin sapını ve limbik bölgeyi içerir. Bilim insanları bu alt bölgelerin daha primitif olduğunu

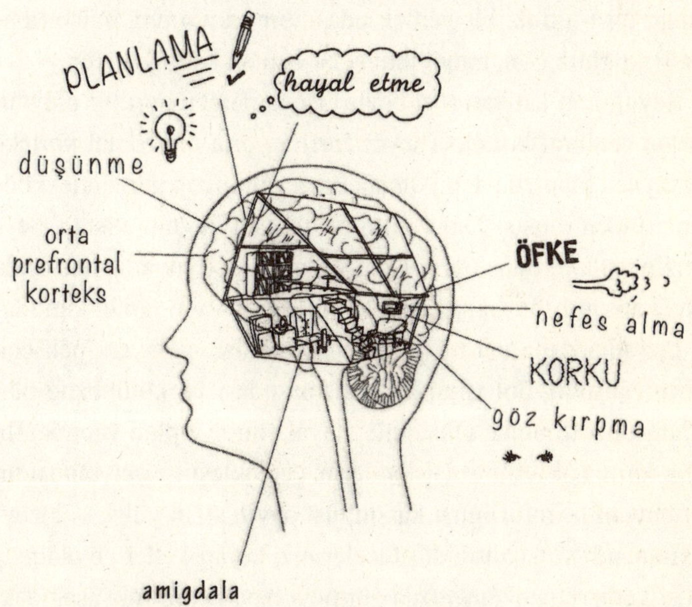

söylerler, çünkü bunlar (nefes alma ve göz kırpma gibi) temel fonksiyonlardan, (dövüşme ve kaçma gibi) doğuştan gelen tepkilerden ve dürtülerden ve (öfke ve korku gibi) güçlü duygulardan sorumludur. Küçükler Ligi'ndeki bir faul atışında topun tribünlere doğru uçtuğunu fark ettiğinizde kendinizi içgüdüsel olarak geriye doğru attığınız an, alt kattaki beyniniz işini görüyor demektir. Anaokuluna giden çocuğunuzu dişçi muayenehanesinin korkunç olmayacağı konusunda yirmi dakika ikna etmeye çalıştıktan sonra, dişçinin asistanı içeriye girip de kızınızın önünde "Uyuşturmak için ona bir iğne yapmamız gerek" diye ilan edince, yüzünüzün öfkeden alı al moru mor olduğu an da aynı durum söz konusudur. Güçlü duygularınız, bedensel fonksiyonlarınız ve sezgilerinizin yanı sıra, öfkenizin de kaynağı alt kattaki beyninizdir. Burası, bir evin ailenin temel pek çok ihtiyacının görüldüğü alt katı gibidir. Orada hemen hemen her zaman bir mutfak, bir yemek odası, bir banyo, vb. bulabilirsiniz. Bildiğiniz gibi, temel ihtiyaçlar hep alt katta görülür.

Beyninizin üst katı (üst beyin) ise tamamen ayrı bir olaydır. Bu kat serebral korteks (beyin zarı) ve orta prefrontal korteks adı verilen kısım da dahil olmak üzere, alnınızın gerisindeki bölümlerinden oluşur. Daha primitif olan alt beynin aksine, beyninizin üst katı daha evrimleşmiş olup, size dünyanız hakkında daha kapsamlı bir bakış açısı verir. Burayı evin ikinci katındaki, her şeyi daha net bir şekilde görmenizi sağlayan, pek çok penceresi olan, bol ışıklı bir çalışma odası ve kütüphane olarak düşünebilirsiniz. Düşünme, hayal etme ve plan yapma gibi daha karmaşık zihinsel işlemlerin gerçekleştiği yer burasıdır. Alt beynin primitifliğine karşın, üst beyin sizin yüksek-düzeydeki önemli ve analitik düşüncelerinizi kontrol eder ve oldukça sofistikedir. Çocuklarımızda görmeyi hayal ettiğimiz aşağıdaki pek çok özelliğin oluşmasından da o sorumludur:

√ Sağlıklı karar verme ve plan yapma

√ Duyguları ve bedeni kontrol altında tutma

√ Kendini anlama

√ Empati kurma

√ Ahlaklı davranma

Beyninin üst katı uygun bir şekilde çalışan bir çocuk, olgun ve sağlıklı bir insanın özelliklerinin pek çoğunu sergiler. Onun süper bir insan olacağını ve asla bir çocuk gibi davranmayacağını söylemiyoruz. Ama bir çocuğun üst beyni iyi çalışıyorsa, o çocuk duygularını dengelemeyi, davranışlarının sonuçlarını öngörmeyi, harekete geçmeden önce düşünmeyi ve diğer insanların neler hissettiğini bilir. Bütün bunlar onun hayatın farklı aşamalarında başarılı olmasını ve ailesinin günlük sorunların karşısında ayakta kalabilmesine yardımcı olmasını sağlar.

Tahmin edebileceğiniz üzere, bir insanın beyninin en iyi çalıştığı anlar, üst ve alt bölümler birbirleriyle entegre olduğu zamanlardır. O yüzden, bir ebeveynin amacı, çocuğunun alt ve üst beynini birleştiren metaforik merdivenin kurulmasını ve güçlendirilmesini ve bunların bir takım halinde birlikte çalışmasını sağlamaya çalışmak olmalıdır. İyi çalışan bir merdiven kurulduğu takdirde, beynin alt ve üst katları *dikey olarak entegre* olmuş olur. Bu da, beynin üst katının alt beyin eylemlerini ve oradan kaynaklanan güçlü tepkileri, dürtüleri ve duyguları kontrol ettiği anlamına gelir. Ama dikey entegrasyon aksi yönde de çalışır, yani (evin temellerini oluşturan) alt beyin ve bedenimiz de bu sürece önemli ölçüde "tabandan-tepeye" katkılarda bulunur. Sonuç olarak, üst beynimizin önemli birtakım kararları duygularımızdan, sezgilerimizden ve bedenlerimizden bağımsız olarak, bir boşluk içinde almasını istemeyiz. Tam tersine, bir eyleme geçmeye karar vermesi için üst beynimizi kullanmadan önce, alt beynimizden kaynaklanan duygusal ve fiziksel algılarımızı göz önüne almamız gerekir. Tekrarlamak gerekirse, entegrasyon beynimizin alt ve üst bölümleri arasında hür bir akış sağlar. İkisinin arasında bir merdivenin kurulmasına ve böylece beynimizin farklı bölümlerinin koordineli bir şekilde ve bir bütün olarak çalışmasına yardımcı olur.

Yapımı Bitmemiş Merdiven: Çocuklarınız İçin Uygun Beklentiler Hazırlayın

Çocuğunuzun beyninde böyle bir metaforik merdiven kurmak istemenize rağmen, iş entegrasyona gelince beklentilerinizi gerçekçi tutmak için iki önemli neden vardır. Bunlardan birincisi gelişmeyle ilgilidir: Alt kattaki beynimiz doğduğumuz anda bile iyi gelişmiştir, ama yukarı kattaki beynimiz bir kişi yirmili yaşlarına gelinceye kadar tam olarak olgunlaşmaz. Hatta orası beynin en geç gelişen kısımlarından biridir. Üst beyinde hayatın ilk birkaç yılında müthiş bir yapım faaliyeti vardır, sonraki ergenlik yıllarında ise yetişkinlik yıllarına kadar süren kapsamlı bir şekil değişikliği gerçekleşir.

Evimizin alt katındaki inşaatın bittiğini ve evin tamamen dayalı döşeli hale geldiğini hayal edin, ama ikinci kata çıktığınızda oradaki inşaatın hâlâ bitmediğini ve yerlerde inşaat aletlerinin olduğunu görürsünüz. Tam olarak bitmemiş olan çatıya baktığınızda gökyüzünü bile görebiliyorsunuzdur. İşte, çocuğunuzun üst beyni bu durumdadır, yani orada devam etmekte olan bir çalışma vardır.

Bu, ebeveynlerin kavraması gereken çok önemli bir bilgidir, çünkü yukarıdaki listede belirttiğimiz tüm özellikler, yani sağlıklı karar vermek, duygularına ve bedenlerine hakim olmak, empati göstermek, kendini anlamak ve ahlaklı olmak gibi çocuklarımızın sergilemesini umduğumuz davranışlar ve beceriler, beyinlerinin henüz tamamen gelişmemiş olan kısmına tabidir. Üst beyin hâlâ inşaat halinde olduğu için, her zaman tam olarak işlev görmeyi beceremez, yani alt kattaki beyinle entegre olamaz ve sürekli olarak tam kapasiteyle çalışamaz. Bunun sonucu olarak, çocuklar üst beyinlerini kullanamadıkları için "alt katta esir" kalmaya yatkın olurlar ve zıvanadan çıkarak yanlış kararlar alırlar, genel bir empati yoksunluğu sergilerler ve kendilerini anlayamazlar.

Gördüğümüz gibi, çocukların beyinlerinin üst ve alt katlarını birlikte kullanamamalarının birinci nedeni üst beyinlerinin hâlâ gelişiyor olmasındandır. İkinci temel neden ise alt kattaki beynin özel bir kısmıyla, yani amigdala ile ilgilidir.

AKLIN "BEBEK İÇİN MERDİVEN KORUMASI": BUNU BANA AMİGDALA YAPTIRDI

Badem şeklinde ve büyüklüğünde olan amigdalamız, alt kattaki beynimizde yer alan limbik alanın bir parçasıdır. Amigdalanın görevi, özellikle de öfke ve korku gibi duygularımızı süratle işlemden geçirip ifade edilmelerini sağlamaktır. Gri renkli bu küçük organ beynimizin bekçi köpeğidir ve tehdit altında olabileceğimiz her an için tetikte bekler. Bir tehlike sezdiğinde, duruma tamamen hakim olur ve bir anlamda üst beynimizi gasp eder. İşte, bizim *düşünmeden* eyleme geçmemize neden olan da budur. Arabada giderken aniden durmanız gerektiğinde, yanınızda oturan yolcuyu korumak amacıyla kolunuzu uzatmanız için size talimat veren de beyninizin bu bölümüdür. Oğluyla bisikletle dolaşırken, birkaç adım ötede bir çıngıraklı yılan olduğunu bilinçli olarak fark etmeden önce, Dan'in yaptığı gibi, sizin de "Dur!" diye bağırmanıza beyninizin bu bölümü neden olur.

Tabii ki, bazen düşünmeden eyleme geçmek kesinlikle iyi bir şey olabilir. Nitekim yukarıdaki durumda Dan'in isteyeceği son şey, üst beyninin bir dizi yüksek düzey manevraya geçmesi veya bir maliyet-yarar analizi yapmasıdır. *Oh hayır! Oğlumun hemen önünde bir yılan var. Onu ikaz etmenin tam zamanı... Onu ikaz etme kararına varana kadar enine boyuna düşüneceğime, onu keşke birkaç saniye önce ikaz edebilseydim.* Halbuki onun duruma hakim olmak ve tam da yaptığı şeyi yapmak, yani ne yaptığını bilinçli olarak fark etmeden önce bağırmak için, alt beynindeki amigdalanın yardımına ihtiyacı vardı.

Açıkça görülüyor ki, Dan'inki gibi bir durumla karşılaştığımız veya herhangi başka bir şekilde tehlike içinde olduğumuz vakit, düşünmeden eyleme geçmek iyi bir şeydir. Ama düşünmeden eyleme geçmek normal olarak ve günlük durumlarda genellikle iyi bir sonuç *vermez*. Örneğin beklemenin yasak olduğu bir yerde park eden bir başka ebeveyne bağırmak için arabamızdan fırtına gibi inip deliler gibi bağırmanın muhtemelen bir bedeli olur. Aşağıdaki "Bütün-Beyinli Çocuk" bölümünde de anlatacağımız gibi, amigdala duruma hakim olup da üst beynin görevlerini yapmasını engellerse, "kafamızın tası atar" ve başımız rahatlıkla derde girebilir. Gerçek bir tehlike karşısında değilsek, eyleme geçmeden önce düşünmeli ve farklı davranmamalıyız.

Çocuklarımızın da öyle davranmasını isteriz. Ama özellikle çocuklar konu olduğu vakit buradaki sorun şudur: Amigdala sıklıkla üst ve alt beyinlerin arasındaki merdiveni ya sonuna kadar açar ya da bloke eder. Merdivenin ilk basamağının önüne, adeta bir bebeğin yukarı katta çıkılmasını engelleyen bir merdiven koruması konmuş gibidir. Bu da doğal olarak biraz önce tartıştığımız diğer sorunu daha da vahim hale getirir: Yani üst beynin inşası hem henüz bitmemiştir, hem de çalışabilir olan bölümü de aşırı duygu veya stres yüklü anlarda erişilebilir olmaktan çıkmıştır.

Üç yaşındaki çocuğunuz buzlukta portakallı çubuk dondurma kalmadığı için öfke krizine tutulduğu vakit, beyin sapı ve amigdala da dahil olmak üzere onun alt kat beyni eyleme geçmiş ve merdivenin bebek korumasının sürgüsünü kapatmış demektir. Böylece beynin bu ilkel bölümüne müthiş bir enerji dalgası yüklenir ve çocuk sakin ve mantıklı bir şekilde davranmayı beceremez. Büyük miktarda beyin kaynakları alt kat beynine hücum etmiş ve üst beyne hakim olacak kaynaklar kısıtlanmıştır. Bunun bir sonucu olarak, ona portakallı olandan daha çok sevdiğini bildiğiniz mor renkli çubuk dondurmalardan buzlukta yeterli miktarda olduğunu kaç kere söylerseniz söyleyin, çocuğunuz o an mantıklı bir konuşmaya muhtemelen kulak vermeyecektir. Büyük bir ihtimalle etrafa bir şeyler fırlatacak veya önüne çıkan kişilere bağırıp çağıracaktır.

Bildiğiniz gibi, eğer kendinizi böyle bir durum içinde bulursanız, onu bu krizden çıkarmanın en iyi yolu (bu durum çocuk için *gerçekten* de bir krizdir), onu yatıştırmak ve dikkatini başka bir yöne çekmektir. Onu kucaklayabilir, başka bir odada ilgisini çeken bir şey gösterebilir veya durumun dinamiğini değiştirmek için aptalca veya tuhaf bir şey yapabilirsiniz. Böyle davrandığınız takdirde, onun merdiven korumasının süngüsünü açmasına yardım etmiş olursunuz, böylece entegrasyon merdiveni bir kez daha erişilebilir olur ve çocuk da üst beynini devreye sokarak sakinleşmeye başlar.

Aynı şey, sorun öfke değil de korku olduğu zaman da geçerlidir. Bisiklete binmeyi öğrenmek istemeyen yedi yaşındaki, hareketli, atletik bir çocuk düşünün. Bu çocuğun amigdalası ona öylesine felç edici bir korku verir ki, başarılı olacağı kesin olan bir etkinliğe girişmeyi aklına bile getiremez. Bu çocuğun amigdalası merdivenin başına bir bebek koruması koymakla kalmamış, aynı zamanda merdiven basamaklarını top, paten, kitap ve ayakkabı gibi geçmiş korkularından gelen ve üst beynine erişmesini imkansız kılan engelleyici eşyalarla da doldurmuştur. Böyle bir durumda, yolu temizlemek için denenebilecek pek çok farklı strateji vardır. Çocuğun ebeveynleri, başka bir güçlüğü başarıyla atlattığı takdirde ödüllendireceklerini söyleyerek onu ikna edebilirler; kendi korkularını kabul ederek bunlar hakkında konuşabilirler; hatta çocuğun korkusunu aşabilmesi için özendirici bir şey sunabilirler. Onun üst beyniyle bağlantısını sağlayabilecek ve ona sürekli olarak bisikletten düşebileceği ve canının yanabileceği mesajını veren amigdalasını susturacak her türlü yaklaşım işe yarayabilir.

Bu bilgilerin, üst beyinlerine her zaman erişimleri olmayan çocuklar yetiştirirken bizim için pratik açıdan ne anlama geldiğini bir düşünün. Onların her zaman rasyonel olmalarını, doğru kararlar vermelerini, eyleme geçmeden önce düşünmelerini ve empati duymalarını, yani üst beyinlerinin onlara yapmaları için yardımcı olduğu şeyleri yapmalarını beklemek gerçekçi değildir. Çocuklar, yaşlarına bağlı olarak bu özelliklerin bir kısmını belirli ölçülerde zaman zaman sergileyebilirler. Üst beyinlerini bazen kullanabilirler ama bazen de kullanamazlar. Bunu bilmek ve beklentilerimizi buna göre ayarlamak bile çocuklarımızın sahip oldukları beyne göre, çoğunlukla ellerinden geleni yaptıklarını görmemize yardım eder.

Peki bütün bunlar ("Özür dilerim, anne, yeni aldığımız köpek yavrusunun yüzüne cam silme ilacından püskürttüm. Sanırım üst beynim o sırada devrede değildi," gibi bir durumda) onlara *elini-kolunu-sallaya-sallaya-zindandan-çıkma* iznini verir mi? Nadiren. Hatta böyle bir durum, çocuklarımızın *uygun* davranma melekeleri kazanmalarını görmek için biz ebeveynleri daha da teşvik eder. Ve öfke krizleri gibi ateşli durumlarda bazı rizikolu kararlar almak için oldukça etkili stratejiler sağlar.

ÖFKE KRİZLERİ: ÜST KAT VE ALT KAT

Çocuk büyütmenin en tatsız yönlerinden biri onların geçirdiği öfke nöbetleridir. İster yalnızken, ister başkalarının gözü önünde olsun, bu krizler çok sevdiğimiz ve bir gülümsemesiyle dağları bile yerinden oynatabilen bir kişiyi (yani çocuğumuzu), göz açıp kapayana kadar çok itici ve sevimsiz biri haline haline getirebilir.

Ebeveynlerin çoğuna, öfke nöbetleriyle baş edebilmek için tek bir yöntem olduğu, yani onları görmezden gelmeleri gerektiği öğretilmiştir. Aksi takdirde, çocuğunuzun eline size karşı kullanabileceği güçlü bir silah vermiş olacağınız ve onun da bu silahı tekrar ve tekrar kullanacağı söylenmiştir.

Ama öğrendiğiniz yeni bilgiler size bu öfke nöbetleriyle ilgili olarak neler söylüyor? Beynin üst ve alt katlarını bilirseniz, iki farklı tür öfke nöbeti olduğunu da görebilirsiniz. Bir *üst beyin öfke nöbeti,* çocuğun bir kriz yaratmaya *karar verdiği* vakit gerçekleşir. Yani çocuk düğmelere basmaya ve istediğini elde edene kadar sizi dehşete düşürmeye bilerek ve isteyerek karar vermiştir. Onun dramatik ve görünüşte içten gelen yalvarmalarına rağmen, ona boyun eğerseniz veya ona tanımış olduğunuz belirli bir ayrıcalığı kaybetmek üzere olduğunu hatırlattığınızda, anında bu öfke krizine bir son verebilir. Böyle davranmasının nedeni, o an üst beynini kullanıyor olmasıdır. Bu çocuğun duygularını ve bedenini kontrol edebilmesi, mantıklı olabilmesi ve iyi kararlar alabilmesi *mümkündür*. Alışveriş merkezinin orta yerinde avazı çıktığı kadar "O prenses terliklerini şimdi istiyorum!" diye haykırdığı vakit tamamen kontrolden çıkmış gibidir. Ama onun ne yaptığını bildiğini ve amacına ulaşmak, yani sizin her şeyi bir kenara bırakıp hemen o terlikleri almanız için, belirli bir strateji kullandığını ve sizi manipüle ettiğini görebilirsiniz.

Üst beynin öfke nöbetini tanıyan bir ebeveynin yapabileceği tek bir şey vardır: Bir teröristle asla pazarlık etmemek. Bir üst beyin öfke nöbetine kesin sınırlar çizmek ve uygun olan ve olmayan davranışları net bir şekilde tanımlamak gerekir. Böyle bir durumda verilebilecek en iyi yanıt: "Bu terliklerin seni heyecanlandırdığını anlayabiliyorum, ama böyle davranman hoşuma gitmiyor. Eğer şimdi buna bir son vermezsen, sana o terlikleri almayacağım ve bugünkü oyun iznini de iptal edeceğim, çünkü sen bana kendine hakim olamadığını göstermiş bulunuyorsun." Bir başka önemli olay da, eğer çocuk bu davranışına son vermezse, bunun sonuçlarına katlanacağını ona göstermektir. Böyle kesin bir sınır koymakla, çocuğunuz uygun olmayan davranışlarının sonucuna katlanması ve dürtülerine hakim olması gerektiğini anlayacaktır. Ona saygılı iletişimler kurmanın ve sabırlı olmanın işe yaradığını, aksi şekilde davranmanın ise işe yaramadığını öğretmiş olursunuz. Bunlar gelişmekte olan bir beyin için önemli derslerdir.

Çocuğunuzun yaşı ne olursa olsun, bu tür öfke nöbetlerine boyun eğmeyi reddederseniz, bu nöbetlerin düzenli bir biçimde karşınıza çıkmasından kurtulursunuz. Üst beyin nöbetleri kasıtlı olduğu için, çocuklar onların etkisiz olduğunu ve hatta çoğunlukla ters teptiğini ve olumsuz sonuçlandığını görürlerse bu stratejiyi uygulamaktan vazgeçerler.

Alt beynin öfke nöbeti ise tamamıyla farklıdır. Burada, çocuk öyle mutsuz olur ki, üst beynini kullanmak artık onun için *imkansız* hale gelir. Yeni yürümeye başlayan çocuğunuz öyle öfkelenir ki, saçını yıkamak için başına su döktüğünüzde haykırmaya başlar, oyuncaklarını küvetin dışına fırlatır ve yumruklarını sıkarak size vurmaya çalışır. Beyninin alt bölümleri, özellikle de amigdalası, duruma hakim olmuş ve üst beynini esir almıştır. Entegrasyon haline geçebilecek durumda hiç değildir. Çünkü küçücük bedenini stres hormonlarının istila etmesi, üst beyninin hiçbir bölümünün tam olarak çalışmadığı anlamına gelir. Sonuç olarak, en azından o an için kelimenin tam anlamıyla bedenine veya duygularına hakim olması ve davranışlarının sonuçlarını görmek, sorun çözmek veya başkalarının hislerine değer vermek gibi yüksek düzeyde düşünme becerilerini kullanması mümkün olamaz. Kafasının tası atmıştır. Merdiveni bloke eden bebek koruması üst kata çıkmasını engellemekte ve beynini bütünüyle kullanmasına mani olmaktadır. (Böyle bir olayı anlatırken, çocuğunuzun "tamamen aklını kaybettiğini" söylediğiniz vakit, fark ettiğinizden çok daha fazla nörolojik olarak doğruyu söylemiş olursunuz!)

Çocuğunuz bu dağılma durumundayken ve bir alt beyin öfke krizine tutulmuşken, ebeveyn olarak tamamen farklı bir tutum içine girmeniz gerekir. Bir üst beyin nöbetine tutulan bir çocuğun ebeveyninin vakit kaybetmeden katı sınırlar koyması gerekirken, bir alt beyin öfke nöbetine verilecek uygun yanıt çok daha şefkatli ve rahatlatıcı olmalıdır. Bölüm 2'de tartıştığımız "bağ kur ve yeniden yönlendir" tekniğinde olduğu gibi, bir ebeveynin yapması gereken ilk şey, çocuğuyla bağ kurmak ve onun yatışmasına yardımcı olmaktır. Bu genellikle çocuğa sevgiyle dokunmak ve şefkatli bir ses tonu kullanmakla yapılabilir. Veya eğer çocuk kendini veya başkalarını incitecek veya mala zarar verme tehlikesi arz eden bir eğilim içindeyse, o vakit ona sıkıca sarılmanız ve onunla sakin bir şekilde konuşarak olay yerinden uzaklaştırmanız gerekir.

Çocuğunuzun mizacına göre farklı yaklaşımlar deneyebilirsiniz ancak burada önemli olan şey onu rahatlatmak ve nehrin kaos yakasından uzaklaştırmaktır. Ona davranışlarının neden olabileceği sonuçlardan veya uygun davranış şekillerinden bahsetmenin bir anlamı yoktur. Bir alt beyin öfke nöbeti geçirmekte olan bir çocuk, ona verilen bilgileri işlemden geçirecek durumda değildir, çünkü bu tür bir sohbet için üst beyninin algıladıklarını asimile etmek için çalışıyor olması gerekir. Dolayısıyla, çocuğunuzun üst beyni alt beyninin esiri haline gelmişse, ilk göreviniz amigdalasını sakinleştirmek için ona yardımcı olmak olmalıdır.

Üst beyin bir kere devreye girdikten sonra, sorunu halletmek için mantığınızı ve muhakeme gücünüzü kullanmaya başlayabilirsiniz. ("Babanın, saçını öyle yıkamasından hoşlanmadın mı? Bundan sonra saçını nasıl yıkamamız gerektiği hakkında bize bir fikir verebilir misin?") Çocuk daha kabul edici bir ruh haline girince de onunla uygun olan ve olmayan davranışlar ve bunların yol açabileceği sonuçlar hakkında konuşabilirsiniz. (Yüzüne su sıçradığı için çok sinirlendiğini biliyorum. Ama öfkelendiğin zaman birisine vurmak doğru bir davranış değil. Kızgınlığını sözcüklerle ifade edebilir ve babana 'Baba, ben bundan hoşlanmıyorum, lütfen dur' diyebilirsin.") Böyle konuşarak disiplininizi belli etmiş ve otoritenizi de sürdürmüş olursunuz. Bu çok önemlidir, ama dilerseniz bunu daha bilinçli ve daha şefkatli bir tutum içine girerek de yapabilirsiniz. Böylece, öğrenmeye daha açık olduğu zamanı yakaladığınız için, çocuğunuz ona öğretmeye çalıştığınız şeyleri çok daha kolaylıkla özümseyecektir.

Deneyimli her ebeveyn bilir ki, kafasının tasının atması sadece yeni yürümeye başlayan çocuklara özgü bir durum değildir. Bu, on yaşındaki bir çocukta biraz farklı olabilir ama yaşı ne olursa olsun bir çocuk (hatta bir yetişkin!), güçlü duyguların hakim olduğu durumlarda alt beyninin egemenliği altına girmeye adaydır. İşte bu nedenle, üst ve alt beyinlerin faaliyetlerinin ve bunların herhangi birinden kaynaklanan öfke krizlerinin farkındalığı içine girmek, çocuklarımıza disiplin verirken çok daha etkili olmamızı sağlar. Çocuğumuzun üst beyninin devreye girmesi için ne zaman sınır çekmemiz ve ne zaman şefkatli bir davranış içine girmemiz gerektiğini daha net bir şekilde görebiliriz.

Öfke nöbetleri, üst ve alt beyinle ilgili bu bilgilerin ne kadar pratik olduğunu gösteren örneklerden sadece bir tanesidir. Şimdi de dilerseniz çocuğunuzun üst beynini geliştirmek ve onun daha güçlü ve alt beyinle daha entegre olması için başka neler yapabileceğimize bir bakalım.

Neler Yapabilirsiniz: Çocuğunuzun Üst Beynini Geliştirmeye ve Onu Alt Beyinle Entegre Etmeye Yardımcı Olmak

Bütün-Beyin Stratejisi #3: Hangisini Devreye Sokmalı veya Sokmamalı: Beynin Üst Katına (Üst Beyne) Hitap Etmek

Gün boyunca çocuklarınızla etkileşim içinde olduğunuzda, onların beyinlerinin hangi bölümlerine hitap ettiğinizi kendinize bir sorun. Üst beyinlerinizi mi devreye sokuyorsunuz? Yoksa alt beyinlerini mi tetikliyorsunuz? Bu soruların yanıtı, çocuklarınızı yetiştirirken yaşadığınız belirli deneyimlerin sonucu olarak ortaya çıkacak olan hassas dengeyi belirlemenizi önemli ölçüde etkileyecektir. İşte size, oğluyla yaşadığı böyle bir an hakkında Tina'nın anlattığı bir hikaye:

Favori Meksika restoranlarından birinde yemek yerken, dört yaşındaki oğlumun masayı terk ettiğini ve on adım ötedeki bir sütunun arkasına saklandığını fark ettim. Onu çok seviyorum ve genellikle çok sevimli bir çocuktur ama onun öfkeli ve meydan okuyan yüzünü ve masamıza doğru sürekli dilini çıkardığını görünce, "sevimli" sözcüğünü aklımın ucundan dahi geçirmediğimi söylemeliyim. Çevredeki masalarda oturanlar durumu fark edip, bu sorunu nasıl ele alacağımızı görmek için kocam Scott'a ve bana bakmaya başladılar. O anda, Scott ve ben bir restorandaki davranış kurallarını uygulamamızı bekleyen o kişilerin baskısını ve yargılayıcı bakışlarını üzerimizde hissettik.

Oğlumun yanına gidip onunla aynı göz seviyesine gelecek şekilde çömeldiğimde önümde iki seçenek olduğunu net bir şekilde gördüm. Opsiyon #1: Geleneksel "emir ve direktif verme" yolunu seçip sert bir tonla klişeleşmiş "yüzünü gözünü tuhaf şekillere sokmayı bırak, genç adam. Masaya git ve yemeğini ye, yoksa tatlı matlı yiyemezsin," diyebilirdim.

Çocuk yetiştirirken Opsiyon #1 bazen uygun bir tepki olabilir. Ama benim küçük adamım için sözel olan veya olmayan bu tür bir meydan okuma, onun (bilim insanlarının kertenkele beyni adını verdikleri) alt beyninde her tür tepkisel duyguyu tetikleyebilir ve onun tehdit altındaki bir kertenkele gibi dövüşe geçmesine neden olabilirdi.

Opsiyon #2: Çocuğumun üst beynine doğru bir hamle yapıp, kavga ederek tepki göstermesi yerine, düşünmesini sağlamaya çalışabilirdim.

Oğullarımı yetiştirirken (onların da özgürce ifade edebilecekleri gibi) pek çok hata yaptığımı kabul ediyorum. Ama daha geçen gün, bazı ana babalara alt ve üst beyin hakkında ve günlük hayatta karşılaşılan güçlüklerle nasıl baş edileceği ve ayakta kalınabileceği konusunda bir konuşma yapmış ve bu deneyimleri çocuklarımızın başarısı için fırsat olarak nasıl değerlendirebileceğimizi anlatmıştım. Yani, bu bilgiler zihnimde tazeliğini koruduğu için oğlum da şanslıydı. O yüzden Opsiyon #2'yi seçmeye karar verdim.

Bir gözlemimden yola çıkarak işe başladım: "Öfkeli gibi görünüyorsun. Öyle mi?" ("Çocuğunuzla bağ kurun ve onu yeniden yönlendirin" yöntemini hatırlıyor musunuz?) Yüzünü vahşice buruşturdu, tekrar dilini çıkardı ve yüksek sesle "Evet!" diye bağırdı. Aslına bakarsanız orada durduğu için çok rahatladım, çünkü son sıralardaki favori hakaret sözcüklerini kullanacağından ve bana "osuruk suratlı Jones" diyeceğinden korkuyordum. (Yemin ederim, bunları nereden öğrendiklerini bilmiyorum!)

Ona öfkeli olmasının nedenini sordum ve Scott'ın ona tatlı yemeden önce yemeğinin en az yarısını bitirmesi gerektiğini söylediğini öğrendim. Ona bu durumun onun için neden hayal kırıklığı yarattığını anladığımı ifade ederek şöyle dedim: "Baban uzlaşma konusunda gerçekten de çok iyidir. Ne kadar yemen gerektiği hakkında adil bir karar ver ve git bunu babanla konuş. Bu planını yürütmek için yardıma ihtiyacın olursa bana haber ver." Onun saçını okşadım ve masaya geri dönerek derin derin düşündüğü belli olan ve yine sevimli olmaya başlayan yüzünü izlemeye koyuldum. Üst beyni kesin olarak devreye girmişti ve alt beyniyle mücadele ediyordu. O ana kadar bir patlama olmasını önlemiştik ama yine de içinde patlamaya hazır tehlikeli bir fünye varmış gibi görünüyordu.

On beş saniye kadar sonra, oğlum masaya geldi ve Scott'a dönerek öfkeli bir ses tonuyla "Baba," dedi. "Yemeğimin yarısını yemek istemiyorum. *Ve* tatlı yemek istiyorum." Scott'ın verdiği yanıt tam anlamıyla benim vermesini beklediğim gibiydi: "Peki, sence ne kadarını yersen adil bir miktar olur?"

Oğlumuz yanıtını ağır ağır ve kendinden emin bir şekilde verdi: "Size şu kadarını söyleyeyim: On ısırık!"

Pek de matematiksel olmayan bu yanıtın komik tarafı, on ısırık alması halinde zaten yemeğinin yarısından fazlasını yiyecek olmasıydı. Scott bu yanıtı kabul etti ve oğlumuz da mutlu bir şekilde on ısırık aldı, daha sonra tatlısını yedi ve tüm aile (ve restorandaki diğer müşteriler de dahil olmak üzere herkes) daha fazla bir olay olmadan yemeklerini keyifle yediler. Oğlumun alt beyni duruma tamamen hakim olamadı. Şanslıydık, şükür ki günün zafer kazananı onun üst beyni olmuştu.

Yine de 1 numaralı opsiyon da gayet yerinde, hatta uygun olabilirdi, ama bir fırsatı kaçırmamıza neden olurdu. Oğlumuz da ilişkilerin kişilerle bağ ve iletişim kurma ve onlarla uzlaşma olayı olduğunu anlama fırsatını kaçırmış olurdu. Bir seçim yapabileceğini, çevresini etkileyebileceğini ve sorun çözebilecek güçte olduğunu anlama şansını kaçırmış olurdu. Kısacası, üst beynini çalıştırma ve geliştirme fırsatını kaçırmış olurdu.

Aslında 2 numaralı opsiyonu seçmiş olmama rağmen, Scott ve benim olayın bir de kötü davranış boyutunu da ele aldığımızı vurgulamak için sabırsızlanıyorum. Oğlumuz kendine daha hakim olunca ve bizim söylediklerimize daha açık bir duruma gelince, onunla mutsuz olduğu vakitlerde dahi bir restoranda saygılı olmanın ve kurallara uygun davranmanın önemini tartıştık.

Bu hikaye üst ve alt beyinlerin farkındalığı içine girmenin, çocuklarımızı yetiştirme ve onlara disiplin verme tarzımıza nasıl doğrudan ve ivedi bir etkisi olduğunu göstermektedir. Sorunu çözmek için Tina'nın "Böyle bir durumda, onun beyninin hangi bölümüne hitap etmek istiyorum?" diye kendisine sorduğuna dikkat ettiniz mi? Tina aslında, oğluna meydan okuyarak ve ona davranışını derhal değiştirmesini söyleyerek de istediğini elde edebilirdi. Oğlunun gözünde, (öfkeli olduğu bir zamana rastlasa da) ona itaat etmesine yetecek düzeyde bir otoritesi vardı, ama bu yaklaşım onun alt beynini tetikleyecek ve içinde bir öfke ve haksızlık yapıldığı duygusunun kabarmasına neden olacaktı. O yüzden Tina durum hakkında düşünmesi ve babasıyla bir uzlaşma yolu bulması için onun üst beynini devreye sokmuştu.

Bir şeyi daha açıklığa kavuşturalım: Bazen ebeveyn-çocuk etkileşimlerinde uzlaşmaya yer yoktur. Çocuklar ebeveynlerinin otoritesine saygı göstermelidir. Bu da bazen, hiçbir esneklik payı olmadan, "hayır" demenin "hayır" anlamına gelmesi demektir. Ayrıca, bazen karşıt teklifleri de kabul etmemek gerekir. Tina'nın dört yaşındaki oğlu yemeğinden sadece bir ısırık almayı teklif etseydi, babasının böyle bir pazarlığı kabul etmeye açık olması beklenemezdi.

Ama çocuklarımızı büyütürken ve onlara disiplin verirken, onların üst beyinlerini devreye sokmak ve geliştirmek için karşımıza pek çok fırsat çıkar.

Strateji #3

BEYNİN ALT KATINI ÖFKELENDİRMEK YERİNE...

BEYNİN ÜST KATINI DEVREYE SOKUN

Kolyeyle ilgili olaydaki annenin de çocuğunun alt beynini zıvanadan çıkaracak bir ültimatom vermeyi tercih *etmediğine* dikkatinizi çekmek istiyorum. Tam tersine, kızını kendisini nasıl hissettiğini kesin ve belirli sözcüklerle anlatması için yönlendirmiş ve onun üst beynini devreye sokmuştur. ("O kolyeyi sana almadığım için mi bu kadar kızgınsın?") Sonra da, sorunu çözmek için ona birlikte çalışmayı teklif etmiştir. Kızı "Bunu nasıl yapacağız?" diye sorduğu anda, annesi onun üst beyninin devreye girdiğini anlamıştır. Kızı şimdi bu sorunu, birkaç saniye önce mümkün olmayan bir şekilde annesiyle tartışabilecektir. Şimdi ikisi birlikte mağazadan başka bir kolye almak veya evde bir tane üretmek konusunda beyin fırtınası yapabilirler. Anne şimdi kızına, öfkeli olduğu vakit nasıl konuşması gerektiğini anlatabilir.

Çocuklarımıza her "Beni ikna et" veya "Her ikimizin de işine yarayacak bir çözüm bul" dediğimizde, onlara sorun çözücü olma ve karar verebilme konularında bir şans tanımış oluruz. Onlara uygun davranışlar ve sonuçlara katlanma konularını düşünmelerine ve başka insanların neler hissettiğini ve istediğini anlamalarına yardım etmiş oluruz. Bütün bunlar, onların alt beyinlerini öfkelendirmek yerine, üst beyinlerini devreye sokma yolunu bulduğumuz için mümkün olabilmiştir.

Bütün-Beyin Stratejisi #4:
Onu Kullanın veya Kaybedin: Beynin Üst Katını (Üst Beyni) Çalıştırmak

Bizler çocuklarımızın beyinlerinin üst katına hitap etmenin de ötesinde, beyinlerinin bu bölgesini çalıştırmalarına yardımcı olmalıyız. Beynin üst katı bir adale gibidir: Çalıştırıldığı vakit gelişir, güçlenir ve daha iyi performans sergiler. Ama eğer ihmal edilirse, istenilen ölçüde gelişmez, gücünün ve işlevselliğinin bir bölümünü kaybeder. İşte, bizim de "onu kullanın veya kaybedin" demekteki amacımız bu olguyu vurgulamak. Biz, çocuklarımızın beyinlerinin üst katını geliştirirken, bilinçli olmak istiyoruz. Dediğimiz gibi, güçlü bir üst beyin alt beyni dengeler ve sosyal ve duygusal zeka açısından elzemdir. Güçlü akıl sağlığının temeli, güçlü bir üst beyindir. Bizim görevimiz de çocuklarımıza üst beyinlerini çalıştırmak ve onları daha güçlü ve dayanıklı yapmak için fırsat üstüne fırsat tanımaktır.

Siz ve çocuklarınız günlük yaşantılarınızı sürdürürken üst kattaki beynin farklı işlevlerine odaklanmayı ve onu çalıştıracak yolları bulmayı deneyin. Şimdi dilerseniz bunları teker teker inceleyelim.

Sağlıklı Karar Vermek

Biz ebeveynlerin yapma eğiliminde olduğumuz en büyük hatalardan biri, her zaman doğru şeyleri yapmalarını sağlamak için çocuklarımızın yerine kararlar almamızdır. Aslında, yapmamız gereken şey mümkün olduğu kadar sıklıkla onlara kendi başlarına karar verme fırsatları vermektir. Karar verme mekanizması, üst beynin farklı opsiyonları değerlendirmesini ve bizim yürütme işlevi dediğimiz şeyi gerektirir. Karşısına çıkan birkaç alternatifi ve bunların olası sonuçlarını düşünmek, bir çocuğun üst beynini çalıştırır, güçlendirir ve onun daha iyi çalışmasına izin verir.

Çok küçük çocukların üst beynini çalıştırmak, "Bugün mavi ayakkabılarını mı yoksa beyaz ayakkabılarını mı giymek istiyorsun?" diye sormak kadar basit bir işlem olabilir. Biraz daha büyüdükleri vakit ise, onlara karar verme sürecinde daha fazla sorumluluk verebilir ve onları bazı zorlu ikilemlerle baş etme durumuyla baş başa bırakabiliriz. Örneğin, eğer on yaşındaki kızınız (Kız İzciler kampıyla, futbol rövanş maçının pazar gününe rastlaması ve her ikisine birden gitmesinin mümkün olmaması nedeniyle) programıyla ilgili bir sıkıntı yaşıyorsa, onu tercihini kendisinin yapması için teşvik etmelisiniz. Belki bunlardan birini feda etmekten çok mutlu olmaz ama karar verme mekanizmasının içinde yer aldığı için kendisini muhtemelen çok daha rahat hissedecektir.

Zorlu ikilemlerle baş etmeleri için daha büyük yaştaki çocuklara harçlık vermek de olağanüstü bir yöntemdir. Bir bilgisayar oyununu şimdi satın alma veya yeni bir bisiklet için para biriktirmeye devam etme arasında karar vermesi onun üst beynini çalıştıracak güçlü bir yoldur. Burada önemli olan çocuklarınızın karar vermek için mücadele etmelerine ve verdikleri kararın sonuçlarına katlanmalarına izin vermektir. Ama bunu sorumluluk duygusu içinde yapmanız ve onlar ufak tefek hatalar yaptıklarında veya pek de müthiş olmayan tercihlerde bulunduklarında yeni çözümler getirmekten ve onları kurtarmaya çalışmaktan kaçınmanız gerekir. Sonuçta, burada sizin amacınız her yapılan tercihin şu anda mükemmel olması değil, üst beynin gelecekte en üst düzeyde gelişmesidir.

Duygulara ve Bedene Hakim Olmak

Küçük çocukların baş etmesi gereken bir diğer önemli ve zor iş de kendilerine hakim olabilmeleridir. O yüzden, üzgün olduklarında bile iyi kararlar alabilme becerisini onlara vermemiz gerekir. Size tanıdık gelen tekniklerle işe başlayın: Onlara derin bir nefes almalarını veya ona kadar saymalarını söyleyin. Duygularını ifade etmelerine yardımcı olun. Ayaklarıyla yeri tepmelerini veya bir yastığı yumruklamalarını söyleyin. Kontrolü kaybettikleri vakit beyinlerinde neler olup bittiğini onlara anlatın ve "kafalarının tasının atmasını" nasıl önleyebileceklerini öğretin. (Bu konuyla ilgili olarak bu bölümün sonundaki "Bütün-Beyinli Çocuklar" bölümünde size yardımcı olacağız.)

Çok küçük çocukların bile, sözcükleriyle veya yumruklarıyla birinin canını yakmak yerine, durup düşünme kapasiteleri vardır. Onlar her zaman iyi kararlar veremeyebilirler, ama birilerine fırça atmak yerine diğer alternatifleri ne kadar çok sonuna dek denerlerse, üst beyinleri o kadar çok gelişecek ve daha muktedir olacaktır.

Kendini Anlamak

Çocuklarınızın kendilerini anlamalarını sağlamak için tutabileceğiniz en iyi yol, onlara anladıklarının ötesini görmelerine yardımcı olan sorular sormaktır: *Bu tercihi neden yaptığın hakkında bir fikrin var mı? Senin öyle hissetmene neden olan şey nedir? Sence sınavda neden başarılı olmadın? Acele ettiğin için mi başarısız oldun, yoksa sadece sınav sorularının zor olması nedeniyle mi?*

Bir baba, kampa gitmek için hazırlanan on yaşındaki kızı Catherine için şöyle bir şey denedi: Ona evden uzakta olduğu vakit ev hasreti çekip çekmeyeceğini sordu. Beklediği gibi, muğlak bir sözcük olan "Belki" yanıtını alınca, ona yeni bir soru sordu: "Bu duyguyla nasıl başa çıkmayı düşünüyorsun?"

Yine kabul etmesi güç olan bir "Bilmiyorum" yanıtıyla karşılaştı, ama bu kez kızının sorular karşısında az da olsa düşünmeye başladığını fark etti.

Bunun üzerine biraz daha bastırdı: "Ev hasreti hissetmeye başlarsan, kendini daha iyi hissetmek için ne yapabilirsin?"

Catherine giysilerini bir kamp torbasının içine sıkıştırmaya devam etti, ama artık bu soruyu iyiden iyiye düşünmeye başladığı açıkça belli oluyordu. Sonunda gerçek bir yanıt verdi: "Sanırım size bir mektup yazabilirim veya arkadaşlarımla eğlenceli bir şeyler yapabilirim."

O noktadan itibaren o ve babası, onun kampa gidişiyle ilgili beklentileri ve endişeleriyle ilgili olarak birkaç dakika konuştular ve küçük kız kendisini daha iyi anlamayı başardı. Bu da sadece babasının ona birkaç soru sormasıyla gerçekleşmişti.

Çocuğunuz yazı yazacak yaşa, hatta resim çizme yaşına geldiği vakit, ona bir günlük defteri verebilir ve oraya her gün bir şeyler yazması veya resim yapması için teşvik edebilirsiniz. Bu ritüel onun içsel görüntüsüne dikkat etme ve bu görüntüyü anlama yeteneğini geliştirecektir. Çocuğunuz daha küçükse, ona bir hikaye anlatan resimler çizmesini söyleyebilirsiniz. Çocuklarınız kendi içlerinde neler olup bittiğini düşünmeye ne kadar çok gayret ederlerse, hem kendi iç dünyalarını, hem de çevrelerinde neler olup bittiğini daha iyi anlarlar ve onlara tepki verme yeteneklerini o kadar çok geliştirebilirler.

Empati Kurmak

Empati göstermek üst beynin bir diğer önemli işlevidir. Başka insanların duygularının önemsenmesini sağlayacak basit sorular sorduğunuz vakit, çocuğunuzun empati kurma yeteneğini güçlendirmiş olursunuz. Örneğin bir restoranda şöyle sorabilirsiniz: "Sence şu bebek neden ağlıyor olabilir?" Birlikte kitap okuduğunuz vakit "Arkadaşı uzaklara gittiğine göre, sence Melinda kendisini nasıl hissediyordur?" diye sorabilirsiniz. Bir mağazadan çıkarken de "O kadın bize çok nazik davranmadı, öyle değil mi? Kendisini bu kadar üzgün hissetmesi için

SADECE YANIT VERMEK YERİNE...

BEYNİN ÜST KATINI ÇALIŞTIRIN

bugün başına bir şeyler gelmiş olabilir mi, ne dersin?" sorusunu yöneltebilirsiniz.

Günlük yaşantınızda, çocuğunuzun dikkatini başkalarının duygularına çekmekle, onun içinde yeni şefkat katmanlarının oluşmasını ve üst beynini çalıştırmasını sağlamış olursunuz. Bilim insanları empati kurma olayının köklerinin, ayna nöronları adı verilen karmaşık bir sistemle bağlantılı olduğunu giderek daha çok düşünmeye başlamışlardır. Çocuğunuza başkalarının duygularını dikkate alması ve üst beynini kullanması için ne kadar çok fırsat tanırsanız, onun o kadar şefkatli olmasını sağlarsınız.

Ahlaklı Davranmak

İyi entegre olmuş bir üst beynin yukarıda sayılan özelliklerin tümü, çocuklarımız için düşündüğümüz en önemli amaçlardan birinde, yani onların güçlü bir ahlak duygusuna sahip olmalarında birleşmektedir. Kendisini kontrol edebilen, empati duygusunun ve kendisini anlamanın ne olduğunu bilen çocuklar, güçlü ve etkin bir ahlak duygusu geliştirirler ve sadece neyin doğru neyin yanlış olduğunu değil, kendi kişisel ihtiyaçlarının ötesinde nelerin çoğunluğun iyiliği için olduğunu kavrayabilirler. Bu çocukların beyinleri hâlâ gelişmekte olduğu için, burada da sürekli bir tutarlılık olmasını bekleyemeyiz. Ama onlara olağan, günlük yaşantımızda mümkün olduğu kadar sıklıkla ahlak ve etik konularıyla ilgili sorular sormamız gerekir.

Beynin bu bölümünü çalıştırmanın bir diğer yolu da, çocukların genel olarak hoşlandığı varsayımsal durumlarla ilgili sorular sormaktır: *Acil durumla karşılaşıldığında,* kırmızı ışık yakmak sence doğru mudur? Zorba bir öğrenci okulda bir çocuğu rahatsız eder*se ve etrafta yetişkin biri yoksa ne yapardın?* Burada önemli olan, çocuklarımızı davranış biçimlerini ve verdikleri kararların ne gibi sonuçları olabileceğini düşünmeye zorlamaktır. Böyle yapmakla, hayatlarının geri kalan kısmında verecekleri kararların temelini oluşturacak ahlak ve etik ilkelerini göz önüne alma deneyimini çocuklarınıza yaşatmış olursunuz.

Ve tabii ki, kendi davranışlarınızla onlara nasıl bir model oluşturduğunuzu da düşünmeniz gerekir. Onlara dürüstlük, cömertlik, nezaket ve saygı kurallarını öğretirken, onların sizin de bu değerlere uygun bir yaşam sürdüğünüze tanık olmalarını sağlayın. Oluşturduğunuz iyi ve kötü örnekler çocuğunuzun üst beyninin nasıl gelişeceğini önemli ölçüde etkileyecektir.

Bütün-Beyin Stratejisi #5:

Hareket Ettirin veya Kaybedin: Aklı Kaçırmamak için Bedeni Hareket Ettirmek

Araştırmalar bedensel hareketlerin beynin kimyasını doğrudan etkilediğini göstermektedir. O yüzden, çocuklarınızdan biri üst beyniyle olan ilişkisini kaybederse, dengeyi sağlaması için ona yardım etmenin en güçlü yollarından biri bedeninin hareket etmesini sağlamaktır. İşte size bir annenin hareket ederek ruh halini kontrol altına almayı başaran on yaşındaki oğluyla ilgili olarak anlattığı bir hikaye:

Beşinci sınıfa başladıktan sadece iki gün sonra oğlum Liam, öğretmeninin verdiği ev ödevinin çokluğu nedeniyle bir hayli bunalmıştı. (Bu arada ona hak verdiğimi söylemeliyim. Ödevler gerçekten de fazlaydı.) Bu konuda şikayet etmekle birlikte, sonunda derslerini yapmak üzere odasına gidiyor ve çalışıyordu.

Kontrol etmek için odasına gittiğimde, onu koltuğun altında cenin pozisyonunda kıvrılmış yatarken buldum. Oradan kalkıp çalışma masasına geçmesini ve çalışmasına devam etmesini söyledim. Dersini yapmayı beceremediğini söyleyerek sızlanmaya devam etti. "Bu çok fazla!" diyordu. Ona yardım etmeyi teklif ettim ama beni sürekli olarak reddetti.

Sonra birdenbire koltuğun altından çıktı, aşağıya koştu, ön kapıya açıp dışarı fırladı ve koşmaya devam etti. Eve dönmeden önce mahalledeki birkaç sokak boyunca koştu.

Sağ salim eve döndükten, hafif bir şeyler yedikten ve sakinleştikten sonra, onunla konuşmaya ve neden bu şekilde davrandığını sormaya muvaffak oldum. Neden öyle yaptığını bilmediğini söyledi. "O anda sadece, ne kadar hızlı ve ne kadar uzaklara koşabilirsem kendimi daha iyi hissedeceğimi düşünüyordum," dedi. "Ve ben de öyle yaptım." Kabul etmek gerekir ki, eve geldiğinde gerçekten de çok daha sakin ve benim ona ev ödevinde yardımcı olmama daha istekli gibi görünüyordu.

Kendisi farkında olmasa da, Liam evden çıkıp koştuğu vakit, sağ ve sol beynini entegre etmeye çalışıyordu. Alt beyni zorbalık edip, üst beynini boyun eğmeye zorluyor ve Liam'ı korku içinde ve çaresiz bırakıyordu. Liam nehrin kaos yakasına doğru sürüklenmişti. Annesinin onun üst beynini devreye sokma çabaları da işe yaramamıştı, ama Liam kendi bedenini sohbetin içine çekmeyi başardığı anda beyninde bir şeyler değişmişti. Birkaç dakikalık bir hareket sürecinden sonra, amigdalasını sakinleştirmeyi ve kontrolü yeniden üst beynine vermeyi başarmıştı.

EMİR VE TALİMAT VERMEK YERİNE...

HAREKET ETTİR VEYA KAYBET YÖNTEMİNİ DENEYİN

Çalışmalar Liam'ın dediklerini ve onun spontane stratejisini desteklemektedir. Araştırmalar, örneğin hareket ederek veya gevşemeye geçerek fiziksel durumumuzda bir değişiklik yaptığımız vakit, duygusal durumumuzun da değiştiğini göstermektedir. Bir dakika boyunca gülümsemeye çalışın; kendinizi daha mutlu hissedeceksiniz. Endişeli insanlar hızlı hızlı ve fazla derin olmayan şekilde nefes alırlar; yavaş yavaş ve derin bir şekilde nefes aldığınızda, kendinizi muhtemelen daha sakin hissedersiniz. (Bunları çocuğunuzla birlikte de deneyebilir ve bedeninin duygularını nasıl etkilediğini ona öğretebilirsiniz.)

Beden, beyne gönderdiği bilgilerle doludur. Öyle ki, duygularımızın pek çoğu aslında bedenimizde başlar. Midemizin guruldaması veya omuzlarımızın kasılması, gergin olduğumuzu kendimiz bile daha fark etmeden önce, endişelerimizi beynimize haber veren fiziksel mesajlardır. Bedenimizden beynimizdeki limbik bölgeye ve sonra da kortekse kadar yükselen enerji ve bilgi akımı bizim bedensel ve duygusal durumumuzu ve düşüncelerimizi değiştirir.

Liam'a olan şuydu: Bedenini hareket ettirmesi tüm benliğini bir entegrasyon durumuna sokmuş ve böylece üst ve alt beyni ile bedeninin görevlerini hep birlikte ve eş zamanlı olarak etkili ve sağlıklı bir şekilde yapabilmelerini sağlamıştı. Kendisini zorluklar karşısında ezik hissettiği vakit, bahsettiğimiz bilgi ve enerji akımı bloke oluyor ve bir bütünleşememe yani entegre olamama durumu oluşuyordu. Bedenini hareket ettirmesi ise, içindeki öfke dolu enerjiyi ve stresi bir miktar boşaltıyor ve onun gevşemesini sağlıyordu. Böylece, Liam koştuktan sonra bedeni üst beynine "daha sakin" bilgiler göndermişti, bu da duygusal dengesinin yeniden geri geldiğini ve beyninin farklı tarafları yeniden entegre bir şekilde işlev görmeye başladığını göstermektedir.

Bundan böyle çocuklarınız sakinleşme veya kendilerini kontrol etme ihtiyacı içinde oldukları vakit, onları hareket ettirme yolları bulmaya çalışın. Küçük yaştaki çocuklar için, yaratıcı ve sevgi dolu oyunlara başvurabilirsiniz.

Fiziksel aktiviteyle birleştiği vakit, bazı eğlenceli oyunlar yeni yürüyen çocuğunuzun ruh halini değiştirebilir ve tüm sabahını her ikiniz için de daha keyifli bir hale getirebilir.

Bu teknik daha büyük çocuklar için de işe yarar. Tanıdığımız bir Küçükler Ligi koçu, "hareket ettir veya kaybet" ilkesini duymuştu, o yüzden şampiyonanın başında bir iki sayı kaybetmenin verdiği bir moral bozukluğu yaşayan oyuncularını yedek kulübesinde zıp zıp zıplatmaya başlamıştı. Gençlerin bu hareketi onların bedenlerinde ve beyinlerinde bir heyecan ve yeni bir enerji yaratmış, sonuç olarak da maçı kazanmalarını sağlamıştı. (Nörolojik bilim için bir zafer daha!)

BÜTÜN-BEYİNLİ ÇOCUKLAR: Çocuklarınıza Üst ve Alt Beyinlerini Anlatın

Çocuklar bu bölümde verdiğimiz üst ve alt beyinleriyle ilgili bilgileri kolaylıkla anlayabilirler. İşte, bir sohbet oluşturmak için çocuklarınıza okuyabileceğiniz bir okuma parçası:

BEYNİNİZİN ÜST KATI VE ALT KATI

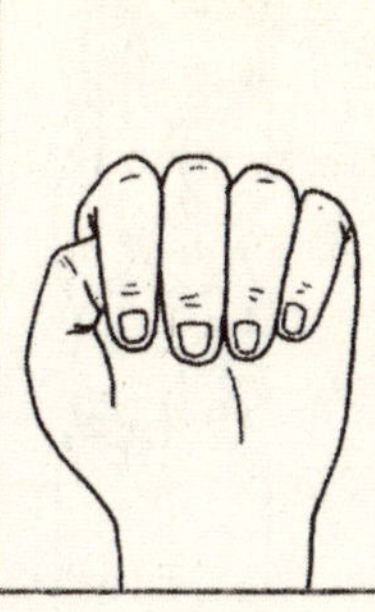

ELİNİZİ BURADA GÖRDÜĞÜNÜZ GİBİ BİR YUMRUK HALİNE GETİRİN. BU BEYNİNİZİN EL ŞEKLİNDE İFADE EDİLMİŞ HALİDİR. BEYNİNİZİN BİR SAĞ, BİR DE SOL BÖLÜMÜ OLDUĞUNU HATIRLADINIZ MI? BEYNİNİZİN BENZER ŞEKİLDE BİR ÜST, BİR DE ALT BÖLÜMÜ VARDIR.

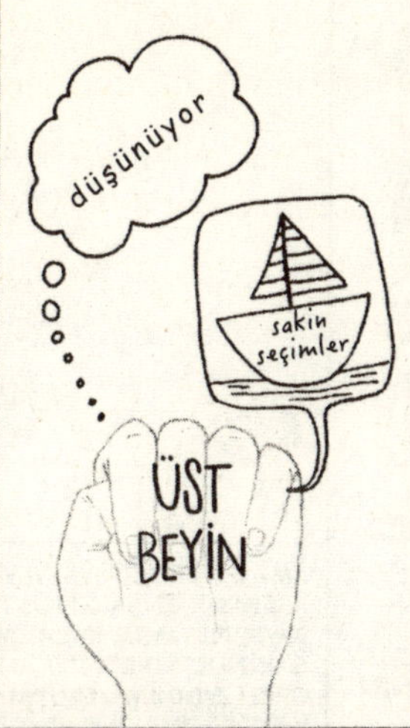

ÜST BEYNİNİZİ KULLANDIĞINIZ TAKDİRDE, ÜZGÜN BİR RUH HALİ İÇİNDE OLSANIZ DAHİ YERİNDE KARARLAR ALIR VE DOĞRU ŞEYİ YAPARSINIZ.

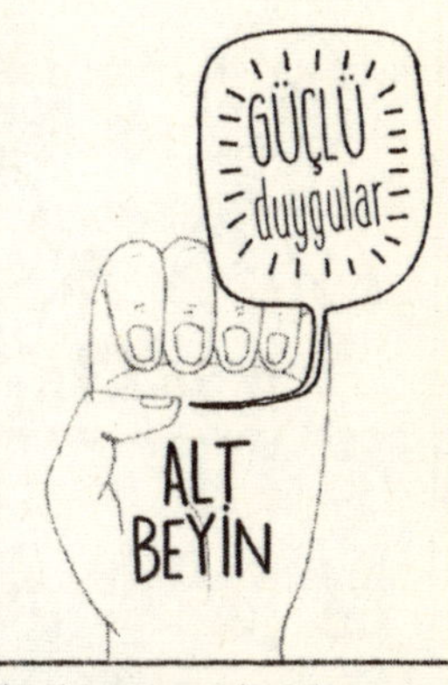

ŞİMDİ YUKARIDAKİ RESİMDEKİ GİBİ, PARMAKLARINIZI BİRAZ GEVŞETİP YÜKSELTİN. BAŞ PARMAĞINIZIN NEREDE OLDUĞUNU GÖREBİLİYOR MUSUNUZ? İŞTE ORASI SİZİN ALT BEYNİNİZİN OLDUĞU VE GÜÇLÜ DUYGULARINIZIN GELDİĞİ YERDİR. BURASI SİZİN BAŞKA İNSANLARI ÖNEMSEMENİZİ VE SEVMENİZİ SAĞLAR. ÜZÜNTÜLERİNİZ, ÖFKENİZ VEYA HAYAL KIRIKLIĞINIZ DA BURADAN KAYNAKLANIR.

ÜZÜNTÜ DUYMANIN KÖTÜ BİR TARAFI YOKTUR. BU, ÖZELLİKLE DE ÖRNEĞİN ÜST BEYNİNİZİN SİZİ YATIŞTIRMAYA ÇALIŞTIĞI VAKİT ÇOK NORMALDIR. ŞİMDİ PARMAKLARINIZI YENİDEN KAPATIN. ÜST BEYNİNİZDEKİ DÜŞÜNME BÖLÜMÜNÜN, ALT BEYNİNİZİN DUYGULARINIZI SAKİN BİR ŞEKİLDE İFADE ETMESİNİ SAĞLAMAK İÇİN BAŞ PARMAĞINIZLA NASIL TEMAS ETTİĞİNİ GÖRDÜNÜZ MÜ?

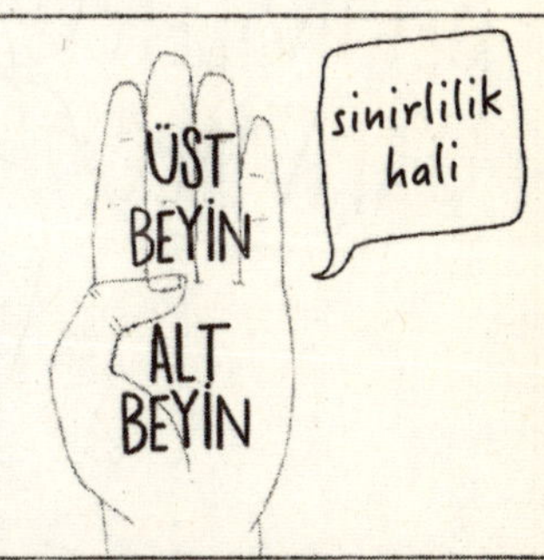

ÜZÜNTÜLÜ OLDUĞUMUZDA BAZEN KAFAMIZIN TASI ATAR. PARMAKLARINIZI YUKARIDAKİ GİBİ KALDIRIN. ÜST BEYNİNİZİN ARTIK ALT BEYNİNİZLE TEMAS ETMEDİĞİNİ GÖREBİLİYOR MUSUNUZ? BU, ÜST BEYNİNİZİN ARTIK ALT BEYNİNİZİN SAKİN KALMASINA YARDIMCI OLAMADIĞI ANLAMINA GELİR.

KIZ KARDEŞİ LEGO KULESİNİ DEVİRDİKTEN SONRA JEFFREY'NİN KAFASININ TASI ATMIŞTI VE İÇİNDEN ONA BAĞIRMAK GELİYORDU.

AMA JEFFREY'İN EBEVEYNLERİ ONA ÖFKELİ ANLARDA, İNSANIN ÜST BEYNİNİN ALT KAT BEYNİNİ NASIL KUCAKLADIĞINI VE ONU SAKINLEŞTİRDİĞİNİ ANLATMIŞLARDI. HÂLÂ ÖFKELİYDİ AMA KIZ KARDEŞİNE BAĞIRMAK YERİNE, ONA ÖFKELİ OLDUĞUNU SÖYLEMEYİ VE ANNE-BABASININ ONU ODASINDAN ÇIKARMASINI İSTEMEYİ BAŞARDI.

O YÜZDEN, BİR DAHAKİ SEFER ÖFKEDEN KAFANIZIN TASININ ATMAK ÜZERE OLDUĞUNU HİSSETTİĞİNİZDE, ELİNİZLE BEYNİNİZİN BİR MODELİNİ YAPIN. (UNUTMAYIN, BU BEYNİNİZİN BİR MODELİDİR, BİR YUMRUK DEĞİL.) PARMAKLARINIZI İYİCE AÇIN, SONRA ONLARI YAVAŞÇA BAŞ PARMAĞINIZA DEĞECEK ŞEKİLDE İNDİRİN. BU POZİSYON SİZE BEYNİNİZİN ALT KATINDAKİ YOĞUN DUYGULARI YATIŞTIRMAK İÇİN ÜST BEYNİNİZİ KULLANMAYI HATIRLATACAKTIR.

Kendimizi Entegre Etmek: Kendi Akıl Merdivenimizi Kullanmak

"Küçük oğlum tam kırk beş dakika boyunca avaz avaz bağırdı ve ben onu nasıl susturacağımı bilmiyordum. Sonunda ben de ona bağırdım, 'Ben de bazen senden nefret ediyorum!'"

"Oğlum iki yaşındaydı ve henüz bir bebek olan erkek kardeşinin yüzünü, iz bırakacak kadar kötü bir şekilde tırmalamıştı. Poposuna, sanırım beş defa kadar hızlıca vurdum. Sonra odadan çıktım, koridorun ortalarına kadar yürüdüm, sonra geri döndüm ve poposuna yeniden yaklaşık beş kere daha vurdum. Öyle bir bağırdım ki, ödü patladı."

"Kızıma salıncağın önüne doğru koşan küçük erkek kardeşine dikkat etmesini söylemiştim, buna rağmen sallanırken tam da onun üzerine doğru geldi. O kadar kızdım ki, parktaki diğer insanların gözleri önünde ona "Senin ne derdin var? Aptal mısın, nesin?" diye bağırdım.

Bunlar çocuklarımızı büyütürken yaşadığımız oldukça korkunç deneyimlerden sadece birkaçı, öyle değil mi? Bunlar bizim alt beyin deneyimleri olarak adlandırdığımız ve çocuklarımıza başkalarının söylemesine veya yapmasına asla izin vermeyeceğimiz şeyleri söyleyecek ve yapacak kadar kontrolden çıktığımız anları temsil etmektedir.

Yukarıdaki itiraflar, bizim de şahsen tanıdığımız gerçek ebeveynlere aittir. Ve bu ebeveynlerin her birinin çocuk büyütme konusunda çok başarılı kişiler olduğunu öğrenmek sizi şaşırtabilir. Ama hepimiz gibi onların da zaman zaman sabrı tükenir ve sonradan pişman olacakları şeyler yapar ve söylerler.

Siz de kendi alt beyin anlarınızı bu listeye eklemek ister misiniz? Tabii ki sizin de öyle anlarınız olmuştur, çünkü sonuçta siz de bir ebeveyn ve de bir insansınız. Biz ebeveynlere danışmanlık yaptığımız vakitler şunu sıklıkla görmekteyiz: Çocuk büyütürken yaşanan stresli durumlarda, ebeveynler hata yaparlar. Hepimiz gibi...

Ama şunu unutmayın: Çocuk büyütürken ebeveynlerin yaşadığı kriz anları, gelişme ve entegrasyon için açılan kapılardır. Bu anları kontrolü kaybettiğiniz zamanlarda, kendinizi hizaya getirirken çocuklarınıza bir model oluşturma fırsatları olarak değerlendirebilirsiniz. Sizin nasıl sakinleştiğinizi küçük gözler izlemektedir. Sizin eylemleriniz, güçlü duyguların yaşandığı ve sizin kafanızın tasının atmak üzere olduğu durumlarda iyi bir seçim yapıp yapmadığınızı gösteren birer örnek olacaktır.

Öyleyse, alt beyniniz hakimiyeti ele aldığı ve kendinizi çıldıracak gibi hissettiğiniz vakit ne yapmalısınız? İlk yapacağınız iş, kimseye zarar vermemektir. Ağzınızı sıkı sıkı kapatın ve sonradan pişman olacağınız bir şey söylemekten kaçının. Ellerinizi arkanızda kavuşturun ve biriyle sert bir fiziksel temasta bulunmamaya çalışın. Bir alt beyin anı yaşıyorsanız, ne pahasına olursa olsun çocuğunuzu korumalısınız.

İkincisi, kendinizi olay yerinden uzaklaştırıp toparlamaya bakın. Özellikle de konu çocuğunuzun korunması olduğu vakit, bir mola almanızda sakınca yoktur. Sakinleşmek için bir mola almanız gerektiğini ona söyleyin, böylece kendisini reddedilmiş hissetmez. Sonra, zaman zaman aptalca bir iş yapıyormuş gibi görünebilirsiniz ama "hareket ettir veya kaybet" tekniğini uygulayın. Durduğunuz yerde sıçrayıp hoplayın. Esnemek için birkaç yoga hareketi yapın. Yavaş ve derin nefesler alın. Amigdalanız sizin üst beyninizi kaçırıp götürdüğünde kaybettiğiniz kontrolü geri kazanmak için ne yapmak gerekiyorsa onu yapın. Sadece daha entegre bir konuma gelmekle kalmayacaksınız, onların da uygulayabileceği birtakım kendini dengeleme numaralarını öğreterek çocuklarınıza da örnek olacaksınız.

Son olarak, ilişkinizi onarın. Sakinleşince ve kendinize daha hakim olduğunuzu hissedince hiç vakit geçirmeden çocuğunuzla tekrar bir bağ kurun. Sonra duygular ve ilişkiler bağlamında ne gibi hasarlar oluşmuşsa, onlarla ilgilenin. Bu, sadece bağışlayıcılığınızı ifade etmenizi değil, aynı zamanda af dilemenizi ve eylemlerinizle ilgili olarak sorumluluğu üzerinize almanızı da gerektirebilir. Bu adımı mümkün olduğunca süratle atmanız gerekir. Çocuğunuzla olan ilişkinizi ne kadar süratle onarabilirseniz, duygusal dengenizi yeniden o kadar süratle kazanabilir ve aranızdaki ilişkilerden yeniden keyif almaya başlayabilirsiniz.

BÖLÜM 4

Kelebekleri Öldürün!

Gelişme ve İyileşme için Belleğin Entegrasyonu

"Bu yaz hiçbir kuvvet beni yüzme dersleri almaya zorlayamaz!"

Tina'nın yedi yaşındaki çocuğu ebeveynlerinin onu yerel lisenin havuzundaki yüzme derslerine yazdırdığını öğrenince bu kesin tavrı takınmıştı. Akşam yemeğinde masa etrafında otururlarken, çenesini kasarak ve gözlerini kısarak onları süzmeye başladı.

Tina *Tamam, ilk ben konuşayım* dercesine omuzlarını silken kocası Scott'a baktı.

"Anlayamadım. Sen yüzmeyi seversin."

"*Tam da öyle,* baba. Asıl *sorun* da bu zaten." Çocuk neredeyse alaycı bir tavır takınmıştı. "Ben yüzme *biliyorum.*"

Scott onaylar gibi başını salladı. "Bildiğini biliyoruz. Bu dersler senin daha da iyi yüzebilmen için."

Tina da "Ayrıca Henry de ders alacak. Gelecek hafta her gün onunla birlikte olabileceksin," diye ekledi.

Çocuk olumsuz anlamda başını salladı. "Bana ne? Beni hiç ilgilendirmiyor." Tabağına doğru baktı. Azimli ses tonuna belli belirsiz bir korku ifadesi sızmıştı. "Lütfen beni ders almaya zorlamayın," dedi.

Scott ve Tina bakıştılar ve tartışmaya daha sonra devam edeceklerini ve konu hakkında düşüneceklerini söylediler. Ama her ikisi de şok içindeydi. Oğullarının bugüne kadar en iyi arkadaşı olan Henry ile birlikte gideceği herhangi bir aktiviteyi geri çevirdiği pek görülmemiş bir şeydi, özellikle de sporla ilgili olanlara.

Ebeveynler, söyledikleri bir şeye çocuklarının gösterdiği tepki karşısında şaşkınlıktan donup kaldıkları bu gibi durumlarla çok sık karşılaşırlar. Korku, öfke, hüsran ve diğer güçlü duygular çocuklarımızı esir aldığı ve onların mantıksızca davranmalarına neden olduğu vakit, aslında bunun arkasında kolaylıkla üstesinden gelinebilen bir neden olması mümkündür. Örneğin, sadece aç veya yorgun olabilirler. Veya çok uzun bir süre arabada kalmışlardır. Veya iki (veya üç, veya dört, veya beş… veya on beş) kişi olmaktan sıkılmışlardır. Ama diğer zamanlar, bir çocuk tipik olmayan bir eylemde bulunmuş veya davranış içine girmişse, bunun daha derin nedenleri de olabilir.

Örneğin, Tina ile Scott'ın o akşam aralarında konuştukları gibi, oğullarının sağ-beyninden kaynaklanan bu şaşırtıcı tepki, onun üç yıl önce yaşadığı ve muhtemelen kendisinin de fazla düşünmediği ve fazla önemli olmayan travmatik bir olayın sonucuydu. Tina, oğluna beyin hakkında biraz bilgi vermenin tam zamanı olduğunu düşündü, o yüzden o gece yatma vakti geldiğinde öyle yaptı. Ama oğluyla neler konuştuğunu aktarmadan önce, size Tina'nın bu konuşmayı yapmaktaki amacının ne olduğunu anlatmalıyız. Tina, bir çocuğun güç durumlarla başa çıkmasına yardımcı olmak için, belleğin beyin içinde nasıl çalıştığıyla ilgili bazı temel bilimsel bilgilere sahip olmak gerektiğini biliyordu.

BELLEK VE BEYİN: BİRKAÇ MİT

Bellek hakkındaki iki mitle işe başlayalım:

Mit #1: Bellek, zihinsel bir dosya dolabıdır. İlk randevunuzu veya çocuğunuzun doğduğu günü düşündüğünüz vakit, beyninizdeki uygun olan çekmeceyi açar ve o anıyı dışarıya çıkarırsınız.

Eğer yukarıdaki bilgi doğru olsaydı, bu çok güzel ve uygun olurdu, ne var ki beyin bu şekilde çalışmamaktadır. Beyninizin içinde, sizin erişmenizi ve düşünme düzeyine getirmek için bilincinize taşımanızı bekleyen binlerce küçük "bellek dosyası" yoktur. Bellek tamamen çağrışımlarla ilgilidir. Bir çağrışım makinesi olarak, beyin (bir fikir, bir duygu, bir koku veya bir imge gibi) şimdiki anda olan bir şeyi işlemden geçirir ve bu deneyim ile geçmişteki benzer deneyimler arasında bir bağlantı kurar. Geçmişte yaşanan bu deneyimlerin bizim görüşlerimizi ve kendimizi nasıl hissettiğimizi anlamamız üzerinde güçlü bir etkisi vardır ve bu etki de, farklı nöronların (veya beyin hücrelerinin) birbirleriyle bağlantı halinde olduğu beynimizdeki çağrışımlardan kaynaklanır.

Örneğin, koltuk minderlerinin arasında bir emzik bulduğunuzu farz edin. Ne tür duygular hissedersiniz ve neler yaşarsınız? Evde hâlâ bir bebek varsa, belki bu emzik sizi fazla etkilemez. Ama en küçük çocuğunuzun emzikten kurtulmasından bu yana yıllar geçmişse, içinizde pek çok duygusal çağrışımlar uyanır. O emziğin yeni doğmuş bebeğinizin ağzında nasıl devasa durduğunu veya onu köpeğinizle paylaştığını ilk gördüğünüzde nasıl ayağa fırladığınızı hatırlayabilirsiniz. Veya onu emzikten kestiğiniz o duygusal geceyi yeniden yaşarsınız. Emziği bulduğunuz anda, geçmişten gelen güçlü çağrışımların yarattığı ve şimdiki duygularınızı ve ruh halinizi etkileyen bilumum çağrışımların farkındalığı içine girersiniz. Bellek dediğimiz şey de özünde bundan, yani çağrışımlardan oluşmaktadır.

Fazla komplike olmadan anlatmak gerekirse, beyinde olup bitenleri şöyle açıklayabiliriz. Her deneyim yaşadığımızda, beynimizdeki nöronlar "ateşlenir" veya elektrik sinyalleriyle aktive olur. Ateşlenen bu beyin hücreleri, diğer nöronlarla bağlantılanır veya onlarla birleşir. Çağrışımları yaratan da bu bağlantılardır. Kitabımızın giriş bölümünde de açıkladığımız gibi, yaşadığımız her bir deneyim beynimizin fiziksel yapısını kelimenin tam anlamıyla değiştirir, çünkü nöronlar deneyimlerimize bağlı olarak sürekli birbirleriyle birleşirler (ve ayrılırlar). Sinirbilimciler bu süreci "Birlikte ateş alan nöronlar birbiriyle bağlantılanırlar," şeklinde açıklarlar. Bir başka deyişle, her yeni deneyim bazı nöronların ateş almasına ve birbirleriyle veya aynı anda ateşlenen başka nöronlarla bağlanmasına neden olur.

Bütün bunlar sizin deneyimlerinizle de örtüşmüyor mu? Bir limonlu kekten bahis açıldığı vakit, ağzınız sulanır. Veya arabanızda dinlediğiniz bir müzik parçası, sizi lise çağlarında yaşadığınız beceriksiz bir dans olayına götürür.

Dört yaşındaki kızınıza bale dersinden sonra bir çiklet verdiğiniz günü hatırlıyor musunuz? Kızınız ondan sonraki her dersten sonra sizden ne istemiş ve ona ne vermenizi beklemişti? Tabii ki çiklet, değil mi? Neden mi? Çünkü beynindeki bale-dersi-sonrası nöronları ateşlenmiş ve çiklet-nöronlarıyla bağlantılanmıştır da ondan. Unutmayalım ki, birlikte ateşlenen nöronlar birbiriyle bağlantılanırlar.

İşte bellek böyle çalışır. Bir deneyim (bale dersinin sona ermesi) belirli nöronların ateşlenmesine neden olur ve bu nöronlar daha önceki bir deneyimle ilgili (çiklet verilmesi) nöronlarla bağlantılanabilir. Daha sonra, biz ilk deneyimi tekrar yaşadığımızda, beynimiz onu ikinci deneyimle bağlantılar. Yani, bale dersi sona erince, beynimiz bir çiklet beklentisini tetikler. Bu tetikleme, bir düşünce veya bir duygu gibi içsel veya beyninizin geçmişten gelen bir şeyle bağlantı kurduğu dışsal bir olay olabilir. Ne olursa olsun, tetiklenen bu anı daha sonra gelecek için bazı beklentiler yaratır. Beyin, sürekli olarak kendisini gelecek için hazırlar ama bunu yaparken hep daha önceki olaylara dayanır. Anılar bizim şimdiki algılarımıza şekil verir ve bundan sonra ne olacağı konusunda bir beklenti içine girmemize neden olur. Şimdiki anımız ve geleceğimiz kesinlikle geçmişimiz tarafından şekillendirilmektedir. Ve bu da beynin içinde oluşan çağrışımlar vasıtasıyla gerçekleşmektedir.

Mit #2: Bellek, fotokopi makinesi gibidir. Anılarınızı çağırdığınız vakit, geçmişteki olayların aslına uygun, birebir röprodüksiyonlarını görürsünüz. Kendinizi ilk randevunuza gittiğiniz vakit giydiğiniz o komik giysilerle ve saç kesimiyle hatırlarsınız, o an hissettiğiniz tedirginliği hatırlamak sizi gülümsetir. Veya doktorun yeni doğan çocuğunuzu havaya kaldırdığını görür ve o anın sizde yarattığı yoğun duyguları yeniden yaşarsınız.

Ne var ki, işler burada anlatıldığı şekilde de çalışmamaktadır. Evet, o günkü giysileriniz ve saç kesiminiz gülünç olabilir, ama bellek geçmişte yaşadığınız olayların birebir röprodüksiyonu değildir. Anılarınızı geri getirdiğinizde, onları bir miktar değiştirirsiniz. Hatırladıklarınız gerçekten olan bitene çok yakın olabilir, ama bir anıyı hatırlama eylemi aslında anının bazen önemli ölçüde değişmesi demektir. Bilimsel olarak anlatmak gerekirse, anıları geri getirmek, anıyla bağlantılı olan olayın kodlandığı zaman yaratılana benzeyen ama onunla birebir aynı olmayan bir nöral kümeyi aktive eder. Yani, anılar hiç yanlış yapmadığınızı sandığınız vakitlerde bile bazen az, bazen de çok miktarda çarpıtılır.

Kardeşlerinizle veya eşinizle sohbet ederken, belirli bir olayın hikayesini anlattıktan sonra onların "Olay öyle olmamıştı ki!" diye itiraz etmeleriyle mutlaka karşılaşmışsınızdır. Bir anıyı kodladığınız anki ruh haliniz ile o anıyı hatırladığınız anki ruh haliniz anının kendisini etkiler ve değiştirir. Yani, söylediğiniz hikaye tarih olmaktan çok, tarihsel bir kurmacadır.

Kitabımızın ilerideki sayfalarında çocuklarınızdan ve geçmiş deneyimlerinin onları nasıl etkilediğinden bahsederken, bu iki miti hatırınızda tutun. Belleğin (gerektiği vakit başvurulan alfabetik dosyalardan değil), beynin içindeki bağlantılardan oluştuğunu ve geri getirilen anıların özünde çarpıtılmaya açık olduğunu (ve geçmişinizdeki olayların her ayrıntısı gerçeğe uygun ve yanlışsız fotokopileri olmadıklarını) unutmayın.

BELLEKLE İLGİLİ GERÇEK: ANILAR AÇIĞA ÇIKSIN (VEYA ÖRTÜK KALSIN)

Çocuk bezi değiştirmekle ilgili bir anınızı düşünün. Bez değiştirme masasına yaklaşırken, bu işlemi gerçekleştirmek için kendinize "Tamam, önce bebeği minderin üzerine yatır. Şimdi pijamalarının fermuarını aç ve ıslak bezi çıkar. Temiz bezi bebeğin altına yerleştir…" tarzında direktifler vermezsiniz.

Hayır, bunların hiçbiri gerekli değildir çünkü bir bez değiştirirken, yaptığınız şey onu değiştirmekten öte bir şey değildir. Şimdiye kadar pek çok kez yapmış olduğunuz bu işi yaparken, ne yaptığınızı düşünmezsiniz bile. Beyniniz nöron kümeciklerini ateşler ve bezin yapışkan bantlarını sökersiniz, bezi çıkarırsınız, bebeğin altını silmek için bir ıslak mendil almak için uzanırsınız ve yapmanız gereken her şeyi kendinize "hatırlatmanıza" gerek kalmadan yaparsınız. Bu, belleğin bir türüdür: (sürüyle bez değiştirmiş olmak gibi) geçmiş deneyimler (o anki bezi değiştirmek gibi), şimdiki zamandaki bir davranışınızı etkiler ve siz belleğinizin tetiklenmiş olduğunu fark etmezsiniz bile.

Öte yandan, ilk kez bir bez değiştirdiğiniz günü hatırlayacak olursanız, bir saniye durup belleğinizi taramanız gerekir. Kendinizi bebeğinizin ayak bileğini tedirginlikle tutarken, bezin üzerindeki berbat birikimi gördüğünüzde yüzünüzü buruştururken ve daha sonra ne yapmanız gerektiğini kestirmeye çalışırken görürsünüz. Bu imgeleri ve duyguları düşündüğünüzde, geçmişteki bir şeyi hatırladığınızın farkına varırsınız. Bu da bir bellek türüdür ama sizin şimdi hiç düşünmeden bir bez değiştirmenizi sağlayan bellekten farklıdır.

Bu iki bellek türü iç içe geçmiştir ve günlük yaşantınızda birlikte çalışırlar. Sizin farkında bile olmadan bebeğinizin bezini değiştirmenizi sağlayan belleğe örtük bellek diyoruz. Bez değiştirmeyi (veya yaşamınızdaki belirli herhangi bir anı) öğrendiğiniz günü hatırlama yeteneğiniz ise *açık bellektir*. Bellek hakkında konuştuğumuz vakit, genellikle teknik olarak açık olan bellekten, yani geçmiş bir deneyimin bilinçli olarak hatırlanmasından bahsederiz. Ama biz hem kendimiz hem de çocuklarımız için her iki tür belleği de yakından tanımalıyız. Bu iki tür bellek hakkında açık ve net bir bilgimiz olursa, gelişmeyi, olgunlaşmayı ve güç durumlarla baş edebilmeleri için neye ihtiyaçları varsa onları çocuklarımıza verebiliriz.

Şimdi dilerseniz biz daha doğmadan önce oluşmaya başlayan

örtük anılardan başlayalım. Dan kendi ailesine uyguladığı gayri resmi bir "araştırma çalışması"yla ilgili hikayeyi şöyle anlatıyor.

Karımın her iki hamileliğinde de, çocuklarıma daha annelerinin karnındayken bile bir şarkı söylerdim. Bu, büyükannemin bana söylediği ve bir çocuğun hayata ve annesine olan sevgisini ifade ettiği eski bir Rus şarkısıydı, "Her zaman gün ışığı olsun, her zaman iyi günler olsun, Annem her zaman olsun ve ben her zaman olayım." Bu şarkıyı ben, işitme sisteminin amniotik sıvıdan geçen sesleri kaydedecek kadar geliştiğini bildiğim hamileliğinin son üç ayı boyunca hem Rusça, hem de İngilizce okudum.

Her bir çocuğum doğduktan sonra ilk bir hafta içinde, bir meslektaşımı bir "araştırma çalışması" için evime davet ettim. (Biliyorum, bu kontrol altında bir çalışma değildi ama çok eğlenceliydi.) Doğum öncesi şarkısından onlara hiç bahsetmeden, üç ayrı şarkıyı arka arkaya söyledim. Hiç şüphe yoktu, bebekler aşina oldukları şarkıyı duyunca meslektaşlarımın onların dikkat düzeyindeki değişikliği fark edecekleri şekilde gözlerini kocaman açtılar ve daha hareketlendiler. Çünkü onlarda algısal bir bellek kodlanmıştı. (Çocuklarım şimdi benim şarkı söylememe izin vermiyorlar, sanırım suyun içindeyken benim sesim onların kulaklarına daha iyi geliyordu!)

Dan'ın yeni doğan çocukları onun sesini ve Rusça şarkıyı tanımışlardı çünkü bu bilgi onların beyinlerine örtük anılar olarak kodlanmıştı. Biz hayatımız boyunca bu tür örtük anıları kodlarız ve hayatımızın ilk on sekiz ayı boyunca bu kodlamayı sadece örtük olarak yaparız. Yeni doğan bir bebek kokuları, tatları, evin içinden ve anne-babasından gelen sesleri, acıkan annesinin karnındaki duyulanmaları, ılık sütün verdiği mutluluğu, eve gelen belirli bir akrabasına tepki olarak annesinin kendisini nasıl kastığını şifreler. Örtük bellek bizim algılarımızı, duygularımızı, bedensel duyularımızı ve büyüdükçe emeklemek, yürümek, bisiklete binmek ve sonunda bez değiştirmeyi öğrenmek gibi davranışları şifreler.

Örtük bellekle ilgili en önemli husus, özellikle de konu çocuklarımız, onların korkuları ve hayal kırıklıkları olduğunda, örtük anıların dünyanın nasıl işlediği konusunda bizde geçmiş deneyimlerimize dayalı bazı beklentilere neden olduğunu anlamamız gerektiğidir. Bale ile çiklet arasındaki bağlantıyı hatırladınız mı? Birlikte ateşlenen nöronların birbirleriyle bağlantılanması nedeniyle, bizler geçmişe dayalı belirli zihinsel modeller yaratıyoruz. İşten eve her gelişinizde yeni yürüyen çocuğunuza sarılıp onu öperseniz, onun zihninde sizin işten dönüşünüzle ilgili olarak sevgiyi ve aranızdaki bağı yansıtan bir model oluşacaktır. Bunun nedeni, örtük belleğin beynin kendisini belirli bir yönde tepki vermeye hazırlaması anlamına gelen "ilk ateşleme" adını verdiğimiz bir şey yaratmasıdır. Eve geldiğinizde, oğlunuz sizin onu kucaklamanızı bekler. İç dünyası bu sevgi dolu jesti sizden beklemekle kalmaz, arabanızın sesini evin önünde duyduğu anda bile onun beklenti içinde kollarını hareket ettirmesine neden olur. Çocuk büyüdükçe, bu ilk ateşleme daha karmaşık davranış biçimleriyle çalışmaya devam eder. Birkaç yıl sonra, örneğin bir piyano hocası onun çalış tarzını eleştirirse, çocukta piyano çalmaktan hoşlanmadığı veya hatta müziği hiç sevmediği gibi bir zihinsel model oluşur. Bu sürecin daha da aşırı uçta olanları travma sonrası stres bozukluğu (PTSD) adını verdiğimiz ve rahatsızlık verici bir deneyimin kişinin beyninde şifrelenmesi ve bir ses veya imgenin bu anıyı o kişi bunun bir anı olduğunu farkına varmadan tetiklemesi durumudur. Örtük bellek özünde bizi emniyette ve güvende tutan evrimsel bir süreçtir. Hızla tepki verebilmemiz için bizi özgür bırakır veya tehlike anlarında daha önceki benzer deneyimlerimizi bilinçli veya aktif olarak hatırlamamıza gerek kalmadan, tepkilerimizi otomatik hale getirir.

Bütün bunların biz ebeveynler için anlamı şudur: Çocuklarımız olağandışı bir şekilde mantıksız davrandıkları vakit, örtük bir anının onlarda zihinsel bir model yaratıp yaratmadığını düşünmemiz ve bunu anlamaları için onlara yardımcı olmamız gerekir. Tina da oğlunu yatağına yatırdıktan sonra onunla yüzme dersleri hakkında konuşurken tam da bunu yapmıştı. Aralarındaki konuşma şöyle gelişmişti.

TINA: Yüzmeyle ilgili olarak son sıralarda olup bitenleri bana anlatabilir misin?

OĞLU: Bilmiyorum, anne. Sadece ders almak istemiyorum.

TINA: Korktuğun bir şey mi var?

OĞLU: Sanırım. Bunu düşününce sanki midemde kelebekler uçuşuyor.

TINA: O zaman gel seninle o kelebeklerden bahsedelim. Beyninin senin hatırladığını bilmediğin bazı şeyleri hatırladığını biliyor muydun?

OĞLU: Anlamadım.

TINA: Tamam. Başka bir şekilde anlatayım o zaman. Yüzme dersleriyle ilgili olarak kötü bir deneyim yaşadığını hatırlıyor musun?

OĞLU: Ah, evet.

TINA: O gittiğimiz yeri hatırlıyor musun?

OĞLU: Orada bize çok kötü davranıyorlardı.

TINA: Orada bayağı sert öğretmenler vardı, öyle değil mi?

OĞLU: Beni tramplenin ucuna kadar götürüp, başımı suyun içine sokmuşlar ve uzun bir süre nefesimi tutmaya zorlamışlardı.

TINA: Çok uzun bir süre, değil mi? Biliyor musun, ben senin şimdi yüzme dersi almak istememenin nedeninin bununla ilgili olduğunu düşünüyorum.

OĞLU: Gerçekten mi?

TINA: Evet. İyi olsun kötü olsun, herhangi bir şey yaptığın vakit, beyninin ve bedeninin bunları hatırda tuttuğunu biliyor musun? Yani örneğin ben "Dodger Stadyumu…" dediğim vakit…

Ah, işte gülümsüyorsun! O sırada içinde neler olup bittiğini biliyor musun? Beynin ve bedenin sana neler söylüyor? Kendini nasıl hissediyorsun?

OĞLU: Heyecanlı?

TINA: Evet. Bunu yüzünden de okuyabiliyorum.

Peki, midendeki o kelebekleri hissediyor musun?

OĞLU: Kesinlikle hayır.

TINA: Peki ya "yüzme dersleri" dersem?

Kendini daha farklı mı hissediyorsun?

OĞLU: Hı-hı.

TINA: Kelebekler geri mi geldi?

OĞLU: Doğru. Derslere gitmek istemiyorum.

TINA: Ben şöyle bir şey olduğunu düşünüyorum.

Beyin çok harika bir organ. Ve onun en önemli görevlerinden biri de senin güvenliğini sağlamak. Bak, senin beynin her şeyi kontrol ediyor ve "Bu iyi bir şey" veya "Bu kötü bir şey" diyor. Yani ben "Dodger Stadyumu" dediğim anda, senin beynin "İyi! Hadi oraya gidelim! Orası eğlenceli bir yer," der. Ama ben "yüzme dersleri" dediğim vakit,

"Kötü fikir. Sakın gitme!" der.

OĞLU: Tam da öyle.

TINA: Ben "Dodger Stadyumu" dediğim vakit senin beyninin o kadar heyecanlanmasının nedeni, senin orayla ilgili iyi deneyimlerinin olması. Sen muhtemelen her maçı ayrıntılı olarak hatırlamıyorsundur ama yine de genel olarak onlarla ilgili iyi duygular içindesindir.

Tina'nın konuyu oğlunun dikkatine nasıl getirdiğini gördünüz. Yaptığı şey, belirli anıların biz fark etmesek de geçmişimizden gelen şeylerle bağlantılı olduğu kavramını ortaya atmaktı. Muhtemelen siz de bu çocuğun yüzme dersi almaktan neden tedirgin olduğunu görmüşsünüzdür. Ortadaki sorunların en büyüğü, çocuğun *neden* tedirgin olduğu hakkında en ufak bir fikri olmamasıydı. Onun tek bildiği şey ders almak istememesiydi. Ama Tina onun duygularının nereden kaynaklandığını açıklayınca, çocuk beyninde olup biteni kontrol etmesini sağlayacak bir farkındalık içine girerek, deneyimlerini ve duygularını yeni bir çerçeve içine almayı başarabildi.

Ana oğul bir süre daha konuştular ve sonra Tina onu yüzme dersiyle ilgili olarak kendisini tedirgin hissettiği vakit kullanabileceği birtakım araçlarla tanıştırdı. Bu araçların bir kısmını biraz sonra sizinle tartışacağız, ama önce konuşmanın nasıl sona erdiğine bir bakalım.

TINA: Tamam, korkunun nedeninin önceden yaşadığın bazı kötü deneyimler olduğunu şimdi sen de biliyorsun.

OĞLU: Hı, hı. Sanırım.

TINA: Ama şimdi sen daha büyük, daha akıllısın ve

yüzme konusunda çok farklı düşünceler üretebilirsin. Hadi şimdi senin kendini daha iyi hissetmeni sağlayacak bir şeyler yapalım. Önce istersen yüzmeyle ilgili bütün anılarını düşünerek işe başlayabilirsin ama bu anılar yüzmenin iyi ve eğlenceli bir şey olduğunu düşündüğün anlara ait olsun. Güzel bir yüzme deneyimi yaşadığın bir anı hatırlıyor musun?

OĞLU: Tabii, geçen hafta Henry ile birlikte yüzdüğümde.

TINA: Öyle mi? İyi. Şimdi beyninle konuşmaya başla.

OĞLU: Ne?

TINA: Ciddi söylüyorum. Aslında yapabileceğin en iyi şey bu. Şöyle diyebilirsin: "Sevgili beyin, beni korumaya ve tehlikelerden uzak tutmaya gayret ettiğin için teşekkürler, ama ben artık yüzmekten korkmuyorum. Yeni bir öğretmenden, yeni bir havuzda ders alabilirim ve ben de artık yüzmeyi bilen farklı bir çocuğum. O yüzden, sevgili beynim, işte böyle derin derin nefes alarak midemdeki kelebekleri kovalayacağım. Ve yüzmenin iyi yönlerine odaklanacağım." Nasıl? Beyninle böyle konuşmak sana tuhaf mı geliyor?

OĞLU: Biraz.

TINA: Biliyorum, bu hem komik hem de tuhaf. Ama bunun işe yarayabileceğini görebiliyor musun? Bedenini rahatlatmak, kendini güvende hissetmek ve yüzme derslerine gitmeyi istemek için beynine neler söylemek istersin? Zihninin içinden neler söyleyebilirsin?

OĞLU: O kötü yüzme dersleri geçmişte kaldı. Şimdi bu yeni bir yüzme dersi ve ben yüzmeyi seviyorum.

TINA: Tam da öyle. Genel olarak yüzme konusunda ne
      düşünüyorsun?

OĞLU: Bence yüzmek harika!

TINA: Evet. Şimdi bir şey daha yapalım. Yeni derse
      gittiğimizde kendini yeniden tedirgin hissetmeye
      başlarsan, ne yapmayı ve beynine neler söylemeyi
      düşünüyorsun? Bu duyguların geçmişten
      kaynaklandığını kendine hatırlatmana yardımcı
      olabilecek şifre gibi bir şey var mı aklında?

OĞLU: Bilmiyorum. "Kelebekleri öldürelim" olabilir mi?

TINA: Onlar uzun zaman öncesine aitler ve artık onların
      midende kalmalarına hiç ihtiyacın yok, öyle değil mi?

OĞLU: Doğru.

TINA: Bunu çok sevdim. Ve senin şimdi bu konuyla ilgili
      olarak güldüğünü görmek beni çok mutlu etti.
      Ama belki daha hoşgörülü bir şifre seçebiliriz.
      "Kelebeklere özgürlük verelim" veya "Kelebekleri
      serbest bırakalım"a ne dersin?

OĞLU: "Öldürmek" sözcüğü benim daha çok hoşuma gidiyor.

TINA: Pekala. Senin dediğin olsun. "Kelebekleri öldürelim!"

Tina'nın burada yaptığı en önemli şeyin oğlunun korkularının nereden geldiğini söylemesi olduğuna dikkatinizi çekerim. Onun örtük anılarının açık ve anlamlı bir hale gelmesini sağlamış, böylece onların oğlu üzerinde gizli bir güce sahip olmasını engellemişti. Yüzmeyle ilgili olarak bir zamanlar yaşamış olduğu örtük anılar bir kez farkındalık ışığıyla aydınlanınca, çocuk şimdiki zaman korkularıyla daha kolaylıkla baş edebilecek duruma gelmiştir. Örtük anıların açık anılar haline dönüşmesi, bellek entegrasyonunun gerçek gücünün sezgi, anlayış ve hatta şifa getirmesini sağlamıştır.

ÖRTÜK VE AÇIK BELLEKLERİN ENTEGRASYONU: AKLIN YAP-BOZ PARÇALARINI BİR ARAYA GETİRMEK

Örtük anılar genellikle olumludur ve bizim lehimize çalışırlar. Örneğin, her zaman sevildiğimiz için, etrafımızdaki kişilerin bizi her zaman sevmeye devam etmelerini bekleriz. Canımız yandığında ebeveynlerimizin bizi rahatlatacağına güveniriz, çünkü onlar her zaman öyle yapmışlardır. Bunun nedeni içimizde onlarla ilgili pek çok olumlu, örtük anılar olmasıdır. Ama örtük anılar olumsuz da olabilir. Örneğin, ebeveynlerimizin bizim stresli zamanlarımızda rahatsız olduklarını belli ettikleri veya bizimle ilgilenmedikleri de olmuştur.

Özellikle acı verici veya olumsuz bir deneyimden kaynaklanan örtük bir anıyla ilgili sorun, bilincinde olmadığımız için bu anının bizim hareketlerimizi, toprağa gömülü bir mayın gibi, önemli ölçüde ve bazen güçten düşürecek kadar sınırlamasıdır. Biz fark etsek de etmesek de, beynimiz pek çok olayı hatırlar, böylece ayak bileğimizi burkmaktan tutun sevdiğimiz birinin ölümüne kadar, yaşadığımız güç deneyimlerin acı veren anları beynimizin içine yerleşir ve bizi etkilemeye başlar. Geçmişten kaynaklandığını bilmediğimiz bu örtük anılar bizde korku, uzak durma, üzüntü ve diğer acı veren duygular ve bedensel algılar yaratabilir. Çocukların (ve hatta yetişkinlerin) zaman zaman, neden o kadar üzüldüklerini bilmeden, bazı olaylara aşırı tepki göstermelerinin nedeni de budur. Çocuklar onlara acı veren anılarından bir anlam çıkarmazlarsa, uyku bozuklukları, onları elden ayaktan düşüren fobiler ve diğer sorunlarla karşı karşıya kalırlar.

Öyleyse, olumsuz geçmiş anıların etkilerinden kurtulmaları için çocuklarımıza nasıl yardımcı olabiliriz? Yapacağımız şey, örtük anılarının üzerine farkındalık ışığını tutarak onları açık bir hale getirmek ve çocuğumuzun onların farkına varmasını ve onlarla istemli ve bilinçli bir şekilde baş etmesini sağlamak olmalıdır. Zaman zaman ebeveynler, çocuklarının başlarından geçen acı verici olayları "unutuvermelerini" umarlar, ama aslında çocukların tek istediği ebeveynlerinin onlara örtük ve açık belleklerini entegre etmeyi öğretmeleri ve böylece acı veren deneyimlerin bile onlar için bir güç kaynağı oluşturmasına ve kendilerini anlamalarına yardımcı olmalarıdır.

Beynimizin içinde tam da bu işi yapan, yani örtük ve açık anılarımızı entegre ederek içinde yaşadığımız dünyayı daha iyi algılamamızı sağlayan bir bölüm vardır. Anıların geri getirilmesi sürecinin "arama motoru" sayılan bu bölümün adı hipokampustur. Hipokampus örtük belleğe ait tüm imgeleri, duyguları ve algıları almak ve onları geçmiş deneyimlerimize ait "resmi" bir bütün halinde algılamamızı sağlamak üzere beynimizin farklı bölgeleriyle işbirliği içinde çalışır.

Beynimizin hipokampus bölümünün, örtük bellekteki yap-boz parçalarını birleştiren usta bir bilmece çözücü olduğunu düşünün. Bir deneyimle ilgili olan imgeler ve algılar örtük kaldığı, yani hipokampus tarafından entegre edilmediği vakit, beynimizin içinde, tam bir yap-boz bilmecesi gibi, birbirlerinden ayrı ve karman çorman parçalar halinde dururlar. Tabloyu parçaları tamamıyla bir araya getirilmiş olan bir yap-boz gibi açık ve bütün halinde göremeyiz, çünkü örtük anılarımız oraya buraya dağılmış parçalar halindedirler. O yüzden bizim kim olduğumuzu belirleyen kendi hikayemizle ilgili olarak da net ve açık bir kavrayış içine girmemiz mümkün olmaz. Daha da kötüsü, bu örtük anılar bizim şimdi-ve-şu-andaki gerçeğe bakış açımızı ve onunla kurduğumuz etkileşimin türünü de şekillendirmeye devam eder. *Ve dünyayla iletişim kurmak için başvurduğumuz*

yolları nasıl etkilediğini biz hiç fark etmesek de, kendimizi an-
bean nasıl algıladığımız üzerinde de etkili olur.

O yüzden, hayatımız üzerindeki etkilerini anlamak için bu
yap-boz parçalarını net bir resim oluşturacak şekilde birleş-
tirmek çok hayati bir önem taşır. İşte hipokampus tam da bu-
rada devreye girer. Örtük ve açık belleği entegre etmek gibi
önemli bir görevi yerine getirerek, bizim hayat hikayemizin
aktif yazarı olmamıza izin verir. Nitekim oğluna yüzme ders-
leriyle ilgili olarak geçmişte yaşadığı acı veren deneyimlerden
bahsettiği vakit, Tina sadece onun hipokampusunun görevini
yapmasına yardımcı oluyordu. Çocuğun örtük belleğindeki
anıların açığa çıkması fazla vakit almadı, böylece o da korku-
suyla baş edebilmeyi, geçmişten gelen acı deneyimlerine bir
anlam verebilmeyi ve bunların şimdiki zamanda bile onu ra-
hatsız etmeye devam edebileceğini görmeyi başardı.

Çocuklarımıza duygularını ifade etme ve onları ürküten
bir deneyimden sonra neler olup bittiğini hatırlama imkanı
tanımazsak, onların örtük anıları parçalara ayrılıp dağılmış
durumda kalır ve onlar da yaşadıklarına bir türlü anlam ve-
remezler. Ama eğer onlara geçmişlerini şimdiki zamanla en-
tegre etmelerinde yardımcı olursak, içlerinde olup bitenleri
daha iyi anlayabilirler, düşüncelerine ve davranışlarına hakim
olabilirler. Çocuğunuzda bu tür bir bellek entegrasyonunu ne
kadar çok gerçekleştirirseniz, onların şimdiki zamanda olan
bitene, aslında geçmişteki tepkilerinin artıkları olan mantıksız
tepkiler gösterdiğini daha nadir olarak görürsünüz.

Bellek entegrasyonunun, çocuklardaki tüm patlamalar ve
rasyonel olmayan davranışlar için ebeveynler açısından bir
panzehir olduğunu söylemiyoruz. Ama bu, geçmişten gelen
güç durumlarla baş etmek için güçlü bir vasıtadır. Şunu bilin

ki, çocuğunuz bilinmeyen bir nedenden dolayı kıvranıp durduğu vakit bu yöntemden haberdar olduğunuza minnettar olacaksınız. Beş yaşındaki çocuğunuzun Luke Skywalker'ın kara kruvazörüyle yarışacak stop lambasını bulamadığı için "aptal lego mağazası"nı hedef alarak, muhtemelen George Lucas'tan esinlenen ve örtük bellekle hiçbir ilgisi olmayan kontrol edilemez bir haykırma krizine tutulduğunu farz edin. Neler olup bittiğini analiz etmeden önce, DURUN ve işin temeline bir göz atın: Sizin küçük Jedi'niz acıkmış veya bir şeye sinirlenmiş olabilir, kendisini yalnız hissediyordur veya yorgundur. Eğer öyleyse, bu sorunlar gayet kolaylıkla çözümlenebilir. Ona bir elma verin. Duygularını dinleyin ve yaşadığı hayal kırıklığını önemsediğinizi gösterin. Birkaç dakikanızı onunla birlikte geçirin, yap-bozun eksik parçasını bulmasına yardım edin. Her zamankinden biraz önce yatağına girerek dinlenmesini ve ertesi gün kendisini daha iyi hissetmesini sağlayın. Çocuklar genellikle ellerinden geleni yapıyorlardır; bizden sadece onların temel ihtiyaçlarını sağlamamızı beklerler. Beyinle ilgili sürüyle şey öğrenirken ve burada sizlere sunduğumuz bilgileri özümserken, zaten bildiğiniz basit ve belirgin olan şeyleri unutmayın. Aklı selim size çok yardımcı olabilir.

Buna rağmen, sorunun daha büyük olduğunu düşünüyorsanız, geçmişten gelen ve şimdiki zamanı etkileyen olayları gözden geçirmek iyi bir fikir olabilir. Çocuğunuzun tepkisini her zaman eskiden yaşamış olduğu belirli bir olaya bağlayamayabilirsiniz, o yüzden olmayan bir bağlantıyı aramakla vakit kaybetmeyin. Ama geçmişteki bir olayın çocuğunuzun davranışını etkileyebileceğini hissediyorsanız, onun örtük ve açık belleğini entegre edebilmesi ve şu anki koşullara kontrollü tepki verebilmesini sağlayacak araçlara sahip olabilmesi için şu pratik yolları deneyebilirsiniz.

Neler Yapabilirsiniz: Çocuğunuzun Örtük ve Açık Belleğinin Entegrasyonuna Yardımcı Olmak

Bütün-Beyin Stratejisi #6: Çocuğunuza Aklının Uzaktan Kumandasını Kullandırın: Anıları Yeniden Canlandırmak

Bir kez daha söylemek gerekirse, entegrasyonu teşvik etmenin en iyi yollarından biri hikaye anlatmaktır. Bölüm 2'de sağ ve sol beyin yarımkürelerini entegre edebilmek için sizlere hikaye anlatmanın önemini anlatmıştık. Hikaye anlatmak, örtük ve açık belleklerin de entegre edilebilmesi için güçlü bir araçtır. Ama bazen, çocuklar geçmişte yaşadıkları bir olayın özellikle acı veren etkilerini çok derinden hissediyorlarsa, o zaman bu deneyimin tamamını hatırlamak için hazır olmayabilirler. Böyle bir durumda, çocuğunuzu içindeki DVD ile tanıştırın. Bu DVD'nin onun bir olayı zihninde yeniden canlandırmasını, dilediği zaman durdurmasını, yeniden başa sarabilmesini veya hızla öne alabilmesini sağlayan bir de uzaktan kumandası vardır. Nasıl ki, bir korku filminin sizi korkutan bölümlerini hızla geçerseniz veya sevdiğiniz bölümlerini tekrar başa sarıp yeniden izlerseniz, aklın uzaktan kumandası da nahoş bir deneyimi yeniden yaşarken çocuğa belirli bir kontrol gücü verir. Bakın bir baba bu tekniği nasıl kullanmış:

On yaşındaki oğlu Eli, bu yıl Pinewood Derbisi'nde Genç İzciler takımında yarışmak istemediğini söyleyince David çok şaşırdı, çünkü Eli'nin her kış yapmaktan en çok hoşlandığı şeyin, onunla birlikte koca bir çam ağacı kerestesini keserek, oyarak ve boyayarak bir spor araba haline getirmek olduğunu biliyordu. Birkaç sohbetten sonra, David Eli'nin tahta oyma makinelerinin, özellikle de bıçaklı olanların yanına bile gitmek istemediğini fark etti. Bunu gördükten sonra, Eli'nin bu yeni fobisinin, birkaç ay önce meydana gelen bir olayla bağlantılı olduğunu anlamak pek güç olmadı.

Bir önceki yaz, Eli çakısını anne ve babasının iznini almadan parka götürmüştü. O ve arkadaşı Ryan bu çakıyla bir şeyler kesmekten ve oymaktan keyif alıyorlardı, ta ki başlarına bir iş gelene kadar. Bir kökü keserken Ryan kökü boydan boya kesmekle kalmamış, çakıyı da bacağına batırmıştı. Ryan'ın bacağından öyle çok kan akmıştı ki, ambulansla acil servise gitmek zorunda kalmışlardı. Bacağına birkaç dikiş atıldıktan sonra her şey yoluna girmişti ve olaydan fazlaca etkilenmiş gibi de görünmüyordu. Ama Eli, evde beklerken büyük bir stres altına girmiş ve sürekli Ryan için endişelenmişti. Merhametli ve sorumluluk sahibi bir çocuk olan Eli, arkadaşının canını yakan ve bu kadar sıkıntıya neden olan şeyin, izinsiz olarak parka götürdüğü çakısı olduğu düşüncesini zihninden söküp atamıyordu. Çocukların ebeveynleri onları hemen o gece bir araya getirmiş ve her ikisini de olay hakkında konuşturmuş ve görünüşte her iki çocuk da olayı atlatmış gibi görünmüştü. Ama anlaşıldığı kadarıyla, aradan aylar geçtikten sonra bile bu olayın anısı, farkında olmamasına rağmen Eli'yi etkilemeye devam ediyordu. Çocuk, ona ait olan bir çakıyı kullanan Ryan'ın başına gelen olay nedeniyle, tahta oyma araçlarından korkmaya başladığının farkında bile değildi.

David, örtük belleğini açık belleğiyle entegre etmesi için Eli'ye yardım etmeye karar verdi. Tüm aletlerini bir araya getirdiği garaja oğlunu çağırdı. Garaja girdiği ve elektrikli testereye göz attığı anda, Eli'nin gözleri fal taşı gibi açıldı ve babası onun yüzündeki korku ifadesini fark etti. Çocuk normal görünmeye çalışarak "Baba, ben bu yıl Pinewood Derbisi'ne katılmak istemiyorum," dedi.

Strateji #6

FİLMİ HIZLA İLERİ SARMAK VE UNUTMAK YERİNE...

YENİDEN SARMAYI VE HATIRLAMAYI DENEYİN

David şefkatli bir ses tonuyla "Biliyorum, oğlum," dedi. "Ve sanırım neden istemediğini de biliyorum."

Çakı olayı ile araba yarışı arasındaki bağlantıyı Eli'ye anlattı ama Eli bu açıklamaya da tepki gösterdi. "Hayır, ondan değil. Şu anda okulda çok yoğun bir dönem yaşıyorum."

Ama David ısrar etti. "Meşgul olduğunu biliyorum, ama bence iş o kadar basit değil. O gün parkta neler olup bittiğini istersen bir kez daha konuşalım."

Eli'nin yüzünde yine bir korku ifadesi belirdi. "Baba, o olay çok uzun bir zaman önce oldu. O konuyla ilgili olarak konuşmamız gerekmiyor."

Ama David onu ikna etti ve ona bu acı veren anılarıyla yüzleşmek için güçlü bir teknik öğretti. Oğluna "Ben şimdi sana hikayeyi, tam da senin bana geçen yaz anlattığın gibi anlatacağım," dedi. "Ve senin de hikayeyi, sanki beyninin içinde bir DVD seyrediyormuşsun gibi zihninde canlandırmanı istiyorum."

Eli itiraz etti. "Baba, ben bunu yapmayı *gerçekten* istemiyorum.

"İstemediğini biliyorum," dedi David. "Ama işin tatlı yönü de bu zaten. Senin elinde, evde film izlerken kullandığımız gibi bir uzaktan kumanda aleti tuttuğunu hayal etmeni istiyorum. Hikayenin düşünmek bile istemediğin bir bölümüne geldiğim vakit "ara ver" düğmesine basabilirsin. Yani bana "Ara ver" dediğin vakit, ben duracağım. O zaman, o sahneyi hızlı öne alma tuşuna bastığımızı farz ederek geçeceğiz. Bunu yapabilir miyiz?"

Eli, çocukların delice olduğunu düşündükleri bir talep karşısında yaptıkları gibi yavaşça "Tamam," dedi.

David hikayeyi anlatmaya başladı. Eli'nin parka gelişinden başladı, Ryan'la birlikte ağacın gövdesini kesmelerine geldi ve bu şekilde devam etti. "Sonra Ryan bir kökü aldı ve onu kesmeye başladı," der demez Eli araya girdi.

Yavaşça ama güçlü bir şekilde "Ara ver," dedi.

David "Tamam," dedi. "Şimdi hastaneye kadar hızla öne saralım."

"Daha da öne."

"Ryan'ın eve gelmesine kadar mı?"

"Daha da öteye."

"Ryan'ın o gece bize gelmesine kadar mı?"

"Tamam."

David daha sonra iki arkadaş arasındaki mutlu buluşmayı, birbirleriyle nasıl selamlaştıklarını ve sonra da video oyunları oynamak için ortadan kaybolduklarını anlattı. David, hikayeyi anlatırken Ryan'ın anne ve babasının Eli'ye kızmadıklarını ve olayı bir kaza olarak gördüklerini de özellikle vurguladı.

David oğluna baktı. "Hikaye işte böyle. Tamam mı?"

"Hı hı."

"Dışarıda bıraktığımız o bölüm dışında yani."

"Biliyorum."

"Bandı geriye saralım ve ara verdiğimiz yere gelerek ne olduğuna bir bakalım. Ve şunu da unutmayalım ki, hikayenin sonunun iyi bittiğini görmüş bulunuyoruz."

"Tamam."

David hikayenin Eli'ye daha çok acı veren bölümlerine geçti ve Eli zaman zaman "ara ver" butonuna bastı. Nihayet, hikaye-yi baştan sona yeniden anlattılar ve Eli bıçaklar ve kesme işle-miyle ilgili korkularını açığa vurdu. Mutlu sona geldiklerinde, David Eli'nin adalelerinin gevşediğini ve sesindeki gerginliğin de dramatik ölçüde kaybolduğunu gördü. Ondan sonraki hafta-larda, hikayeye tekrar tekrar geri döndüler ve yeni baştan anlat-tılar. Eli bıçaklar hakkında hâlâ biraz tedirgindi ama babasının yardımıyla, beyninin hipokampusu onun örtük belleğini açık bir farkındalık haline sokmayı başarmıştı. Eli bunun sonucunda, artık açığa çıkmış olan sorunuyla baş edebilecekti. Nitekim o ve babası o güne kadar yaptıkları en güzel Pinewood Derbi arabalarından birini yaptılar ve arabanın adını Korku Faktörü koyup bu adı Cadılar Bayramı'ndaki gibi korkunç harfler kullanarak arabanın her iki yanına yazdılar.

Unutmayın ki amacınız, çocuklarınızı onların haberi bile olmadan etkileyen ve beyinlerinde yap-boz parçaları gibi dağınık halde duran rahatsızlık verici deneyimleriyle yüzleşmelerine ve bu deneyimleri bilmecenin tümünü net ve anlamlı bir şekilde görebilecek şekilde açıklığa kavuşturmalarına yardımcı olmaktır. Çocuklarınızı beyinlerindeki DVD oynatıcısını kontrol eden uzaktan kumandayla tanıştırmakla, hikaye anlatma sürecini çok daha az korkutucu hale getirebilirsiniz, çünkü yüzleşecekleri şeylerin kontrolünü ve bunlarla diledikleri hızla baş etme inisiyatifini onlara bırakmış olursunuz. Böylece onları kendilerini korkutan (veya öfkelendiren veya hayal kırıklığına uğratan) bir deneyimin her sahnesini art arda tekrar tekrar yaşamak zorunda bırakmamış olursunuz.

Bütün-Beyin Stratejisi #7:

Çocuğunuza Hatırlatmayı Hatırlayın: Yeniden Hatırlamayı Ailenizin Günlük Hayatının Bir Parçası Yapmak

Hatırlama eylemi insanların çoğu için son derece doğal bir olgudur. Ama bellek beynin pek çok diğer işlevi gibidir, yani onu ne kadar çok çalıştırırsak, o kadar güçlenir. Bunun anlamı da şudur: Çocuklarınıza deneyimlerini ne kadar çok hatırlatırsanız ve onların kendi hikayelerini tekrar tekrar anlattırırsanız, onların örtük ve açık anılarını entegre etme yeteneklerini o kadar geliştirmiş olursunuz.

O yüzden size vereceğimiz ikinci öğüt, çocuklarınıza hatırlatmayı hatırlamanızdır. Çeşitli işlerle uğraşırken, örtük ve açık anılarını entegre edebilmeleri için çocuklarınızı deneyimleri hakkında konuşturun. Bu, özellikle de hayatlarının en önemli ve değerli anları mevzu bahis olduğunda önem kazanır. Aile içinde yaşananlar, önemli dostluklar veya geçiş törenleri gibi kayda değer anları ne kadar çok açık belleğe taşıyabilirseniz, bu deneyimler o kadar daha açık ve daha etkili olacaktır.

Çocuklarınızı hatırlamaya teşvik etmek için pek çok pratik yol vardır. En doğal yol hatırlamayı kolaylaştıran sorular sormaktır. Çok küçük çocuklarla ilgilenirken, soruları basit tutun ve onların dikkatlerini daha çok geçirdikleri günle ilgili ayrıntılara çekmeye odaklanın. *Bugün Carrie'nin evine mi gittin? Oraya gitti*ğimizde ne oldu? Bu tür temel olgulardan bahsetmek çocuğunuzun belleğini geliştirir ve onu kısa süre içinde daha önemli anılarla etkileşim içine girmeye hazırlar.

Çocuklarınız biraz daha büyükse, odaklanacağınız konularla ilgili olarak daha stratejik olabilirsiniz. Onlara bir arkadaşlarıyla veya öğretmenlerinden biriyle yaşadıkları bir sorunu, gittikleri bir partiyi veya dün geceki oyun provasının ayrıntılarını sorun. Veya onları bir günlük tutmaları için teşvik edin. Bu konuda yapılan çalışmalar, bir olayı günlük tutarak hatırlama ve sözcüklerle ifade etme eyleminin kişinin genel anlamda kendisini iyi hissetmesini sağladığı gibi, bağışıklık sistemini güçlendirdiğini ve kalbin düzgün işlemesine yardım ettiğini açık ve net bir şekilde göstermektedir. Konumuzla ilgili olarak da, çocuklara hikayelerini anlatma şansı tanır, onlara olan bitene bir anlam verebilme sürecinde yardımcı olur ve geçmiş ve şimdiki zaman deneyimlerini anlama yeteneklerini geliştirir.

Anne ve babalara bellek entegrasyonundan bahsettiğimiz

ve onları anılarıyla ilgili olarak çocuklarının konuşmalarına yardımcı olmaya teşvik ettiğimiz vakit, ortaya ister istemez bir soru çıkmaktadır. *Ya konuşmazlarsa?* Veya *Onlara sanat dersi nasıl geçti diye sorduğumuzda, bize tek söyledikleri şey "İyiydi," olursa?* Çocuğunuzun hayatıyla ilgili bazı önemli ayrıntıları bilmiyorsanız, yaratıcı olmaya çalışın. Okul çağındaki küçük çocuklar için yararlı olabilecek tekniklerden biri, onlarla okul dönüşünde bir tahmin etme oyunu oynamaktır. Ona "Bana bugün gerçekten olan iki şey ve olmayan bir şey söyle. Ben de bunlardan hangi iki tanesinin doğru olduğunu tahmin etmeye çalışayım," deyin. Bu oyun, özellikle de çocuğunuz "Bayan Derrick bize bir hikaye okudu" veya "Ben ve Nico kızları gözetledik" veya "Kaptan Hook beni yakaladı ve timsahlara attı" tarzında bir yanıt verdiği vakit sizin için fazla ilgi çekici olmayabilir. Ama kısa bir süre içinde eğlenceli bir hal alabilir ve çocukların oynamaya can attığı bir oyun haline gelebilir. Bu oyunu oynamakla, her gün onların okulda başlarından geçen iki olayı öğrenerek, hem çocuklarınızın hayatı hakkında bilgi edinebilirsiniz, hem de onların geriye dönüp yaşadıkları olaylar hakkında düşünmelerini sağlayabilirsiniz.

Eşinden kısa bir süre önce boşanmış olan bir diğer anne de, güç bir dönemden geçen kızlarıyla duygusal anlamda bağlantı kurabildiğinden emin olmak istiyordu. O nedenle, her akşam birlikte yemek yerlerken onlara "Bana gününüzü anlatın. Bir tane size mutluluk veren bir olay, bir tane de moralinizi bozan bir olay anlatın ve birisi için bugün yaptığınız nazik bir eylemden bahsedin." Bu tür aktiviteler ve sorular çocukların olayları hatırlamasını teşvik etmekle kalmaz, onları duygularını ve eylemlerini daha derinden düşünmeye doğru yönlendirir, yaşadıklarını başkalarıyla paylaşmaya ve başka insanlara yardım etmeye teşvik eder.

Strateji #7
"GÜNÜN NASIL GEÇTİ?" DİYE SORMAK YERİNE...

"HATIRLATMAYI HATIRLAMAYI" DENEYİN

Çocuklarınızın daha derinlemesine düşünmesini istediğiniz belirli olaylar için de fotoğraf albümlerine bakabilir ve eski videoları seyredebilirsiniz. Onları derin bir odaklanmaya sokmanın en iyi yollarından biri de resimli bir "anı kitabı" yaratmaktır. Örneği, kızınız katıldığı ilk gece yatmalı kamp gezisinden döndüğü vakit, onun size gönderdiği mektupları, hatıra değeri olan eşyaları ve oradayken çektiği fotoğrafları biriktirebilir ve onunla birlikte bir kitapçık hazırlayabilirsiniz. Kızınız kenarlara küçük hikayeler ve "Bu benim kaldığım kulübe" veya "tıraş köpüğü kavgasından sonrası" türünde notlar yazabilir. Böyle bir kitap yaratmak kızınızın gelecek birkaç ay veya bir yıl içinde unutacağı ayrıntılardan bazılarını aklında tutmasını sağlayacak ve ona aynı zamanda hayatındaki bu önemli olayı sizinle daha çok paylaşma fırsatını verecektir.

Bütün-Beyinli Çocuklar: Çocuklarınıza Örtük Anılarını Açığa Çıkarmayı Öğretin

Size çocuklarınıza örtük ve açık bellekler hakkında nasıl konuşmak gerektiğine dair birkaç yol önerdik. Çocuğunuzun geçmişte yaşadıkları nedeniyle bir mücadele içinde olduğunu fark ederseniz, yapabileceğiniz en iyi şeylerden biri onunla konuşmak ve ona o olayın hikayesini anlattırmaktır. Ancak geçmiş bir deneyim şimdiki davranışlarını ve duygularını etkilemeye başladığı vakit, onun beyninde neler olup bittiğini anlatmak da işe yarayabilir. Bunu şöyle yapabilirsiniz:

HAFIZADAKİ PUZZLE PARÇALARINI BİR ARAYA GETİRMEK

BİR OLAY OLDUĞUNDA, BEYNİN ONU HATIRLAR, AMA HER ZAMAN BİR BÜTÜN HALİNDE VE BİR ARAYA GETİRİLMİŞ ANILAR ŞEKLİNDE DEĞİL. SANKİ OLAYLA İLGİLİ OLARAK BEYNİNİN İÇİNDE YÜZEN SÜRÜYLE MİNİK YAP-BOZ PARÇASI VARDIR.

BEYNİNİN BU YAP-BOZ PARÇALARINI BİR ARAYA GETİRMESİNE YARDIMCI OLMANIN EN İYİ YOLU, OLAN BİTENİN HİKAYESİNİ ANLATMAKTIR.

BİR OLAYIN HİKAYESİNİ ANLATMAK ÖZELLİKLE DE BİR DOĞUM GÜNÜ PARTİSİ GİBİ KEYİF ALDIĞIMIZ BİR ORTAMDA ÇOK EĞLENCELİ OLABİLİR. O OLAY HAKKINDA KONUŞMAKLA, NE KADAR EĞLENDİĞİMİZİ DE HATIRLARIZ.

AMA BAZEN ÜZÜCÜ BİR OLAYLA KARŞILAŞIRIZ VE BU OLAYI HATIRLAMAK BİLE İSTEMEYEBİLİRİZ. BURADAKİ SORUN, YAŞADIĞIMIZ OLAYI HİÇ DÜŞÜNMEZSEK, O YAP-BOZ PARÇALARI ASLA BİR ARAYA GELMEZ VE BİZ DE NEDEN OLDUĞUNU BİLMEDEN KENDİMİZİ ÜZGÜN, KORKMUŞ VEYA ÖFKELİ HİSSEDEBİLİRİZ.

ÖRNEĞİN;

MIA'NIN BAŞINA GELENLERE BİR BAKALIM. MIA KÖPEKLERDEN NEDEN KORKTUĞUNU BİLMİYORDU. SONRA BİR GÜN BABASI ONA UNUTMUŞ OLDUĞU BİR OLAYI HATIRLATTI. KOCAMAN BİR KÖPEK ONA HAVLAMIŞTI.

MIA KORKULARININ ÇOK ESKİLERE UZANAN BU OLAYLA İLGİLİ OLDUĞUNU VE ŞİMDİ KARŞILAŞTIĞI KÖPEKLERLE BAĞLANTILI OLMADIĞINI GÖRDÜ.

MIA ŞİMDİ MAHALLESİNDEKİ DOST KÖPEKLERİ SEVİP OKŞAMAKTAN HOŞLANIYOR.

BAŞINIZA GELEN BİR OLAYIN HİKAYESİNİ ANLATTIĞINIZ VAKİT, YAP-BOZ PARÇALARINI BİR ARAYA GETİRMİŞ OLUR VE DAHA AZ KORKAR, ÜZÜLÜR VEYA ÖFKELENİRSİNİZ. BUNUN SONUCUNDA DA DAHA CESUR, MUTLU VE SAKİN OLURSUNUZ.

Kendimizi Entegre Etmek: Kendi Örtük Anılarımızı Nasıl Açığa Çıkarabiliriz

Anıların hayatlarına (onlar fark etmeseler de) müdahale ettiği kişiler sadece çocuklar değildir. Aynı şey biz ebeveynlerin de başına gelir. Örtük anılar bizim de davranışlarımızı, duygularımızı, algılarımızı ve hatta fiziksel duyularımızı etkiler ve biz geçmişin üzerimizde şu anda yarattığı etkiden tamamen habersiz olabiliriz. Dan yeni baba olduğu dönemde yaşadıklarını ilk elden şöyle anlatmıştı:

Oğlum dünyaya geldikten sonraki ilk günlerde tesellisiz bir şekilde ağladığında benim de sinirlerim boşalıyordu. Bir bebeğin ağlamasını dinlemenin herkes için zor olduğunu biliyorum, ama ben buna tahammül edemiyordum. Paniğe kapılıyor ve korkular içinde kıvranıyordum. Bu yoğun ve görünüşte sağlam bir nedene dayanmayan tepkim için pek çok teoriyi gözden geçirdim, ama bunların hiçbiri benim bu durumumu açıklamıyordu.

Derken bir gün oğlum ağlamaya başladı ve benim gözlerimin önüne bir imge geldi. Küçük bir çocuk bir muayene masasının üzerinde yatmıştı ve kıpkırmızı kesilmiş ve kasılmış bir yüzle avaz avaz bağırıyordu. Ben onun yanı başındaydım ve UCLA Tıp Merkezi'nde görevli genç bir stajyer doktor olarak benim görevim ondan kan almak ve neden bu kadar yüksek ateşi olduğunu saptamaktı. Yanımdaki çocuk doktoru arkadaşım ve ben bu korkuyu aslında karşımıza gelen her çocukla yeniden yaşıyorduk: Birimiz şırıngayı tutuyor, diğerimiz de haykıran çocuğu zapt etmeye çalışıyorduk.

Pediatri stajımı yaptığım o günleri yıllar boyu hiç aklıma getirmemiştim. Genel olarak baktığımda o dönemi iyi bir yıl olarak düşünmekle birlikte, bittiği vakit kendimi iyi hissettiğimi de hatırlıyordum. Ama altı aylık oğlumun bu gece-yarısı ağlamaları benim o eski günleri hatırlamama neden olmuş ve müteakip günlerde aradaki bağlantıyı anlamamı sağlamıştı. Bu anılarla ilgili olarak çok düşündüm ve birkaç arkadaşıma ve meslektaşıma yaşadıklarımdan bahsettim. Yıllar öncesinden gelen bu travma örtük kalmıştı ve ancak şimdi açığa çıkmaktaydı. Bir yıl süren stajyerliğimi tamamladığımı ve acı veren deneyimlerimi bilinçli olarak düşünmeden hayatımın farklı bir aşamasına geçtiğimi fark ettim. Bu anıları ben daha sonra açığa çıkarmak için hazır durumda bekletecek şekilde işlemden geçirmemiştim.

Yıllar sonra, genç bir ebeveynken, bu durumu kendi kimliğimin içinde çözüme ulaştırılmamış acı veren bir kendini sorgulama süreci olduğunu gördüm ve oğlumun ağlamalarını geçmişten gelen bir yük olarak değil, olduğu gibi kabul ettim.

İncelenmemiş (veya entegre edilmemiş) anılar sağlıklı ve ilişkilerle dolu bir hayat yaşamaya çalışan herhangi bir yetişkin için sürüyle sorun yaratır. Ama ebeveynler için bu örtük anılar, iki nedenden dolayı, özellikle tehlikelidir. Her şeyden önce, çocuklarımız çok küçük yaşlardan itibaren, biz farkında olmasak dahi, bizim korku duygularımızı veya stresli olduğumuzu veya kendimizi eksik hissettiğimizi fark ederler. Ve bir ebeveynin canı sıkkın olduğu vakit, bir çocuğun da sakin ve mutlu olması mümkün değildir. İkincisi, örtük anılar zaman zaman hiç istemediğimiz şekillerde tepki vermemizi tetikler. Başkaları ve kendi anne ve babamız tarafından dışlanmış, terk edilmiş ve bastırılmış olmanın yarattığı duygular, çocuklarımızla etkileşim içinde olduğumuz vakitler olgun, sevecen ve saygılı olmamızı engeller.

Dolayısıyla çocuklarınıza kızdığınız vakit biraz fazla tepki gösterdiğinizi fark ettiğinizde kendinize şu soruyu sorun: "Benim gösterdiğim bu tepki mantıklı mı?"

Yanıtınız şöyle olabilir: "Evet. Bir yandan bebek ağlıyor, üç yaşındaki çocuğum az önce fırını mavi boyayla boyadı ve sekiz yaşındaki çocuğumun tek yaptığı da televizyonu açmak. Bir şeyleri pencereden dışarı fırlatmak istiyor olmam, mantıklı değil mi?"

Yine de başka zamanlarda yanıtınız şöyle de olabilir: "Hayır, bu duygularım mantıklı değil. Kızımın bu gece benim değil de babasının ona kitap okumasını istemesinden alınmam için hiçbir neden yok. Bu kadar üzülmeme de hiç gerek yok." Örtük belleğiniz konusunda öğrendiklerinizi temel alarak, bu duygunuzu olayı daha derinden görmek için bir fırsat olarak kullanabilirsiniz. Eğer davranışlarınızı açıklamakta güçlük çekiyorsanız veya haklı olduğunuzdan pek emin değilseniz, belki de kendinize "Burada neler olup bitiyor? Bu bana bir şey mi hatırlatıyor? Bu duygularım ve davranışlarım nereden kaynaklanıyor?" diye sormanın vakti gelmiştir. (Bu süreçle ilgili olarak Bölüm 6'nın "Kendinin Öteki İle Entegrasyonu" kısmında daha ayrıntılı olarak duracağız.) Ayrıca, bu tür bir keşif gezisine başlamak için Dan'in Mary Hartzell'le birlikte yazdığı *A'dan Z'ye Ebeveynlik* adlı kitabını size önerebilirim.

Örtük ve açık anılarınızı entegre ederek ve geçmişte yaşamış olduğunuz zor anların üzerine ışık tutarak, geçmişinizin çocuklarınızla olan ilişkilerinizi nasıl etkilediğini de anlayabilirsiniz. Karşılaştığınız sorunların sizin kendi ruh halinizi ve çocuklarınızın duygularını nasıl etkilediğine dikkat edebilirsiniz. Kendinizi yetersiz ve hüsrana uğramış gibi hissediyorsanız veya aşırı bir tepki içinde olduğunuzu düşünüyorsanız, bu duyguların ötesinde ne olduğunu araştırır ve bunların geçmişinizdeki bir olayla bağlantılı olup olmadığını keşfedersiniz. Sonra da bu geçmiş deneyimleri şimdiki zamana getirip onları hayat hikayenizin içine dokursunuz. Bunu yaptığınız vakit, dilediğiniz türde bir ebeveyn olmak için özgür kalırsınız. Hayatınızın anlamını anlarsınız ve çocuklarınızın da kendi hayatlarını anlamalarına yardımcı olursunuz.

BÖLÜM 5

İçimdeki Birleşik Devletler
Kimliğimizdeki Farklı Yönlerin Entegrasyonu

"Josh'ın *yapamadığı* bir şey yok mu?

Diğer ebeveynlerin Amber'e on bir yaşındaki parlak ve yetenekli oğlu hakkında sordukları soru buydu. Josh okulda, sporda, müzikte ve sosyal etkinliklerde, kısacası her konuda mükemmeldi ve hem arkadaşları, hem de annesi ve babası onun bu yetenekleri karşısında hayretler içinde kalıyorlardı.

Buna rağmen, Amber oğlu Josh'ın bütün bu başarısına rağmen, özsaygı konusunda ciddi şüpheler içinde bocaladığını biliyordu. Çocuk bu duyguları nedeniyle her şeyde mükemmel olmak için kendisini zorluyordu. Bu mükemmeliyetçilik tüm başarısına rağmen, yaptığı hiçbir şeyin yeterince iyi olmadığına onu inandırmıştı. Bir hata yaptığı, örneğin bir basketbol maçında puan kaçırdığı veya yemek kutusunu okulda unuttuğu vakit, kendisini duygusal anlamda perişan ediyordu.

Amber sonunda Josh'ı Tina'ya getirdi. Tina bu arada çocuğun anne ve babasının o daha bebekken ayrıldığını ve babası ortalarda olmadığı için annesi tarafından büyütüldüğünü öğrendi. Zaman içinde, Josh'ın babasının ortalarda olmamasından kendisini sorumlu gördüğü, kendisinin bir şekilde babasının evden ayrılmasına neden olan bir şey yapmış olması gerektiğini düşündüğünü ve o yüzden bundan böyle hiçbir hata yapmamak için elinden geleni yaptığı ortaya çıktı. Josh'ın örtük belleği, mükemmel olmamayı terk edilmekle eş tutmuştu. Bunun bir sonucu olarak sürekli olarak zihninden geçen "Daha iyi yapmalıydım"; "Ne kadar aptalım"; "Bunu neden yaptım?" gibi düşünceler, onun on bir yaşında mutlu ve tasasız bir çocuk olmasını engelliyordu.

Tine, Josh'la ilgilenirken onun bu düşüncelerini ele alarak işe başladı. Bu düşüncelerin bir kısmı, şifa için kapsamlı bir tedavi gerektiren bazı örtük anılardan tetikleniyordu. Tina aynı zamanda, çocuğun kendi beyninin gücünü anlamasına da yardımcı oldu. Ona dikkatini yönlendirerek kontrolü nasıl elinde tutacağını öğretti. Ayrıca, kendisini nasıl hissedeceğine ve farklı koşullara ne şekilde tepki vereceğini de bir ölçüye kadar kendisinin *seçebileceğini* görmesini sağladı. Tina'nın onu akılgözü fikriyle tanıştırması, Josh için bir dönüm noktası olmuştu.

AKILGÖZÜ VE FARKINDALIK ÇARKI

"Akılgözü" terimini bulan Dan idi ve kitabında da açıkladığı gibi bu sözcük en basit şekilde şöyle açıklanabiliyordu: Sadece kendi zihnimizi değil, başkalarının da zihnini anlamak. Başkalarıyla bağ kurma konusu kitabımızın bundan sonraki kısmının odak noktası olacaktır. Şimdi ise, akılgözü yaklaşımının birinci özelliğine, yani kendi zihnimizi anlama konusuna odaklanalım. Ne de olsa, akıl sağlığı ve kendini mutlu hissetme, kişinin kendi zihnini açık ve net bir şekilde görmesiyle başlamaktadır. Tina da ilk olarak Josh'a bunu öğretmekle işe başlamıştı. O yüzden, çocuğu önce Dan'in yaratmış olduğu bir modelle, yani "farkındalık çarkı"yla tanıştırdı.

Aşağıdaki şemada da görebileceğiniz gibi, buradaki temel kavram şudur: Zihnimiz, merkezinde bir mil göbeği olan ve dış çembere kadar uzanan tellerden oluşan bir bisiklet tekerleğine benzer. Çember dikkatimizi verdiğimiz veya farkında olduğumuz şeyleri temsil eder. Bunlar bizim duygularımız ve düşüncelerimiz, hayallerimiz ve arzularımız, anılarımız, dış dünyayla ilgili algılarımız ve bedenimizden gelen duyulardır.

Tekerleğin göbeği zihnimizin daha iç bölümünü temsil eder. Bu bölüm etrafımızda ve içimizde olan bitenin farkına vardığımız yerdir. Orta prefrontal korteks adı verilen bu bölüm, hatırlayabileceğiniz gibi üst beyni kontrol eden bölümdür. Burası

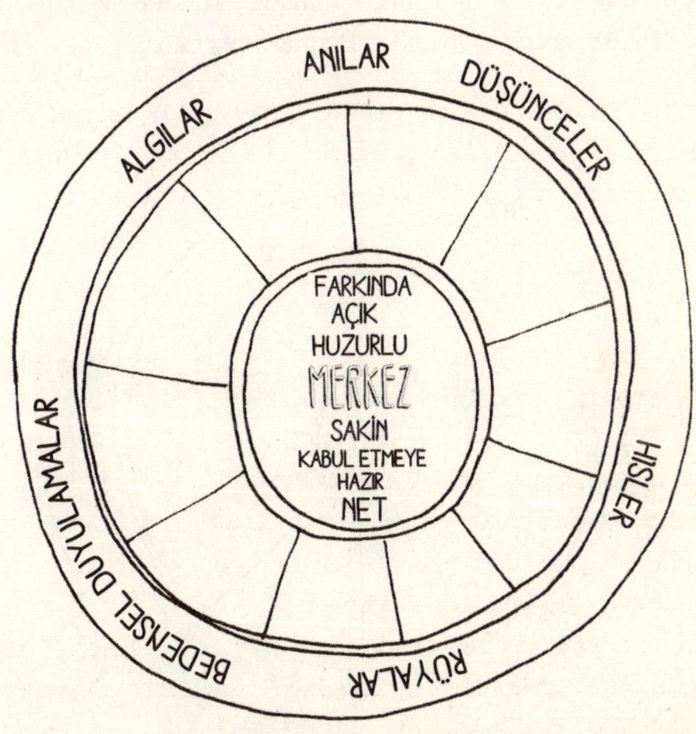

beynin icra bölümüdür çünkü en iyi kararlarımız bu bölümde alınır; burası ayrıca kendimizle ve başkalarıyla derinden bağ kurmamıza izin veren yerdir.

Farkındalık çarkı modeli Josh için süratle işe yaradı, çünkü ona o kadar sıkıntı veren duygu ve düşüncelerin aslında kendisinin farklı özellikleri olduğunu anlamasını sağlamıştı. Onlar sadece çarkın çemberindeki belirli birkaç noktaydı ve onlara gereğinden fazla dikkat odaklaması gerekmiyordu. (Bakınız: Josh'ın kişisel farkındalık çarkı.) Tina, Josh'ın farkındalık çarkının çemberi üzerindeki bu noktaların onun belirli anlardaki ruh halini belirlediğini görmesine yardımcı olmuştu. Diğer bir deyişle, Josh'ın içinde bulunduğu korkulu ve endişeli ruh hali, örneğin ev ödevinden B alma veya müzik gurubunda

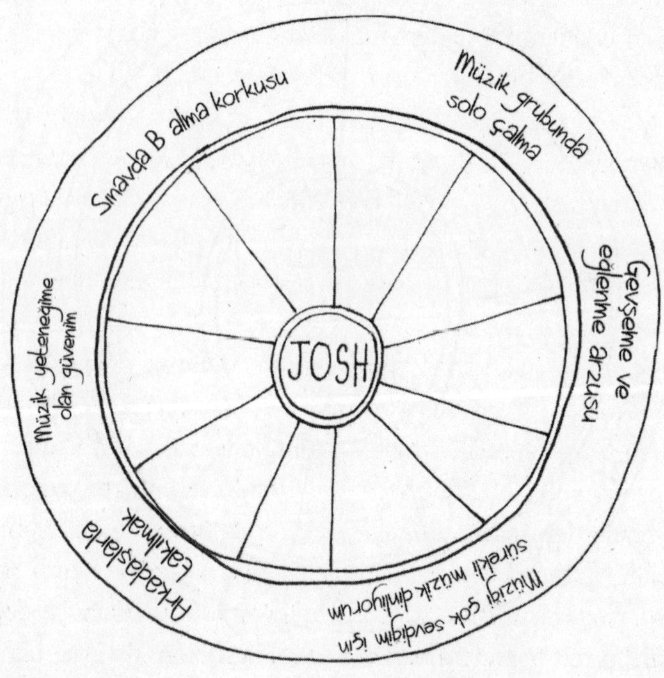

solo çalarken notaları unutma korkusu gibi, çemberin üzerindeki endişe verici noktalara odaklanmasından kaynaklanıyordu. Yaşadığı fiziksel duyular, midesindeki endişe yumruğu ve omuzlarındaki baskı, Josh'ın başarısız olma korkusuna odaklanmasına neden olan bu noktalardı.

Akılgözü Josh'ın kendi beyninde neler olup bittiğini görmesine izin vermişti, dolayısıyla çemberin üzerindeki bu noktalara tüm vaktini ve enerjisini veren kişinin kendisinden başka biri olmadığını anlamıştı. Ve dilediği takdirde tekrar çarkın göbeğine dönerek büyük resmi görebilecek ve başka noktalara odaklanabilecekti. Bu korku ve endişeler kesinlikle onun bir parçasıydı ama onun kimliğinin tamamını temsil etmiyorlardı. Dolayısıyla, onun en düşünceli ve en tarafsız yönünü temsil eden çarkın merkezindeki göbeğe geri dönebilecek, bu noktalara ne kadar dikkat odaklaması gerektiğini ve diğer hangi noktalara dikkat vermesi gerektiğini kendisi belirleyebilecekti.

Tina'nın ona anlattığı gibi, tüm dikkatini ona korku veren birkaç noktaya odaklamakla, Josh dünyaya bakış açısına entegre edebileceği pek çok diğer yönünü göz ardı etmiş ve onları yok saymış oluyordu. Bu durum, onun için daha verimli olabilecek müzik yeteneğine olan güveni, zeki olduğuna olan inancı ve zaman zaman gevşeyerek eğlenme arzusu gibi diğer yönlerine odaklanmak yerine, tüm vaktini iş görerek, ders çalışarak, araştırmalar ve provalar yaparak ve endişelenerek geçirmesine neden oluyordu. Tina, Josh'a kimliğindeki farklı bölgeleri ve kim olduğunu belirleyen özgün özellikleri entegre etmesinin ve bunlardan sadece birkaç tanesinin diğer tümünün üzerinde tam bir hakimiyet kurmasını önlemesinin ne kadar önemli olduğunu anlatmıştı. Bu arada, onu mükemmeli yakalamaya doğru yönlendiren noktalara dikkatini odaklamasının da kötü bir şey olmadığını eklemişti. Ama bu noktaların diğerleriyle entegre olması gerekiyordu, böylece kendi kimliğinin aynı şekilde iyi ve sağlıklı olan diğer yönlerini de yüzüstü bırakmamış olacaktı.

Böylece Josh onu ille de mükemmelliğe götürmesi gerekmeyen noktalara da odaklanmak için gayret göstermeye başladı. Ev ödevini yapmak için ayırdığı vakitten çalması gerekse de, kimliğinin okuldan sonra arkadaşlarla buluşmaktan hoşlanan yönüne özel bir dikkat vermeye özen gösterdi. Her oyunda en fazla sayı yapması gereken kişi olması gerekmediğine dair yeni bir inanış geliştirdi ve ona odaklandı. Saksafonunu, notaları doğru çalma endişesi duymadan, keyif için çaldığı vakit ne kadar iyi hissettiğini kendisine hatırlatmak için telkinlerde bulundu. Tabii ki, zorlukların üstesinden gelmekten ve başarılı olmaktan hâlâ vazgeçmemişti. Yapması gereken şey, sadece çarkın çemberinin üzerindeki bazı noktaları diğerleriyle aynı bağlam içine koyarak çok daha büyük bir resmin içine yerleştirmek ve onları her bir küçük hata için kendisini eleştirmekten çekinmeyen çok daha büyük bir Josh'ın farklı yönleri olacak şekilde entegre etmekti.

Tabii ki, akılgözü ve farkındalık çarkı hakkında bilgi sahibi olmak Josh'ın mükemmellik arzularını bir anda hafifletmedi. Ama onun farklı koşullarda yaşadığı deneyimlere verdiği tepkileri yavaş yavaş kontrol altına alabilmesini sağlayan seçimler yapmasına ve zor durumları iyileştirecek kararlar almasına izin verdi. (Ama mükemmel olmak için daha az endişe duyma konusunda mükemmel olamadığı için hayal kırıklığı yaşamaya başlaması Tina'yı da, onu da çok güldürdü.)

ÇARKIN ÇEMBERİNDE SAPLANIP KALMAMAK: "HİSSETMEK" İLE "GERÇEKTEN OLMAK" ARASINDAKİ FARKI GÖRMEK

Josh'ın çektiği sıkıntı, farkındalık çarkının "çemberinin üzerinde saplanıp kalmanın" bir sonucuydu. İçinde yaşadığı dünyayı çarkın göbeğinden izlemek ve çemberin üzerindeki noktalarla entegre olmanın yerine, dikkatinin tamamını endişe ve kritik ruh halleri yaratan belirli birkaç noktaya odaklamıştı. Bunun bir sonucu olarak da çemberin üzerindeki daha huzurlu ve kabullenici bir ruh halinde yaşamasına yardımcı olacak pek çok diğer noktayla iletişimini kaybetmişti. Çocuklar entegre bir farkındalık çarkına baş vurmadıkları takdirde olacak olan budur. Aynen yetişkinler gibi, onlar da kimliklerinin belirli özelliklerinin birinde veya belirli birkaç tanesini temsil eden belirli birkaç noktada saplanıp kalırlar ve sonunda genellikle katı düzen veya kaos içine düşerler.

Bu da onların "hissetmek" ile "gerçekten olmak" arasındaki farkı görmelerini engeller. Çocuklar hüsrana uğramışlık veya yalnızlık gibi belirli bir ruh hali içindeyken, kendilerini *o anda* nasıl hissettikleri üzerinden tanımlama eğilimi içine girerler. "Kendimi yalnız *hissediyorum*" veya "kendimi şu anda üzgün *hissediyorum*" demek yerine "Yalnızım" veya "üzgünüm" derler. Bunun tehlikesi, geçici ruh halini kimliklerinin kalıcı özelliği olarak algılamalarıdır. Belirli bir *ruh halini*, kendilerini tanımlarken kullandıkları özelliğin kendisi gibi görmeye başlamışlardır.

Örneğin, genel olarak okulda sıkıntı yaşamayan dokuz yaşındaki bir çocuğun ev ödeviyle cebelleştiğini hayal edin. Bu çocuk eğer hayal kırıklığı ve yetersizlik duygularını kimliğinin diğer yönleriyle entegre edemezse, yani bir duygunun onun varlığının sadece bir parçasını oluşturduğunu göremezse, bu geçici ruh halini kişiliğinin kalıcı bir özelliği veya karakteristiği olarak görmeye başlayacaktır. Şöyle bir şey söylemesi mümkündür: "Ben ne kadar aptalım. Bu ev ödevi benim için çok zor. Ben onu asla doğru yapamayacağım."

Ama bu çocuğun ebeveynleri farkındalık çarkının çemberi üzerindeki pek çok noktanın farkına varıp onun kimliğinin pek çok yönünü entegre etmesine yardımcı olurlarsa, çocuk da o an için bir mücadele içinde olduğunu görecek ama bunun onun aptal olduğu veya her zaman sıkıntı çekeceği anlamına gelmediğini anlamasını sağlayacak bir akılgözü geliştirecektir. Beyni ona çemberin üzerindeki bu noktaları gösterecek ve şu anda bir mücadele içinde olmasına rağmen, eskiden beri ev ödeviyle ilgili olarak bir sıkıntı yaşamadığını ona hatırlatacaktır. Çocuk kendisiyle şöyle bir sağlıklı konuşma içine bile girebilir: "Bu ev ödevinden nefret ediyorum! Beni çıldırtıyor! Ama ben akıllı olduğumu biliyorum. Sorun sadece bu ödevin zor olmasından kaynaklanıyor." Çarkın çeperindeki farklı noktaları fark etmesi bile onun negatif duygularını kontrol altına almasını ve onları dönüştürmesine yardımcı olabilir. Kendisini hâlâ bir miktar aptalmış gibi *hissedebilir* ama ebeveynlerinin yardımı ve biraz da pratikle, bu geçici ruh halinin kalıcı ve onun kimliğini belirleyici bir özellik olmadığını görebilecektir.

Şimdi de farkındalık çarkının en güzel tarafına gelelim: Bu çark çocuklara nereye odaklanacaklarını seçebileceklerini ve dikkatlerini nereye vereceklerini öğretir. Onların eline kimliklerinin farklı yönlerini entegre etmelerini olanaklı kılan bir araç verir, böylece dikkatlerini çekmek için yaygara koparan negatif bir duygu veya düşünce kümesinin esiri olmalarını önler. Çocuklar (ve hatta yetişkinler) bu tür bir akılgözü geliştirdikleri takdirde, içinde yaşadıkları dünyaya verecekleri tepkinin yanı sıra, yaşadıkları deneyimlerle baş etmelerine izin veren seçimleri yapabilme gücünü de elde edeceklerdir. Bu çocuklar zaman içinde deneye deneye, dikkatlerini kendileri ve çevrelerindeki kişiler için en güç zamanlarda dahi en yararlı olabilecek şekilde yönlendirmeyi öğreneceklerdir.

ODAKLANMIŞ DİKKATİN GÜCÜ

Akılgözünün nasıl bu denli güçlü seçenekler sunduğunu anlamak için, dikkatini farkındalık çarkının çeperi üzerindeki belirli birkaç noktaya odaklamış olan bir kişinin beyninin içinde neler olup bittiğine bir bakmak gerekir. Daha önce de tartıştığımız gibi, yeni deneyimler karşısında beyin bazı fiziksel değişikliklere uğrar. Bunun anlamı şudur: Bizler isteyerek ve çaba göstererek yeni zihinsel yetenekler geliştirebiliriz. Daha da ötesi, dikkatimizi farklı bir şekilde odakladığımız takdirde, beynimizin hem yapısını, hem de faaliyetlerini değiştirebilecek yeni bir deneyim yaratmış oluruz.

Bu şu şekilde işler: Yeni bir deneyim yaşadığımızda veya dikkatimizi örneğin kendimizi nasıl hissettiğimize veya erişmek istediğimiz bir hedefe odakladığımızda, nöral bir ateşlenme oluşur. Diğer bir deyişle, nöronlar (yani beyin hücrelerimiz) harekete geçer. Bu nöral ateşlenme, aktive olan nöronlar arasında yeni bağlantılar gerçekleştirecek olan proteinlerin üretimine yol açar. "Birlikte ateşlenen nöronlar birbirleriyle bağlantılanırlar" deyişini hatırlayın. Nöral aktivasyondan başlayıp, sinirlerin büyümesi ve aralarındaki bağların güçlenmesine kadarki bu sürece *nöroplastisite* denir. Esasen bu, beynin kendisinin plastik, yani yaşadığımız deneyimlere ve dikkatimizi nereye odakladığımıza göre değişebilir olduğunu göstermek için kullanılan bir tanımdır. Ve dikkatimizi bir şeye odakladığımız vakit oluşan bu yeni nöral bağlantılar da sırası gelince, içinde yaşadığımız dünyaya verdiğimiz tepkilerin ve yaşadığımız etkileşimlerin değişmesine neden olur. İşte, pratik yaparak belirli becerileri böyle kazanabiliriz ve ruh halimizin iyi veya kötü karakter özellikleri haline gelmesini de bu şekilde sağlamış oluruz.

Dikkati bir yere odaklamanın beyinde değişikliklere neden olduğunu gösteren pek çok bilimsel kanıt bulunmaktadır. Örneğin (avlanırken veya avlanmamak için) seslere odaklandıkları takdirde ödüllendirilen hayvanların beyinlerindeki işitme merkezlerinin, diğerlerine göre çok daha gelişmiş olduğu görülmektedir. Keskin görüşleri nedeniyle ödüllendirilen hayvanların ise beyinlerindeki görme alanları diğerlerine göre çok daha geniştir. Kemancıların beyin taramaları, korteksin sol eli temsil eden ve parmakları tellere isabetli ve genellikle de çok süratli bir şekilde basmakla görevli olan bölümlerinde dramatik bir büyüme ve genişleme olduğunu göstermektedir. Şoförler üzerine yapılan araştırmalar da, uzamsal bellek için hayati önem taşıyan hipokampusun bu kişilerde daha geniş olduğunu göstermektedir. Burada önemli olan husus, beynin fiziksel mimarisinin dikkatimizi nereye odakladığımıza ve ne yaptığımıza bağlı olarak değiştiğidir.

Biz bu ilkenin nasıl işlediğini yakın tarihlerde altı yaşındaki Jason'da gözledik. Jason zaman zaman irrasyonel korkulara saplanıyor ve onun bu durumu anne ve babasını çok rahatsız ediyordu. Sonunda çocukta uyku bozuklukları başladı çünkü yatak odasının tavanındaki pervanenin yerinden fırlayıp onun üzerine düşmesinden korkuyordu. Annesi ve babası ona pervanenin tavana ne kadar güvenli bir şekilde bağlı ve onun da yatağında ne kadar emniyette olduğunu defalarca göstermişlerdi. Ama çocuğun üst beyni her gece alt beynindeki korkuların hakimiyeti altına giriyordu. Uyuma vaktini geçirip saatlerce uyanık kalıyor, vidalar gevşediği ve hızla dönen pervanelerin onun üzerine düştüğü takdirde, bedeninin, yatağının ve Darth Vader desenli çarşaflarının paramparça olacağı endişesi içinde kıvranıyordu.

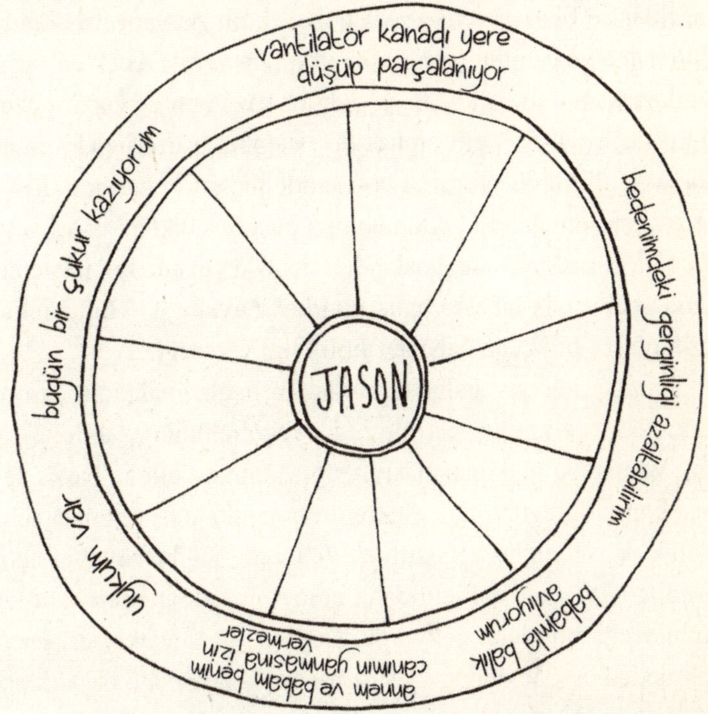

Annesi ve babası akılgözü hakkında bilgi edindikten ve ona farkındalık çarkından bahsettikten sonra, Jason sadece kendisini değil ailesinin tüm fertlerini rahatlatacak bir aracın sahibi olmuş oldu. Josh gibi, o da bu çarkın çemberi üzerindeki bazı noktalara takılı kaldığını, yani tavandaki pervane düştüğü takdirde ne olacağına odaklanmış olduğunu gördü. Annesi ve babası onun farkındalık çarkının göbeğine gitmesine yardımcı olmuş ve o da böylece, göğsünde kabaran endişeli duygu, kollarındaki, bacaklarındaki ve yüzündeki gerilim gibi, saplantısının beynine hükmetmek üzere olduğunu haber veren işaretleri fark edebilmiş ve dikkatini kendisini rahatlatacak başka bir şeye odaklamayı başarmıştı. Jason daha sonra kimliğinin farklı yönlerini bir araya getirmek için bazı adımlar attı. Anne ve babasının onu koruyacaklarına olan güveni ve düşebilecek bir pervanenin altında yatmasına ve canının yanmasına asla izin vermeyecekleri veya o gün arka avluda o kocaman çukuru kazarken ne kadar güzel vakit geçirdiğiyle ilgili anılar gibi, çemberin üzerindeki diğer noktaları düşündü. Veyahut bedeninde hissettiği gerilimi düşünerek, gevşemek için güdümlenmiş bir görsellikten yararlandı. Balık avlamaktan çok hoşlandığı için kendisini bir teknenin içinde babasıyla birlikte balık tutarken hayal etti. (Bu teknikle ilgili olarak birazdan daha ayrıntılı bilgi vereceğiz.)

Sonuçta her şey gelip farkındalığa bağlanmaktadır. Jason, farkındalık çarkının çeperinin sadece bir bölümüne takılı kaldığını ve nereye yoğunlaşmasıyla ilgili olarak önünde başka seçeneklerin olduğunu fark ettikten sonra, dikkatini ve buna bağlı olarak da ruh halini değiştirmeyi öğrendi. Bu da, hayatını hem kendisi hem de ailesi için daha kolay bir hale getiren kararlar alabileceği anlamına geliyordu. Böylece, tavandaki pervaneyi sökmeden bu güç dönemi ailece başarıyla atlatmayı başardılar.

Ve burada da entegrasyon sadece onların güç bir durumu yıkılmadan atlatmalarına değil, başka başarıları yakalamalarına da vesile olmuştu. Akılgözünü kullanmak, Jason'ın ve ailesinin yaşadıkları tek bir gece sorununu atlatmalarına yardım eden basit bir yara bandı değildi. Yetişkinliğe giden yolda ona faydalı olabilecek temel bir değişiklik de yaratmıştı. Diğer bir deyişle, farkındalık çarkını kullanmayı ve dikkatini odakladığı yerleri değiştirmeyi öğrenmek, doğal olarak Jason'ın hayata bakış açısını da değiştirmiş ve hatta ona bunun da ötesinde bir fayda sağlamıştı. Henüz çok küçük olmasına rağmen, bu ilkeyi anlaması ve çemberin üzerindeki diğer noktalara yoğunlaşmayı denemesi sonucunda, Jason'ın beynindeki nöronlar yeni şekillerde ateşlenmeye ve yeni bağlantılar kurmaya başlamıştı. Bu yeni ateşlenmeler ve bağlantılar onun beyninin yapısını da değiştirmiş ve onu sadece bu korkusuna ve belirli bir saplantısına değil, okuldaki tatil konserinde sahnede şarkı söyleme veya arkadaşlarından birinin evine gece kalmak üzere gitme korkusu gibi, gelecekte yaşayabileceği korku ve saplantılara karşı da daha savunmalı bir hale getirmişti. Yani akılgözü ve onunla birlikte gelen farkındalık, Jason'ın beynini de değiştirmişti. Doğası gereği, kişiliğinin getirdiği bazı endişelerle boğuşmaya devam edecektir ama hayatının geri kalanında, henüz küçük bir çocukken Bütün-Beyinli olmanın meyvelerini toplayacak ve başka korku ve saplantılarla baş etmek için elinde çok güçlü bir araç bulunduracaktır.

Akılgözünü keşfetmek Jason'ın anne ve babası gibi, entegrasyonun çocuklarının hayatındaki gücünü gören ebeveynler için çok heyecan verici olabilir. Hayatımızı kontrol altına almak için beynimizi kullanabileceğimizi anlamak (ve bunu çocuklarımıza öğretmek) gerçekten de mutluluk veren bir olaydır. Dikkatimizi yönlendirerek etrafımızdaki faktörlerin *etkisi altında kalmaktan* kurtulabilir ve onlara *etki eder* bir duruma geçebiliriz. Çevremizde ve içimizde sürekli değişmekte olan bir dizi duyguyu ve gücü fark edersek, onları onaylayabilir, hatta bizim birer parçamız olduklarını kabul ederek onları bağrımıza basabilir ve bize zorbalıkla hükmetmelerine veya bizi tanımlamalarına izin vermeyiz. Dikkatimizi farkındalık çarkının üzerindeki diğer noktalara odaklar ve bizim kontrolümüz dışında gibi görünen güçlerin kurbanı olmaktan çıkar, nasıl düşündüğümüzü ve hissettiğimize karar verme sürecinin aktif katılımcısı haline gelebiliriz.

Bu, çocuklarınıza bahşedeceğiniz ne muhteşem bir güçtür! Çocuklar farkındalık çarkı fikrini çok küçük yaşlarda, hatta ilkokul yıllarının başlarında edinebilir ve akılgözünün bazı temel ilkelerini anladıktan sonra, bedenlerini ve zihinlerini daha kapsamlı bir şekilde düzene koyma gücüne sahip olabilir ve değişik hayat koşullarını deneyimleme yöntemlerini değiştirebilirler. Alt beyinleri ve örtük anıları onları artık daha az kontrol altında tutacak ve akılgözleri beyinlerinin tamamını kullanarak dopdolu ve sağlıklı hayatlar yaşamalarına yardımcı olacaktır.

Peki, ya çocuklar çemberde takılı kalır ve çarkın göbeğine bir türlü geçemezlerse? Diğer bir deyişle, tek bir ruh haline takılı kaldıkları için kimliklerinin farklı yönlerini bir araya getiremezlerse? Ebeveynler olarak bizler bu "saplanıp kalma" durumlarının sıklıkla oluştuğunu biliriz. Josh'ı ve onun mükemmeliyetçiliğini bir düşünün. Farkındalık çarkını ve kimliğinin farklı yönlerini anladıktan sonra bile, mükemmel olma arzusu bir süre daha onu kontrol altında tutmaya devam edecektir. Akılgözünün sağladığı farkındalık ve farkındalık çarkı çok güçlü olabilir ama bu, çocukların dikkatlerini başka bir noktaya kolaylıkla yönlendirebilecekleri ve hayatlarına o şekilde devam edecekleri anlamına gelmez.

O vakit, kimliklerinin farklı yönlerini zaman içinde daha başarılı bir şekilde entegre etmeleri ve çember üzerindeki kısıtlayıcı noktalardan kurtulmaları için çocuklarımıza nasıl yardımcı olabiliriz? Onların akılgözlerini daha çok geliştirmeleri ve hayatlarını daha güçlü bir şekilde kontrol edebilmeleri için neler yapmalıyız? Şimdi dilerseniz çocuklarınızı akılgözüyle tanıştırmak ve onların günlük hayatlarında kullanabilecekleri beceriler geliştirmelerini sağlamak için uygulayabileceğiniz birkaç yöntemden bahsedelim.

Neler Yapabilirsiniz:
Çocuğunuzu Akılgözünün Gücüyle Tanıştırmak

Bütün-Beyin Stratejisi #8:
Duygu Bulutlarının Geçip Gitmesine İzin Verin:
Çocuklarınıza Duyguların Gelip Geçici Olduğunu Öğretmek

Bu kitaptaki yolculuğumuzda tekrar tekrar söylediğimiz gibi, çocukların duygularını anlamayı öğrenmeleri büyük bir önem taşımaktadır. Ama duyguların oldukları gibi tanınması, yani onların geçici ve değişken olduğunun da kabul edilmesi gerekir. Bunlar ruh halleridir, karakter özellikleri değil. Hava koşulları gibidirler. Yağmur gerçektir, o nedenle sağanak halinde yağan yağmurun altında durup da yağmurun yağmadığını farz etmek aptalca bir iş olur. Ama güneşin yeniden tekrar görünmeyeceğini düşünmek de aynı derecede aptalcadır.

Duygu bulutlarının gelip geçebileceğini (ve gerçekten de geçeceğini) anlamaları için çocuklarımıza yardımcı olmalıyız. Onların sonsuza kadar üzüntülü veya öfkeli veya yalnız olmayacaklarını bilmeleri gerekir. Bu, başlangıçta anlamakta zorlandıkları bir kavram olabilir. Canları yandığında veya korktuklarında, *her zaman* acı çekmeyeceklerini anlamaları güç olabilir. Ona bakacak olursak, uzun vadeli düşünmek bazen bir yetişkin için bile pek kolay olmayabiliyor, kaldı ki küçük bir çocuk için!

Demek ki onların duyguların gelip geçici olduğunu anlamalarına yardımcı olmalıyız. Bir duygunun gelip geçmesi ortalama olarak sadece doksan saniye alır. Çocuklarımıza pek çok duygunun ne kadar süratle ortadan kaybolduğunu anlatabilirsek, onların aynen kitabımızın önceki sayfalarında gördüğümüz "Ben aptal değilim, sadece şu anda kendimi aptal gibi

GÖRMEZDEN GELMEK VE İNKAR ETMEK YERİNE...

ONA DUYGULARIN GELİP GEÇİCİ OLDUĞUNU ÖĞRETİN

hissediyorum" diyen çocuk gibi akılgözlerini geliştirmelerine yardım etmiş oluruz.

Daha küçük çocuklar doğal olarak sizin yardımınıza ihtiyaç duyabilirler ama onlar da duyguların gelip geçici olduğu fikrini kavramakta kesinlikle zorlanmayacaklardır.

Çocuklar duyguların geçici olduğunu anladıkça, farkındalık çarkının belirli noktalarına daha az saplanacaklar ve hayatlarını o çarkın merkezinden yaşamaya ve kararlarını yine o merkezden alma eğilimi içine daha çok gireceklerdir.

Bütün-Beyin Stratejisi #9:
ELEME (SIFT): İçimizde Neler Olup Bittiğine Dikkat Etmek

Çocukların akılgözlerini geliştirmeleri ve sonra da içlerinde dönüp duran farklı düşünce, arzu ve duyguları etkileyebilmeleri için, onların ilk olarak gerçekte neler yaşadıklarının farkına varmaları gerekir. Bunun anlamı da, ebeveynler olarak bizlerin en önemli görevlerimizden bir tanesinin çocuklarımızın her birinin kişisel farkındalık çarklarının üzerindeki farklı noktaları tanımaları ve anlamalarına yardımcı olmamız gerektiğidir.

Bu fikri çocuklarınıza iletmek için ciddi bir oturmalı toplantı yapmanız gerekmez. Çocuklarınızla günlük etkileşimlerinizde bu kavramı geliştirme yolları arayın. Tina bir sabah yedi yaşındaki oğlunu arabayla okula götürürken, bu yaklaşımın onun ruh halini değiştirmeye yardımcı olacağına karar verdi. Çocuk Dodger Stadyumu gezisinin ertelenmesi nedeniyle üzgündü, Tina da çocuğunu "farkındalık arabasının öncamı" ile tanıştırmak için bunu bir fırsat bildi ve ona şöyle dedi: "Çarkının çemberindeki farklı noktalara bir bak. Bunlar senin şu anda düşündüğün ve hissettiğin şeyler. Ne kadar çoklar, değil mi? Şuradaki lekeli yeri görüyor musun? Orası senin şu anda babana ne kadar öfkeli olduğunu gösteriyor. Şu sarı renkli, böcek bağırsağına benzeyen şeyler mi? Onlar da bu akşamki maça gidememenin verdiği hayal kırıklıkları. Peki ya şuradaki koltuk arkalığına ne dersin? Orası da gelecek hafta seni maça götüreceğini söyleyen babana olan güvenini temsil ediyor. Aynı zamanda da, bugün Ryan ile birlikte öğle yemeği yiyeceğin ve teneffüste onunla kickball oynayacağın için gününün her şeye rağmen güzel geçeceğini bildiğini anlatıyor…" Çocuğunuzla konuşurken ona örnek vermek için elinizin altındaki her şeyden, arabanızın öncamından, gerçek bir bisiklet tekerleğinden, bir piyanodan veya yakınınızdaki herhangi bir şeyden faydalanabilirsiniz. Önemli olan sadece çocuğunuzun kimliğinin pek çok farklı yönü olduğunu anlamasını ve bunları tanımayı ve birbirleriyle entegre edebilmeyi başarabileceğine inanmasını sağlamaktır.

Çocuklarımızı farkındalık çarkının çemberindeki noktalara yönlendirmeye başlamanın en iyi yollarından biri, onları etkileyen tüm algılara, imgelere, duygulara ve düşüncelere dikkat etmeyi (SIFT)* öğrenmelerine yardımcı olmaktır. Çocuklar, dikkatlerini örneğin fiziksel olarak hissettikleri şeylere verirlerse, bedenlerinde olup bitenlerin de daha çok farkına varırlar. Midelerinde uçuşan kelebeklerin endişe belirtisi olduğunu, birine vurma arzusunun öfke ve hüsran belirtisi olduğunu, ağırlaşan omuzların üzüntüyü anlattığını anlarlar. Tedirgin oldukları vakit bedenlerindeki gerilimi teşhis edebilirler ve daha sonra da omuzlarını gevşetmeyi ve sakinleşmek için derin nefes almayı öğrenebilirler. Öfke, açlık, yorgunluk, heyecan ve hırçınlık gibi farklı algıları tanımlamak çocuklara önemli bir kavrama gücü verir ve onların duygularını önemli ölçüde etkiler.

---

*"Elemek" anlamına gelen SIFT, İngilizce *sensations, images, feelings* ve *thoughts* sözcüklerinin baş harflerinin bir araya getirilmesiyle oluşan bir akronimdir. (Çev.N.)

GÖRMEZDEN GELMEK VE İNKAR ETMEK YERİNE...

İMGELERİ KONTROL ALTINDA TUTMAK İÇİN AKILGÖZÜNÜZÜ KULLANIN

DUYGULAR

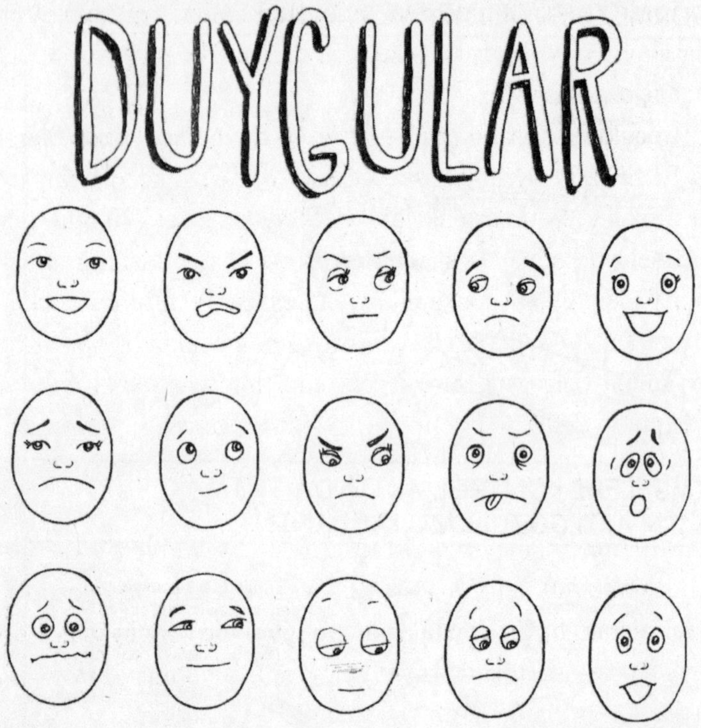

Çocuklarımıza algılarının ötesinde, içinde yaşadıkları dünyaya bakış açılarını ve onunla etkileşimde bulunma yollarını etkileyen *imgeleri* ELEMEYİ de öğretmeliyiz. Bir annenin veya babanın hastane sedycsindeki görüntüsü veya okuldaki utandırıcı bir durum gibi bazı imgeler geçmişten kalmadır. Çocuklar diğer bazı anıları ya kendileri hayal güçleriyle yaratır veya hatta gördükleri kabuslardan etkilenerek uydururlar. Örneğin, teneffüste grubunun dışında veya tek başına kalma endişesi yaşayan bir çocuk, kendisini tek başına bir salıncakta sallanırken hayal edebilir. Veya başka bir çocuk onu korkutan bir rüyadaki imgelerin etkisi altında kalarak gece korkularıyla mücadele edebilir. Çocuk, zihnindeki bu aktif imgelerin farkına vardığı vakit, akılgözünü kullanarak onları kontrolü altına alabilir ve böylece onların kendisi üzerindeki etkilerini büyük ölçüde azaltmış olur.

Çocuklara yaşadıkları *hislerle* ve duygularla ilgili olarak da ELEMEYİ öğretmeliyiz. Onlara arada bir kendilerini nasıl hissettiklerini sormak için vakit ayırın; "iyi", "kötü" gibi tam belirgin olmayan sözcükler yerine "hayal kırıklığına uğramış", "endişeli", "kıskanç" ve "heyecanlı" gibi daha kesin sözcükler kullanmalarına yardım edin. Çocukların belirli bir duygunun karmaşıklığını ifade etmekten kaçınmalarının bir nedeni, duygularını içlerindeki çeşitliliği ve zenginliği tanımlama gücü olan sofistike şekillerde düşünmeyi henüz öğrenmemiş olmalarıdır. Bunun sonucu olarak, yanıtlarında duygu spektrumunun tamamını kullanmazlar ve onun yerine duygusal durumlarını daha çok siyah beyaz renklerle ifade ederler. İdeal olarak, bizler çocuklarımızın içlerinde zengin renkli bir duygu gökkuşağının var olduğunu anlamalarını ve bunların yarattığı farklı imkanlara dikkat etmelerini isteriz.

Sağ beyinlerinde olup biteni akılgözüyle göremeyen çocuklar, tekrar tekrar izlenen eski televizyon dizilerinde olduğu gibi, siyah ve beyaz renklerin esiri olurlar. Ama duygusal anlamda eksiksiz bir renk paletine sahip olurlarsa, derin ve coşkulu bir duygusal hayatın izin verdiği bir Teknikolor canlılığını yaşama imkanları olur. Bütün bunları çocuklarınıza onlarla yaşadığınız günlük etkileşimleriniz sırasında da öğretebilirsiniz ve öğretilerinize onlar daha konuşmayı bile öğrenmeden önce başlayabilirsiniz. Örnek: *Sana şeker vermediğim için hayal kırıklığına uğradığını biliyorum.* Ama biraz daha büyüdüklerinde, onları farklı duygularla tanıştırabilirsiniz. Örnek: *Kayak programınızın iptal edilmesine üzüldüm. Bu benim başıma gelseydi, ben de pek çok şey hissedebilirdim:*

öfkelenebilir, hayal kırıklığı yaşayabilir ve kendimi yüzüstü bırakılmış gibi hissederdim. Ve daha kim bilir neler yaşardım?

Düşünceler, ELEME sürecinde daha çok, beynin sol tarafını temsil ettikleri için, genellikle algılardan, duyulardan ve imgelerden farklıdırlar. Onlar bizim herhangi bir şey için aklımızdan geçirdiklerimiz, kendi kendimize söylediklerimiz ve hayatımızın hikayesini sözcükler kullanarak anlatış tarzımızdır. Çocuklar akıllarından geçen düşüncelere dikkat etmeyi öğrenebilirler ve bunların hepsine inanmamaları gerektiğini de anlarlar. Öyle ki, yararlı veya sağlıklı ve hatta gerçek olmayan fikirlerle içlerinden mücadele bile ederler. Bu kendi kendisiyle konuşma yöntemiyle dikkatlerini çarkın çemberindeki kısıtlayıcı noktalardan uzaklaştırırlar ve onları mutluluğu ve büyümeye götüren noktalara doğru yönelirler. Akılgözlerini kullanmak onların çarkın merkezine gelmelerini ve düşüncelerine dikkat etmelerini sağlar. Sonra da, bir farkındalık içine girerek, yine kendi kendine konuşma yöntemiyle çemberin üzerindeki diğer noktaları, yani kimliklerinin aynı derecede önemli diğer yönleri olan farklı düşünceleri ve duyguları kendilerine hatırlatırlar. Örneğin, on bir yaşındaki küçük bir kız aynaya bakıp "Kampta bu kadar güneş altında kalmak ne büyük bir aptallık! Hem de ne büyük bir aptallık!" diyebilir. Ama eğer anne ve babası ona olumsuz düşünceleriyle mücadele etmeyi öğretmişlerse, biraz durur ve şöyle der: "Hadi canım, bu bir aptallık değil. Zaman zaman dalgınlığa düşmek normal bir olay. Bugün çocuklardan pek çoğu güneş altında biraz fazlaca kaldı."

Çocuklarımıza zihinlerindeki faaliyetleri ELEMEYİ öğretmekle, farkındalık çarkının çemberi üzerindeki farklı noktaları tanımalarının yanı sıra, hayatlarını daha iyi anlamalarını ve daha iyi kontrol edebilmelerini de sağlamış oluruz. Beynin farklı uyarıcıları nasıl karşıladığı konusuna gelince, eğer dikkat ederseniz bütün bu sürecin ne kadar entegre bir şekilde işlediğini görebilirsiniz. Sinir sistemimiz tüm bedenimize yayılmıştır ve beş duyumuzdan gelen farklı algıları okuyan devasa antenler gibi iş görürler. Biz beynimizin sağ yarımküresinden gelen imgeleri alır ve bunları sağ beynimizden ve limbik sistemden gelen duygularla birleştiririz. Daha sonra da bunlarla sol beynimizden kaynaklanan bilinçli düşüncelerle ve üst beynimizden gelen analitik beceriler arasında linkler kurarız. ELEME yöntemi, bedensel algılarımızın duygularımıza ve duygularımızın da sadece düşüncelerimize değil, zihnimizdeki imgelere de şekil verdiğini anlamamızı sağlar. Bu süreç tersine de işler: Eğer saldırgan düşünceler içindeysek, içimizden bir öfke duygusu yükselir ve bedenimizdeki kasların kasılmasına neden olur. Farkındalık çarkının çemberi üzerindeki algıları, imgeleri, hisleri ve düşünceleri temsil eden tüm noktalar diğerlerini etkiler ve bunların hepsi bir araya gelerek ruh halimizi oluşturur.

Bundan böyle çocuklarınızla birlikte arabaya bindiğinizde birkaç dakikanızı ayırıp onlarla ELEME oyununu oynayın. Onlara ELEME işlemine yardımcı olabilecek sorular sorun. Örneğin şöyle başlayabilirsiniz:

SİZ: Bedenimdeki algıların bana neler dediğiyle ilgili
    bir şey söylemek istiyorum. Karnım aç. Ya sen?
    Senin bedenin neler diyor?
ÇOCUĞUNUZ: Emniyet kemeri ensemi kaşındırıyor.
SİZ: Oh, işte bu çok güzel. Onu hemen şimdi ayarlarım.
    Peki, herhangi bir imge görebiliyor musun?
    Zihninden ne gibi resimler geçiyor?
    Benim şu anda gözümün önüne okul piyesindeki o
    müthiş sahne geliyor ve seni o komik şapkayla görüyorum.
ÇOCUĞUNUZ: Bense o yeni filmin fragmanını
    düşünüyorum. Hani şu uzaylılarla ilgili olan…

SİZ: Evet, o filmi mutlaka izlemeliyiz. Şimdi de duygulara geçelim. Büyükannenle büyükbaban yarın geleceği için çok heyecanlıyım.

ÇOCUĞUNUZ: Ben de!

SİZ: Tamam, hadi şimdi sıra düşüncelerde. Birden aklıma evde süt olmadığı geldi. Bir yerde durup eve gitmeden süt almalıyız. Peki sen ne düşünüyorsun şu anda?

ÇOCUĞUNUZ: Düşünüyorum da Clair benden daha büyük olduğuna göre, evdeki angarya işlerin çoğunu o yapmalı.

SİZ: (gülümseyerek) Aklına bazı fikirler getirme konusunda bu kadar iyi olmana çok sevindim. Senin bu fikrin üzerinde de biraz kafa yormamız gerekecek sanırım.

Biraz çocukça olsa da, bu ELEME oyunu çocuklarınızın kendi iç manzaralarını görmeyi denemeleri açısından uygulayabileceğiniz iyi bir yöntemdir. Unutmayın ki, zihinden bahsetmekle bile onun gelişmesine yardımcı olursunuz.

Bütün-Beyin Stratejisi #10:
Çocuğunuzun Akılgözünü Çalıştırın: Ana İstasyona Geri Dönmek

Sizinle yukarıda akılgözünün gücü ve dikkat odaklamanın önemi hakkında konuştuk. Çocuklar farkındalık çarklarının üzerindeki sadece belirli noktalara saplanıp kalırlarsa, daha entegre olabilmeleri için onların dikkatlerini başka yöne çekmek gerekir. O zaman onlar da içlerindeki algıların, imgelerin, hislerin ve düşüncelerin kurbanı olmaları gerekmediğini görebilirler ve yaşadıkları hakkında nasıl düşüneceklerine ve hissedeceklerine kendileri karar verebilirler.

Tabii ki bu, çocuklara doğal yollardan gelmez. Onların dikkatlerini çarkın göbeğine odaklamayı öğrenmeleri gerekir. Sakinleşmeleri ve farklı duygu ve arzularını entegre etmeleri için onlara birtakım araçlar vermeli ve stratejiler öğretmeliyiz. Çocuklarımızın farkındalık çarklarının göbeğine geri dönebilmelerine yardımcı olursak, çemberin üzerinde sıralanmış halde duran duygularını ve ruh hallerini etkileyen pek çok noktanın da farkına varmalarına, dikkatlerini yoğunlaştırmalarına ve odaklamalarına yardımcı olmuş oluruz.

İşte size Andrea adlı bir annenin dokuz yaşındaki kızı Nicole'e, bir müzik resitali nedeniyle duyduğu endişeyle ilgili olarak farkındalık çarkının göbeğine geri gelmesini nasıl sağladığını gösteren bir örnek. Resital sabahı, Andrea arkadaşları ve ebeveynlerinin önünde keman çalma konusunda Nicole'ün anlaşılabilir bir tedirginlik yaşadığını fark etti. Kızının bu duygularının normal olduğunu biliyordu, ama onun farkındalık çarkının çemberi üzerindeki noktalara daha az saplanmasına yardımcı olmak da istiyordu. Dolayısıyla, kızına bir akılgözü egzersizi öğretti. Nicole'ü boylu boyunca kanepenin üzerine yatırdı ve bir sandalye çekerek onun yanına oturdu. Sonra kızına, içinde olup biteni daha iyi anlaması için yardımcı olmaya başladı. Bakın ona neler dedi:

Tamam, Nicole, hareketsiz yatarken gözlerini odanın çevresinde dolaştır. Başını kımıldatmadan dahi masanın üzerindeki lambayı görebiliyorsun, değil mi? Şimdi de bebeklik fotoğraflarına bir bak. Onları görüyor musun? Şimdi de kitaplığa bak. Oradaki büyük Harry Potter kitabını gördün mü? Şimdi tekrar lambaya bak.

Dikkatini odanın her tarafında odaklama gücünün olduğunu görüyorsun, değil mi? Sana öğretmek istediğim de bu zaten, ama asıl istediğim senin zihninde ve bedeninde olup bitenlere de odaklanabilmen. Gözlerini kapa ve düşüncelerine, duygularına ve duyularına odaklan. Neler işittiğinle işe başlayalım. Birkaç saniye için sessiz kalacağım, sen de dikkatini çevremizdeki seslere odakla.

Ne duyuyorsun? Arabaların geçtiğini mi? Sokağın bir ucunda havlayan köpeği mi? Erkek kardeşinin banyoda açtığı suyun sesini duyuyor musun? Bu sesleri hareketsiz durduğun ve onları duymaya odaklandığın için duyuyorsun. Yani isteyerek dinlediğin için.

Şimdi de nefes alıp verişine dikkat etmeni istiyorum. İlk olarak havanın burnuna girip çıkmasına odaklan. Şimdi de göğsünün inip kalkmasına, her nefes alıp verdiğinde midenin nasıl hareket ettiğine dikkat et.

Şimdi yine birkaç saniye için sessiz kalacağım. Bu süre boyunca sen de nefesine odaklanmış halde kal. Zihnine başka düşünceler gelecektir ve muhtemelen resital hakkında da düşüneceksin. Bunun bir mahsuru yok. Zihninin dağıldığını, başka şeyler düşünmeye ve endişelenmeye başladığını hissettiğin vakit, tekrar nefesine odaklanmaya çalış. Nefesini içine çektiğinde ve dışarıya verdiğinde oluşan dalgayı takip et.

Andrea birkaç dakika sonra Nicole'e gözlerini açmasını ve oturmasını söyledi. Andrea ona bunun insanın zihnini ve bedenini sakinleştirmek için uygulanan çok güçlü bir yöntem olduğunu anlattı. İhtiyacı olduğunda, örneğin resitalden hemen önce, kullanmak üzere hatırında tutmasını söyledi. Kemanını çalmaya başlamadan önce kalbinin gümbür gümbür atmaya başladığını hissederse, gözleri açık olsa da nefesini içine çekip bıraktığını düşünebileceğini hatırlattı.

Bu örnekle, sakinleştirici bir akılgözü egzersizinin bir çocuğun boğuştuğu korkularla ve başka zorlu duygularla baş edebilmesini sağlayan basit ama nasıl güçlü bir yöntem olduğunu gösterdiğini siz de görmüş olmalısınız. Akılgözü egzersizleri ayrıca entegrasyon yolunu da açar çünkü bildiğiniz gibi, nöronlar dikkatimizi odakladığımız yerde ateşlenir, aktive olur ve diğer nöronlarla bağlantılanırlar. Yukarıdaki durumda da, Andrea nefesine odaklanmasını söylemekle Nicole'ün sadece endişe duygularına hitap etmekle kalmıyor, kızının farkındalık çarkının merkezine geri dönmesini ve kimliğinin diğer yönlerinin yanı sıra daha sonra isteyerek değiştirebileceği fiziksel algıları da fark etmesini sağlıyordu. Yani bilinçli bir farkındalık içinde dikkatini odakladığı nefesiyle ilişkili olan nöronları, sükunet ve kişinin kendisini iyi hissetmesiyle ilgili olan nöronlarla bağlantı kuruyordu. Böylece çarkın merkezine geri dönüş yapabiliyor ve tamamen yeni bir ruh hali içine girebiliyordu.

Bu örnek, yaşı büyükçe olan okul çağındaki bir çocukla ilgilidir, ancak daha küçük çocuklar da akılgözü egzersizlerinden faydalanabilirler. Dört veya beş yaşında olanlar bile nefeslerine odaklanmayı öğrenebilirler. Bunu yapmanın iyi bir yöntemi onların bir yere uzanmalarını sağlamak ve midelerinin üzerine, örneğin gemi gibi bir oyuncak koymaktır. Onlara gemiye odaklanmalarını ve nefes alıp verdikçe nasıl yükseldiğini ve alçaldığını izlemelerini söyleyebilirsiniz.

Biz akılgözü egzersizlerinin ille de bir insanın yere yatıp meditasyon konumuna girmesini gerektirdiğini söylemiyoruz. Endişe ve korku hisleri içinde olan, hatta uyumakta zorlanan çocuklarınıza verebileceğiniz araçların en iyilerinden bir tanesi, onlara kendilerini sakin ve huzurlu hissettikleri bir yeri hayal etmelerini öğretmektir. Örneğin bir havuzda şişme yatak üzerinde yüzdüklerini, bir kamp gezisinden hatırladıkları bir nehrin kıyısında oturduklarını veya büyükbabalarının evinde bir hamak içinde sallandıklarını hayal edebilirler.

Strateji #10

GÖRMEZDEN GELMEK VE İNKAR ETMEK YERİNE...

AKILGÖZÜNÜ KULLANIN

Akılgözü egzersizleri küçük çocukların endişeleriyle, hayal kırıklıklarıyla ve daha büyük yaşlarda olanların da yoğun öfkeleriyle baş etmelerini ve *ayakta kalmalarını* sağlar. Ama bu stratejiler onların hayatta *başarılı olmalarına* da vesile olur. Nicole'ü, (tamamen sakinleştiği ve harika bir performans sergilediği) resitalinden önce akılgözü egzersiziyle tanıştırmasından sonra, Andrea bu uygulamaya daha sonra zaman zaman tekrar başvurdu ve Nicole'ü yukarıdakilere benzeyen sahneleri hayal etmeye yönlendirdi. Nicole büyüdükçe ve bu uygulamayı tekrar etmeyi sürdürdükçe, farkındalık çarkının merkezini daha iyi kavramaya başladı ve böylece oraya daha sıklıkla ve daha kolaylıkla erişebilmeyi başardı. Böylece kimliğinin gelişmesini ve büyümesini istediği yönlerine daha isabetli ve kesin bir şekilde odaklanmayı öğrendi.

Çocuklarınıza zaman zaman sakin durmayı öğretme yollarını araştırın ve çarklarının merkezindeki huzur okyanusunun tabanını bulmalarına yardımcı olun. Böylece onlar da içlerinde zaman zaman kopan fırtınaları daha kolaylıkla atlatabilirler ve yetişkinliğe giden yolda duygusal, psikolojik ve sosyal anlamda başarılı olma şanslarını arttırırlar.

Bütün-Beyinli Çocuklar:
Çocuklarınıza Kimliklerinin Farklı
Yönlerini Entegre Etmeyi Öğretin

Size diğer ebeveynlerin çocuklarını akılgözüyle ve odaklanmış dikkatin gücüyle nasıl tanıştırdıklarını gösteren bazı örnekler verdik. Siz de bu kavramı öğretmek için çocuklarınızla birlikte aşağıdaki parçayı okuyabilirsiniz.

NE DÜŞÜNECEĞİNİ BELİRLEMEK

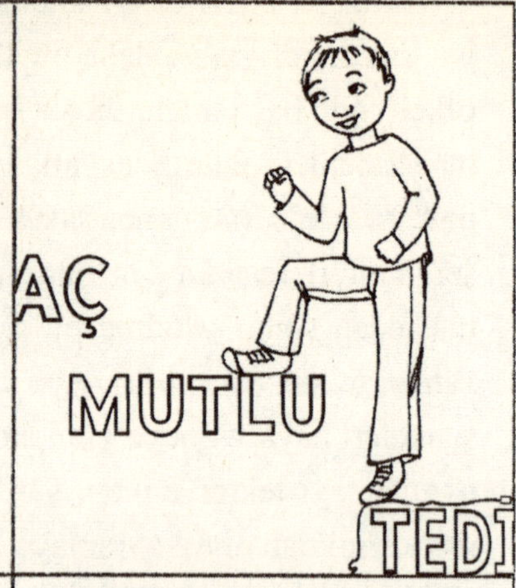

KENDİNİZİ BİR DUYGUYA VEYA BİR DÜŞÜNCEYE "SAPLANMIŞ" GİBİ HİSSETTİĞİNİZ HİÇ OLUYOR MU? BU, SİZİ MUTLU EDEN VEYA HEYECANLANDIRAN DİĞER TÜM DUYGU VE DÜŞÜNCELERİNİZİ SİZE UNUTTURAN VE SİZE MUTSUZLUK VEREN GÜÇLÜ BİR DUYGU VEYA DÜŞÜNCE OLABİLİR.

İYİ HABER ŞU: SİZİ ÜZEN DUYGULARA SAPLANIP KALMANIZ GEREKMİYOR. DİĞER YÖNLERİNİZE ODAKLANMAYI VE SAPLANTI DUYGUSUNDAN KURTULMAYI ÖĞRENEBİLİRSİNİZ.

ÖRNEĞİN;

NASSİM HECELEME YARIŞMASINI DÜŞÜNMEDEN EDEMİYORDU. MİDE AĞRISI BİLE ÇEKİYORDU. YEMEKLERE KARŞI İŞTAHI YOKTU, TENEFFÜSLERDE OYNAMAK İSTEMİYORDU. TEK DÜŞÜNDÜĞÜ HECELEME YARIŞMASIYDI. AŞIRI STRES ALTINDAYDI.

SONRA, ÖĞRETMENİ BAYAN ANDERSON ONA FARKINDALIK ÇARKINDAN BAHSETTİ VE BEYNİMİZİN BİR BİSİKLET TEKERLEĞİNE BENZEDİĞİNİ SÖYLEDİ. TEKERLEĞİN ORTASINDAKİ GÖBEK DENEN YERİN, ZİHNİMİZİN GEVŞEYEBİLECEĞİ VE DİLEDİĞİ ŞEYİ DÜŞÜNEBİLECEĞİ, BİZİM İÇİN GÜVENLİ OLAN BİR YER OLDUĞUNU ÖĞRETTİ.

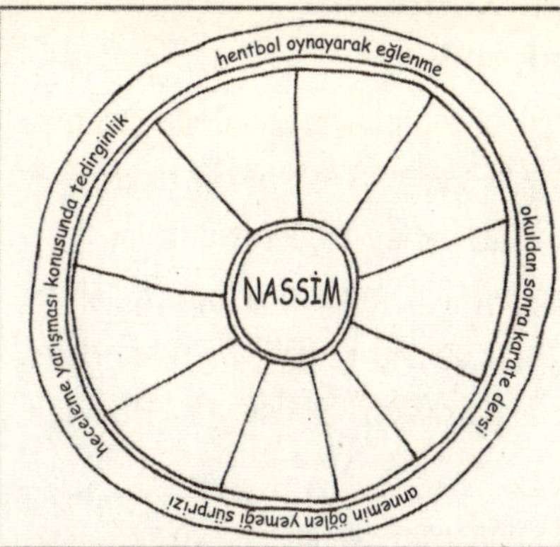

ÇARKIN ÇEMBERİNDE NASSİM'İN DUYGULARI VE DÜŞÜNCELERİ YER ALMAKTA: TENEFFÜSTE HENTBOL OYNAMAKTAN HOŞLANDIĞINI, ANNESİNİN ÖĞLE YEMEĞİ OLARAK ONA SÜRPRİZLİ BİR ŞEY HAZIRLAMIŞ OLACAĞINI DÜŞÜNDÜĞÜNÜ VE TABİİ Kİ HECELEME YARIŞMASI KONUSUNDA TEDİRGİN OLDUĞUNU ANLIYORUZ. ÖĞRETMENİ ONA ÇARKIN SADECE ONU TEDİRGİN EDEN NOKTALARINA ODAKLANDIĞINI VE DİĞER NOKTALARI GÖRMEZDEN GELDİĞİNİ ANLATTI.

BAYAN ANDERSON NASSİM'E GÖZLERİNİ KAPAMASINI VE ÜÇ KEZ DERİN NEFES ALMASINI SÖYLEDİ. ONA "SEN SÜREKLİ OLARAK HECELEME YARIŞMASIYLA İLGİLİ ENDİŞELERİNE ODAKLANIYORSUN. BEN ŞİMDİ ÇARKIN SANA MUTLULUK VEREN BÖLÜMLERİNE, ÖRNEĞİN HENTBOL OYNAMAKTAN DUYDUĞUN MUTLULUĞA VE GÜZEL BİR ÖĞLE YEMEĞİ YEME BEKLENTİNE ODAKLANMANI İSTİYORUM." NASSİM GÜLDÜ. KARNI GURULDAMAYA BAŞLAMIŞTI BİLE.

NASSİM GÖZLERİNİ AÇTIĞINDA KENDİSİNİ DAHA İYİ HİSSEDİYORDU. FARKINDALIK ÇARKINI DİĞER DUYGULARI VE DÜŞÜNCELERİ İÇİN KULLANMIŞ VE RUH HALİNİ DEĞİŞTİRMİŞTİ. HÂLÂ BİRAZ TEDİRGİNDİ AMA BU TEDİRGİNLİĞİN İÇİNDE SAPLANIP KALMAMIŞTI.

SADECE ONA TEDİRGİNLİK VEREN DUYGULARI DÜŞÜNMESİ GEREKMEDİĞİNİ VE AKLINI ONA EĞLENCELİ VAKİT GEÇİRTECEK VE BU KADAR ENDİŞE DUYMAMASINI SAĞLAYACAK ŞEYLERİ DÜŞÜNMEK İÇİN KULLANABİLECEĞİNİ ÖĞRENMİŞTİ. NASSİM ÖĞLE YEMEĞİNİ YEDİKTEN SONRA DIŞARIYA KOŞTU VE HENTBOL OYNAMAYA BAŞLADI.

Kendimizi Entegre Etmek: Kendi Farkındalık Çarkımıza Bakmak

Akılgözlerinin ve kendi farkındalık çarklarının ne olduğunu anlamaları ebeveynlere pek çok açıdan fayda sağlar. Şimdi birkaç dakikanızı ayırın ve ne demek istediğimizi kendiniz deneyimleyerek anlayın.

Çarkınızın göbeğinde kalıp, algılarınızı, imgelerinizi, duygularınızı ve düşüncelerinizi dikkatle gözden geçirip ELEYİN. Çarkın çemberi üzerindeki hangi noktalar şu anda dikkatinizi çekiyor? Bunların bazıları şunlar olabilir mi?

- Öyle yorgunum ki. Bir saat daha uyumayı nasıl isterdim...

- Oğlumun Yankee şapkasının yerlerde olması beni sinirlendiriyor. Eve geldiğinde onu hem bir güzel fırçalayacağım hem de ev ödevi hakkında sorguya çekeceğim.

- Cooper ailesi ile akşam yemeği yemek eğlenceli olacak, ama nedense içimden oraya gitmek hiç gelmiyor.

- Kendim için daha iyi şeyler yapmayı isterdim. Ama bugünlerde tek yapabildiğim, kendime ancak kitap okuyacak kadar zaman ayırabilmek.

- Yorgun olduğumu söylemiş miydim?

Tüm bu algı, imge, duygu ve düşünceler farkındalık çarkınızın çemberi üzerindeki noktalardır ve bunlar bir araya gelip sizin ruh halinizi belirlerler.

Şimdi de bilinçli olarak dikkatinizi çarkın üzerindeki başka noktalara odakladığınızda ne olduğuna bir bakalım. Birkaç saniye ağırdan alın, sakinleşin ve kendinize şu soruları sorun:

- Çocuğumun son sıralarda söylediği veya yaptığı hangi şey komik ve sevimliydi?

- Zaman zaman inanılmaz derecede zor olsa da, bir ebeveyn olmayı gerçekten seviyor ve öyle olmanın tadına varıyor muyum?

- Çocuğumun şu anki en favori tişörtü hangisi? Onun ilk ayakkabılarını hatırlıyor muyum?

- On sekiz yaşına geldiğinde ve üniversiteye gitmek üzere bavullarını hazırladığında, çocuğumu gözlerimin önüne getirebiliyor muyum?

Kendinizi biraz farklı hissediyor musunuz? Ruh haliniz değişti mi?

Bunu başaran şey akılgözünüzdür. Kendi farkındalık çarkınızın göbeğindeyken, çemberin üzerindeki noktaları fark ettiniz ve dolayısıyla da yaşadıklarınızın farkındalığı içinde girdiniz. Sonra dikkatinizin odak yerini değiştirdiniz ve diğer noktalara odaklandınız. *Bunun sonucunda da ruh haliniz tamamen değişti. İşte aklınızın gücü budur ve bu güç sizin çocuklarınızla etkileşim tarzınızı ve onlarla ilgili hislerinizi kelimenin tam anlamıyla ve temelden dönüştürebilmektedir.* Akılgözünüz olmadan, tekerleğinizin jantında takılı kalır, kendinizi her şeyden önce hüsrana uğramış, öfkeli veya küskün hissedersiniz. Ebeveyn olmanın verdiği keyif bir anda yok olur. Ama tekerleğinizin göbeğine döner ve dikkatinizin odağını değiştirirseniz, yani dikkatinizi yeni noktalara yönlendirmeye *karar verirseniz*, çocuk yetiştirmenin verdiği mutluluğu ve minnettarlık hissini yaşamaya başlarsınız.

Akılgözü pek çok açıdan müthiş bir pratiklik de sağlar. Örneğin, şu anda çocuklarınızdan birine en son ne vakit öfkelendiğinizi bir düşünün. Öyle bir öfkelenmiştiniz ki, neredeyse kontrolü kaybediyordunuz. Onun ne yaptığını ve sizin de nasıl bir kızgınlık duygusu içine girdiğinizi hatırlayın. Böyle zamanlarda, hissettiğiniz öfke farkındalık çarkınızın çemberi üzerinde bir kor gibi yanmaya başlar. Öyle şiddetli bir şekilde yanar ki, çocuklarınızla ilgili hislerinizi ve bilgilerinizi temsil eden diğer noktalar onun ışığından görünmez olur. Aslında siz dört yaşındaki çocuğunuzun dört yaşındaki normal her çocuk gibi davrandığını biliyordunuz; daha birkaç dakika önce kart oyunu oynarken onunla birlikte isterik bir şekilde kahkahalar atmıştınız; öfkelendiğiniz vakit çocuklarınızın kollarını yakalayıp sıkmayacağınıza dair söz vermiştiniz ve öfkenizi örnek bir şekilde ifade etme arzusuna sahiptiniz.

İşte çarkımızın göbeğine geçerek entegre olmadığımız vakit çemberdeki noktaların bizi nerelere sürükleyebileceğini gördünüz. Alt beynimiz, üst beynimizin entegrasyon işlevine hakim oluyor ve çemberin üzerindeki diğer noktalar sizin her şeyi yalayıp yutan kızgın öfkenizin ateşi karşısında eriyip gidiyor. "Kafanızın tasının atması" sözcüklerini hatırlıyor musunuz?

Böyle bir durumda ne yapmalısınız? Evet, doğru tahmin ettiniz: Entegre olmalısınız. Akılgözünüzü kullanmalısınız. Nefesinize odaklanarak en azından aklınızın merkezine doğru bir yolculuk yapmaya başlayabilirsiniz. Eğer çarkın çemberi üzerindeki tek veya belki de birkaç noktanın esiri olmaktan kurtulmak istiyorsanız, bu atmanız gereken bir adımdır. Merkeze geldiğinizde, daha geniş bir bakış açısına sahip olabilir ve farkında olmanız gereken başka noktalar olduğunu anlayabilirsiniz. Gidip biraz su içebilir, bir mola verip biraz uzanabilir veya kendinize biraz toparlanmak için fırsat tanıyabilirsiniz. Dikkatinizi merkezde topladıktan hemen sonra, çocuğunuza göstereceğiniz tepkiyi seçmek ve eğer gerekiyorsa onunla olan ilişkinizi onarmak için kendinizi özgür hissettiğinizi göreceksiniz.

Bu, çocuğunuzun kötü davranışlarına göz yummanız anlamına gelmez. Hem de hiç gelmez. Aslında, çarkın çemberindeki noktalarla entegre etmeniz gereken noktalardan biri de, onun davranışlarına açık ve tutarlı sınırlamalar koymaktır. Çocuğunuzun farklı bir şekilde davranmasını istemekten başlayarak, ona gösterdiğiniz tepkiyle ilgili olarak endişe duymaya kadar benimseyeceğiniz pek çok perspektif vardır. Bu farklı noktaları aynı linkte toplayabilirseniz, yani farkındalık çarkının merkezini kullanarak o anda zihninizi entegre edebilirseniz, uyumlu ve duyarlı ebeveynlik için kendinizi hazır hissetmeye başlayacaksınız. Sonra, beyninizin her iki yarımküresi birlikte bir bütün halinde çalışmaya başlayacak ve kendi içinizle bağ kurabildiğiniz için çocuğunuzla da bağ kurabileceksiniz. Farkındalık çarkının çemberi üzerinde kızgın bir şekilde yanmakta olan bir noktanın tetiklediği fevri bir davranışta bulunmak yerine, akılgözünüz sayesinde ve kim olduğunuzun bilinci içinde, dilediğiniz gibi tepki göstermek için çok daha büyük bir şansınız olacaktır.

BÖLÜM 6

Ben-Biz Bağlantısı
Kendinin Öteki ile Entegrasyonu

Ron ve Sandy artık bıkmış usanmışlardı. Yedi yaşındaki çocukları Colin aslında iyi bir çocuktu. Okulda sorun yaratmıyordu, arkadaşları ve onların ebeveynleri tarafından seviliyordu ve genellikle de yapması gerekeni yapıyordu. Ama kendi anne ve babasının deyimiyle "inanılmaz ve iflah olmaz bir şekilde bencil" bir çocuktu. Son pizza dilimini kapan her zaman o oluyordu, hem de tabağında daha pizza varken. Bir köpek yavrusu almak için yalvarmıştı ama sonra hayvanla hiç ilgilenmemiş, dışkı toplama küreğini eline almak bir yana, onunla oyun bile oynamamıştı. Artık oynamadığı oyuncaklarını küçük erkek kardeşine vermeyi bile reddeden bir çocuktu o...

Ron ve Sandy çocuklarda bir miktar benmerkezcilik olmasının normal olduğunu biliyorlardı. Colin'in kişiliğini değiştirmeyi değil, onu olduğu gibi kabul edip sevmeyi istiyorlardı. Ama zaman zaman çocuğun başkalarını düşünme konusundaki bu yetersizliği onları çileden çıkarıyordu. Empati, şefkat ve düşünceli olma gibi insan ilişkilerine yön veren duygular konu olduğunda, Colin'in o taraklarda bezi olmadığı gün gibi aşikardı.

Kırılma noktası bir gün Colin'in beş yaşındaki erkek kardeşi Logan'la paylaştığı yatak odasına kapanmasıyla yaşandı. Ron çocukların odasından bir haykırma sesi duyduğunda mutfaktaydı. Ne olduğunu anlamak için gittiğinde Logan'ı çılgına dönmüş bir halde, bir yığın resim ve ödülün önünde ağabeyine öfkelenmiş, ağlarken buldu. Colin odayı "yeniden dekore" etmeye karar vermişti. Logan'ın duvarlarda asılı duran suluboya resimlerinin ve keçe kalemle yaptığı çizimlerin hepsini yere indirmiş ve onların yerine odanın en geniş duvarının üzerine kendi posterlerini ve futbol kartlarını sıra sıra yapıştırmıştı. Ayrıca, Logan'ın tüm eşyalarını odanın bir köşesine yığmış ve bunun nedenini "ayak altından kalkmaları gerekiyordu" diye izah etmişti.

Sandy eve gelince, o ve Ron büyük oğulları konusunda duydukları hayal kırıklığını tartıştılar. Colin'in davranışlarında herhangi bir kötü niyet olmadığına samimi bir şekilde inanıyorlardı. Nitekim sorun da hemen hemen buydu zaten: Logan'ın hislerini onu incitmeyi düşünecek kadar dahi *dikkate* almıyordu Colin. Odayı da, son pizza dilimini aldığı aynı nedenden dolayı yeniden dekore etmişti: Başkalarının ne düşündüğü umurunda bile değildi.

Bu konu pek çok ebeveynin ortak sorunudur. Bizler anlamlı ilişkiler yaşamaları için çocuklarımızın şefkatli ve düşünceli olmalarını bekleriz. Bazen bizim istediğimiz ölçüde nazik (veya şefkatli veya kadirşinas veya cömert) olmadıkları için, asla öyle olmayacaklarını düşünür ve korkarız. Tabii ki, yedi yaşındaki bir çocuğun olgun bir yetişkin gibi davranmasını bekleyemeyiz. Çocuklarımızın güçlü, bağışlayıcı, saygılı ve sevecen kadınlar ve erkekler olmalarını isteriz ama ayakkabısını bağlamayı bile yeni öğrenmiş olan birinden bütün bunları beklemek biraz fazla olur.

Bu sürece güvenmek ve çocuklarımız için istediklerimizin çoğunun zaman içinde gerçekleşebileceğini bilmek önemlidir ama bizim yine de onları anlamlı ilişkilere girişebilen ve diğer insanların duygularına saygılı çocuklar, gençler ve nihayet yetişkinler olmak üzere yönlendirmemiz ve hazırlamamız *mümkündür.* Bazı insanların sistemlerinde empati ve ilişki kurmaktan sorumlu nöral bağlantıları daha azdır. Okuma zorluğu çeken çocuklar nasıl ki sürekli pratik yapmak ve beyinlerindeki okumayla ilgili bağlantıları geliştirmek zorundaysalar, başkalarıyla bağ kurmakta zorlanan çocuklar da bununla ilgili bağlantılarını teşvik etmeli ve geliştirmelidir. Başka birinin duyduğu acıyı hissedememe, öğrenme güçlüğü çekmek gibi zihinsel bir sorundur. Sinirlerle ilgili bir durumdur ve ille de bir karakter sorunu olması gerekmez. Bağ kurmakta ve merhamet duymakta zorlanan çocuklar bile sonuçta bir ilişki kurmanın ne demek olduğunu ve onunla birlikte gelen sorumlulukları yüklenmeyi *öğrenebilirler.*

Biz de kitabımızın bu bölümünü bu konuya ayırdık. Daha önceki bölümlerde verdiğimiz bilgilerin çoğu entegre bir beyine sahip olması, güçlü ve dirençli bir "ben" duygusu geliştirmesi için çocuğunuza nasıl yardımcı olabileceğinize odaklanmıştı. Ama Ron ve Sandy gibi, siz de çocukların başkalarıyla bütünleşmek için "biz"in bir parçası olmanın ne anlama geldiğini anlamaları konusunda en az o kadar yardıma ihtiyaçları olduğunu biliyorsunuz. Nitekim sürekli değişimden geçen modern çağımızda çocuklarımızın "ben" kavramından uzaklaşıp "biz" kavramına geçmeyi öğrenmeleri, onların gelecekteki dünyaya uyum sağlamaları için hayati bir önem taşıyabilecektir.

Çocuklarının kendi kişisel "ben"leriyle olan temaslarını yitirmeden "biz"in katılımcı bir ortağı olmalarına yardımcı olmak, hiçbir ebeveyn için kolay bir iş değildir. Ama özgün kimliğinden vazgeçmeden başkalarıyla bağ kurabilmek insanlara mutluluk ve tatmin duygusu veren bir olaydır. Akılgözünün özünde de zaten bu vardır. Hatırlayabileceğiniz gibi, akılgözünün kendi zihninizin yanı sıra bir başkasının zihnini de görebilmek olduğunu daha önce de söylemiştik. Akılgözüyle görmenin anlamı, sağlıklı bir kimlikten vazgeçmeden tatmin edici ilişkiler geliştirebilmektir.

Bir önceki bölümde akılgözünün ilk özelliği, yani kişinin kendi zihnini ve bir başkasının zihnini anlayabilmesi üzerinde durmuş, ayrıca çocuklarımızın farkındalık çarkı vasıtasıyla benliklerinin farklı yönlerinin farkına varmalarını ve bunları entegre etmeleri hakkında konuşmuştuk. Akılgözünün bu özelliğinin temel taşı, kişisel *içgörüdür.*

Şimdi ise dikkatimizi akılgözünün ikinci özelliğine, yani başkalarının akıllarını görme ve onlarla bağ kurma yeteneğini geliştirmeye odaklayacağız. Bu bağ *empati* kurmayla ilintilidir, yani bir başka kişinin duygularını, arzularını ve bakış açılarını tanımaya dayanır. Yukarıdaki durumda, Ron ile Sandy'nin oğlunun empati becerisini geliştirmesinin gerektiği anlaşılmaktadır. Bu çocuğun, beyninin bütününü ve kimliğinin farklı yönlerini geliştirmenin ve entegre etmenin yanı sıra, olaylara başkalarının bakış açısından bakmayı, yani başkalarının zihnini görmeyi öğrenebilmek için de pek çok pratik yapması ve kısacası, akılgözünün ikinci özelliğini geliştirmesi gerekir.

İçgörü + Empati = Akılgözü

İçgörü ve empati. Bu vasıfları çocuklarımızda geliştirebilirsek, kendilerinin farkında olmalarını ve başkalarıyla bağ kurmalarını sağlarız ve onlara akılgözünü armağan etmiş oluruz. İyi de, bunu nasıl yapmalıyız? Kendi kişisel kimlik duygularından vazgeçmeden aile fertleriyle, arkadaşlarıyla ve içinde yaşadıkları dünyayla bağ kurmaya çocuklarımızı nasıl teşvik etmeliyiz? Onlara paylaşmayı nasıl öğretebiliriz? Ya kardeşleriyle iyi geçinmeyi? Oyun alanları konusunda uzlaşmayı? İyi iletişimlerde bulunmayı ve başkalarının duygularına önem vermeyi? Bütün bu soruların yanıtı "ben-biz" bağlantısında yatmaktadır. Bunu da her şeyden önce, ilişkilerin yaratılmasında beynin nasıl bir katkısı olduğuna bakarak anlayabiliriz.

Sosyal Beyin: "Biz"e Bağlı Olan Beyin

Beyin hakkında düşünürken gözlerinizin önüne ne geliyor? Belki de lisedeyken aldığınız biyoloji dersiyle ilgili bir imgeyi, kavanozun içinde yüzen tuhaf görünüşlü bir organı veya bir ders kitabındaki bir resmi hatırlıyorsunuzdur. Her bir beyni tek bir kafatası içine sıkışmış yalnız bir organ olarak düşündüğümüz bu "tek kafataslı" bakış açısının sorunu, bilim insanlarının son birkaç on yıl süresinde anlamayı başardıkları bir gerçeği ihmal etmesidir. O gerçek de şudur: Beyin ilişkiler yaşamak üzere yaratılmış sosyal bir organdır. Sinyaller almak üzere sosyal ortamla fiziksel olarak bağlantılıdır, bu da bir insanın iç dünyasını etkiler. Başka bir deyişle, beyinler *arasında* olup bitenler, her bir beynin *içinde* olup bitenle çok yakından ilintilidir. Bir insanın özü ve içinde yaşadığı toplum temel olarak birbiriyle ilişkilidir, çünkü her bir beyin diğerleriyle etkileşim içindeyken sürekli bir oluşum içindedir. Daha da ötesi, mutluluk ve bilgelik üzerine yapılan araştırmalar, kişinin kendisini iyi hissetmesindeki temel unsurun, dikkatini ve tutkularını kendi öz kimliğinin ilgi alanları yerine, başkalarının yararına olacak şekilde odaklamak olduğunu göstermektedir. Yani "ben" mutluluğu ve hayatın anlamını, "biz" ile birleştiği ve ona ait olduğu vakit keşfetmektedir.

Farklı bir şekilde ifade etmek gerekirse, beynin *bireylerarası entegrasyon* için düzenlendiğini söyleyebiliriz. Her bir beynin farklı bölümleri bir arada işlemek üzere tasarlanmıştır. Her bir beyin de aynı şekilde, etkileşim içine girilen her bir kişinin beyniyle bağ kurmak üzere tasarlanmıştır. Bireylerarası entegrasyon, birbirimizle olan bağlarımızı geliştirirken kendi farklılıklarımıza da saygı göstermemiz ve onları da beslememiz anlamına gelir. Dolayısıyla, çocuklarımızın sol ve sağ beyinlerini, üst ve alt beyinlerini, örtük ve açık belleklerini entegre etmelerini sağlarken, bir yandan da ailelerine, arkadaşlarına, sınıf arkadaşlarına ve içinde yaşadıkları toplumdaki diğer insanlarla ne ölçüde bağ kurabildiklerini de görmeleri için onlara yardımcı olmalıyız. İlişki kurabilen bir beynin temel bölümlerini anlayabilirsek, daha anlamlı ve daha derin ilişkiler yaşamalarına izin verecek akılgözünü geliştirmeleri için çocuklarımıza daha çok yardım edebiliriz.

AYNA NÖRONLARI: BEYİNDEKİ YANSITICILAR

Birinin su içtiğini gördüğünüzde sizin de susadığınızı hissettiğiniz hiç oldu mu? Veya birinin esnediğini gördüğünüzde esnemenizin geldiği? Verdiğiniz tanıdık yanıtları, beyin hakkında son yıllarda yapılan muhteşem keşiflerden birinin, yani ayna nöronların ışığı altında açıklamak mümkündür. Bakın, bu keşif nasıl yapılmış:

1990'ların ilk yıllarında bir grup İtalyan nörolog, bir makak maymununun beynini inceliyorlardı. Maymunun beynindeki her bir nöronu kontrol etmek için elektrodlar bağlamışlardı. Maymunun her yer fıstığı yediğinde, belirli bir elektrodun ateşlendiğini fark ettiler. Bu sürpriz bir olay değildi, bilim insanları bunu bekliyorlardı. Ama onlardan birinin atıştırdığı bir yiyecek, bizim zihin konusundaki tüm içgörülerimizin gidişatını değiştirdi. Bu bilim insanı bir yer fıstığı aldı ve maymun seyrederken onu yedi. Tepki olarak, maymunun motor nöronu ateşlendi ve bu nöron onun yer fıstığını kendisi yerken ateşlenen nöronun ta kendisiydi! Bilim insanları maymunun beyninin etkilendiğini ve sırf bir başkasının eylemlerini *izlemekle* aktive olduğunu keşfetmişlerdi. Yani, maymun bir eylemi izlediğinde de, o eylemi kendisi gerçekleştirdiğinde de, aynı nöron grubu aktive olmaktaydı.

Bilim insanları bu "ayna nöronlar"ı insanlarda da saptamak için kolları sıvadılar. Şu ana kadar bunların tam olarak ne oldukları veya nasıl çalıştıkları hakkında yanıttan çok soru olmasına rağmen, ayna nöronu sistemi hakkında gittikçe daha çok şey öğrenmekteyiz. Bu nöronların empati duygusunun kaynağını oluşturarak, insan beynindeki akılgözüne katkıda bulunuyor olması da mümkündür.

Bu konudaki önemli bir husus, ayna nöronların sadece bilinçli olarak yapılan, yani bir miktar tahmin edilebilir olan veya belirli bir amaç içeren eylemlere tepki veriyor olmasıdır. Örneğin, bir kişi elini havada rastgele salladığında, ayna nöronlar tepki vermez. Ama aynı kişi, bir bardak sudan bir yudum almak gibi, sizin daha önceki deneyimlerinize dayanarak tahmin edebileceğiniz bir eylemde bulunursa, ayna nöronlar kişi o eylemi yapmadan önce bile ne yapmaya niyetlendiğini *"kestirir."* Yani, o kişi elinde tuttuğu bardağı yukarıya doğru kaldırırsa, sinaptik deneyimlerinize dayanarak onun bardağın içindekini içmeye niyetlendiğini anlarsınız. Üstüne üstlük, kendi üst beyninizdeki ayna nöronlar bununla da kalmayıp, sizi de içmeye hazırlar. Kısacası, anlaşıldığı kadarıyla bir eylemi görüyor, eylemin amacını anlıyor ve aynısını yapmak için kendimizi hazırlıyoruz.

Bu süreç en basit şekliyle şöyle işler: Başka insanları içerken görünce biz de susar, birisini esnerken görünce de esnemeye başlarız. Henüz birkaç saat önce doğmuş olan bir bebek dilini çıkardığında, ebeveynlerini taklit ediyor olabilir. Ayna nöronlar, küçük kardeşlerin sporda bazen büyük kardeşlerden neden daha iyi olduğunu da açıklıyor olabilir. Kendi takımlarına girmeden önce bile, bu çocukların ayna nöronları muhtemelen büyük kardeşlerinin topa vurduğunu, tekme attığını ve fırlattığını yüzlerce kez izleyerek ateşlenmiş olmalıdır. Daha karmaşık düzeyde ise bu sürecin işleyişini şöyle anlatabiliriz: Ayna nöronlar kültürün doğasını ve bazı ortak davranışların bizi birbirimizle, örneğin çocuklarla ebeveynlerini, arkadaşlarını ve yetişkinlerin de eşlerini nasıl birbirine bağladığını anlamamızı sağlar.

Şimdi bir adım daha atalım. İçinde yaşadığımız dünyada gördüklerimize (ve aynı zamanda işittiklerimize, kokladıklarımıza, dokunduklarımıza ve tattıklarımıza) bakarak, sadece başkalarının davranışlarını değil, duygusal durumlarını da taklit ederiz. Diğer bir deyişle, ayna nöronlar bizim sadece başkalarının davranışlarını değil, hislerini de taklit etmemize izin verebilir. Biz sadece ne gibi bir davranışın gelmekte olduğunu değil, onun altında ne gibi bir duygunun yattığını da hissederiz. Bu yüzden, başka bir kişinin davranışlarını, niyetlerini ve duygularını bir sünger gibi çektiğimiz için, bu özel nöral hücrelere "sünger nöronlar" adı verilmiştir. Bunları bir ayna gibi "geriye yansıtmakla" kalmayız, bunların altındaki duygulara da teslim oluruz.

Bir partide arkadaşlarınızla birlikteyken bakın neler olur: Gülmekte olan bir gruba yaklaştığınızda, muhtemelen kendinizi de daha anlatılan fıkranın ne olduğunu duymadan, gülümserken veya kahkaha atarken bulursunuz. Aynı şekilde, tedirgin ve stresli olduğunuz vakitlerde, çocuklarınızın da aynen sizin gibi olduğunu hiç fark etmediniz mi? Bilim insanları bu duruma "duygu bulaşması" der. Mutluluktan tutun, üzüntüye ve korkuya kadar, başkalarının iç durumları bizim ruh halimize doğrudan etki yapar. Biz başka insanların duygularını kendi iç dünyamıza bir sünger gibi çekeriz.

Bilim insanlarının beyne neden sosyal bir organ dediklerini sanırım şimdi daha iyi anlamışsınızdır. Beyin tamamen akıl-gözüyle görmek için inşa edilmiştir. Biz de biyolojik olarak ilişkilere girmek, diğer insanların nerelerden geldiğini anlamak ve birbirimizi etkilemek için donanımlıyız. Bu kitabın başından beri anlattığımız gibi, yaşadığımız deneyimler beynimizi yeniden şekillendirmektedir. Bunun anlamı da şudur: birisiyle yaptığımız her görüşme, tartışma, şaka veya kucaklaşma bizim beynimizi ve o kişinin beynini kelimenin tam anlamıyla değiştirmektedir. Hayatımızda bizim için önemli olan Biriyle yaptığımız güçlü bir sohbetten veya görüşmeden sonra, farklı bir beyne sahip oluruz. Hiçbirimiz tek-kafatası aklıyla iş görmediğimiz için, tüm zihinsel hayatımız içsel nöral dünyamızdan ve diğer insanlardan aldığımız dış sinyallerden oluşur. Her birimiz kendi kişisel "ben"imizi başkalarınınkiyle birleştirip bir "biz" olmak üzere yaratılmışızdır.

BAĞ KURMANIN TEMELLERİNİ ATMAK: OLUMLU ZİHİNSEL MODELLER YARATMAK

Çocuklarımız için bütün bunların anlamı nedir? Onların yaşadığı deneyimler, hayatlarının geri kalan kısmında diğer insanlarla nasıl bağ kuracaklarının temellerini oluşturacaktır. Diğer bir deyişle, akılgözlerini "biz"in bir parçası olmak için ne kadar bir maharetle kullanacakları ve uzun vadede başkalarıyla nasıl birleşecekleri, (ebeveynler ve büyük ebeveynlerin yanı sıra iz bırakan bebek bakıcıları, öğretmenler, akranlar ve hayatlarındaki diğer etkili kişiler de dahil olmak üzere) onları büyütenlerle olan bağlarının kalitesine bağlıdır.

Çocuklar hayatlarındaki en önemli kişilerle vakit geçirdikleri zaman, iyi iletişim kurmak ve insanları dinlemek, yüz ifadelerini okumak, paylaşmak ve fedakarlıklar yapmak gibi önemli ilişki becerileri geliştirirler. Ama bu ilişkileri yaşarken aynı zamanda, içinde yaşadıkları dünyaya nasıl uyum sağlayacaklarına ve bu ilişkilerin nasıl işlediğine dair bazı modeller de geliştirirler. Ne gibi ihtiyaçları olduğunu görme ve onları karşılama konusunda başkalarına güvenip güvenmeyeceklerini öğrenirler ve kendilerini herhangi bir risk alacak kadar onlara bağlı ve güvende hissedip hissetmediklerini anlarlar. Kısacası, bu ilişkilerin onları nasıl bir insan yapacağını görürler. Yalnız ve silik, endişeli ve zihni karışık bir kişi mi olacaklardır, yoksa duyguları itibar gören, anlaşılan ve kendisine güven dolu bir sevgi gösterilen bir kişi mi?

Yeni doğmuş bir bebeği düşünün. Bir bebek, başkalarıyla bağ kurmaya, kendi yaptıklarıyla ve hissettikleriyle başkalarında gördükleri arasında bağlantılar oluşturmaya hazır bir şekilde dünyaya gelir. Ama ya o diğer kişiler onun ihtiyaçlarıyla uyumlu yanıt veremiyorlarsa? Veya genellikle olduğu gibi, ebeveynleri onun yanında durmuyorlar veya onu geri çeviriyorlarsa? O zaman ilk olarak, bu çocuğun zihnini şaşkınlık ve hayal kırıklığı istila edecektir. Ona bakan kişilerden sürekli bir ilgi görmüyorsa ve onlarla samimi anlar yaşamıyorsa, bu çocuk akılgözünden yoksun olarak ve başkalarıyla bağ kurmanın ne kadar önemli olduğunu anlamadan büyüyecektir. Bizler içimizdeki stresi yatıştırmak için güvenilir birileriyle kurduğumuz bağları kullanmayı daha küçük yaşlarda öğreniriz. Güvenli bağ kurmanın temeli budur. Ama çocukluğumuzda bize yeterli derecede ilgi gösterilmemişse, beynimiz duruma adapte olmak ve elindekiyle yetinmek zorunda kalır. Böyle durumlarda çocuklar, kendilerini ellerinden geldiğince yatıştırma gayretiyle işin altından "tek başlarına" kalkmayı denerler. Bu tür çocukların beynindeki ondan esirgenen yakınlığa ve bağlara ihtiyacı olan ilişkisel ve duygusal devre, uyum sağlama adına tamamen kendisini kapatabilir. İşte, sosyal beynin kendi özündeki bağ kurma güdüsünü bir kenara bırakıp, ayakta kalmaya çalışması böyle gerçekleşir. Ama eğer ebeveynleri onların beklediği sevgi ve uyumu sürekli olarak göstermeyi öğrenebilirlerse, akılgözleri gelişen bu çocuklar beyinlerinin özünde mevcut olan ilişki potansiyelinin doğrultusunda bir hayat sürmeyi başarırlar.

Çocuklara ilişkiler konusunda uyum stratejileri veya zihinsel modeller yaratanlar sadece ebeveynler değildir. İşbirliğinin ve takım arkadaşları için fedakarlıkta bulunmanın önemini vurgulayan bir antrenör gibi, belirli kişilerle olan ilişkilerinden çocukların neler öğrendiklerini bir düşünün. Bu kişi, onlara ilişkilerin temel unsurunun kınama ve hata bulma olduğunu öğreten aşırı eleştirici bir teyze de olabilir. Veya tüm ilişkilere rekabet gözlüğünden bakan, herkesi rakip veya düşman gibi gören bir sınıf arkadaşı veya nazik olmayı ve karşılıklı saygıyı vurgulayan ve sınıftaki tüm çocuklarla şefkat dolu etkileşimlerde bulunmayı öğreten bir öğretmen de...

Tüm bu farklı ilişkisel deneyimler bir çocuğun beyninin "biz" olmanın ne demek olduğunu anlamasını sağlar. Unutmayın ki, beynimiz ne beklemesi gerektiğini tahmin etmek için, tekrarlayan deneyimleri veya çağrışımları kullanır. İlişkiler soğuksa ve insanlar özlerinde uzak, eleştirel veya rekabetçi iseler, çocuğun ilişkiler hakkındaki beklentileri de ona göre etkilenir. Öte yandan, çocuk sıcak bir sevgiyle dolu ve iletişim kurabildiği, güvenli ilişkiler yaşıyorsa, bu ilişkiler onun arkadaşlarıyla, farklı toplumlarda yaşayan başka kişilerle ve nihayet romantik bağ kuracağı kişilerle ve kendi çocuklarıyla gelecekte yaşayacağı ilişkileri için de bir model oluşturur.

Çocuklarınıza temin ettiğiniz ilişki türünün nesiller boyu etkisini sürdüreceğini söylersek gerçekten de hiç abartmış olmayız. Nitekim değer verdiğimiz ve onların da normal olduğunu düşünmelerimizi arzu ettiğimiz ilişki türlerini bilinçli olarak çocuklarımıza verebilirsek, dünyanın geleceğini de etkileyebiliriz.

"Bİz" İçİn Hazırlanmak: Bağ Kurmayı Sağlayan Deneyİmler Sunmak

Çocuklarımıza iyi ilişki modelleri sunmanın yanı sıra, "biz"in bir parçası olmalarını sağlamak için, onları diğer insanlarla bağ kurmaya hazır hale getirmemiz gerekir. Ne de olsa, beynin başkalarıyla bağ kurmak üzere tasarlanmış ve donanımlanmış olması, bir çocuğun ilişki kurma becerileriyle doğduğu anlamına gelmez. Doğduğumuzda adalelerimizin olmasının, bizim bir atlet olacağımızı da göstermediği gibi... Nitekim atlet olmak da belirli becerileri edinmeyi ve idman yapmayı gerektirir. Aynı şekilde, çocuklar da annelerinin rahminden oyuncaklarını başkalarıyla paylaşmayı isteyerek çıkmazlar. Ne de ilk sözcükleri "Her ikimizin de yararına olacak bir uzlaşma bulmak için kendi istediğimden fedakarlık yapacağım," olur! Tam tersine, yeni yürümeye başlayan bebeklerin ağzından ilk çıkan sözcükler, onların "biz" kavramıyla hiçbir tanışıklığı olmadığını gösteren "benim", "ben" ve "hayır" sözcükleridir. O yüzden, onların paylaşma, bağışlama, fedakarlık etme ve başkalarını dinleme gibi akılgözü becerilerini öğrenmeleri gerekir.

Örneğin, son derece egosantrik (benmerkezci) olduğu gözlenen Ron ve Sandy'nin oğlu Colin, genel anlamda çok normal bir çocuktur. Sadece ailenin katılımcı bir bireyi gibi davranmasını gerektiren akılgözü becerilerinde henüz ustalık kazanmamıştır. Ebeveynleri yedi yaşına geldiğinde onun ailesiyle daha çok entegre olacağı ve "biz"in bir parçası olmaya hevesli olacağı beklentisi içindeydiler ama yavaş yavaş ilişkisel zekasını geliştirmekle birlikte, Colin'in o yönde yol almak için sürekli olarak çaba göstermeye devam etmesi gerekmekteydi.

Aynı şey utangaç bir çocuk için de geçerlidir. Tanıdığımız bir anne olan Lisa, bize oğullarından birinin bir arkadaşının dördüncü doğum günü partisinde çekilmiş bazı fotoğraflar gösterdi. Bütün fotoğraflarda, davetteki tüm çocukların Kaşif Dora gibi giyinmiş bir kadının etrafında bir halka şeklinde durduğu görülmektedir. Bir çocuk hariç… Lisa'nın oğlu Ian onun kadar mahcup olmayan diğer çocuklardan en az iki metre uzakta durmakta inat etmişti. Daha küçük yaştayken gittiği müzik derslerinde de aynı şekilde davranıyordu. Diğer çocuklar dans edip şarkı söylerken ve minik parmaklarıyla "mini mini bir örümcek" oyununu oynarken, Ian annesinin kucağında oturuyor ve olan biteni çekingen bir şekilde izlemenin dışında hiçbir şey yapmıyordu.

Lisa ve kocası o sıralarda çocuğun yeni ilişkilere girmesini teşvik etmek ile fazlaca ısrarlı olmak arasında gidip gelmişlerdi. Ama oğullarına diğer çocuklarla etkileşimde bulunması ve nasıl arkadaş edinildiğini anlaması için sayısız fırsatlar tanıdılar, ona destek verdiler, tedirgin olduğu veya korktuğu vakit onu rahatlattılar ve sonunda içine kapanık küçük çocuklarının ihtiyacı olan sosyal becerilere kavuşmasını sağladılar. Şimdiki halde, Ian yeni sosyal durumların içine balıklama atlama konusunda hâlâ çok süratli davranmıyor ama kendisiyle çok daha barışık ve hatta zaman zaman oldukça dışa dönük. Artık birileriyle konuşurken onların gözlerinin içine bakabiliyor, sınıfta parmağını kaldırabiliyor ve hatta "Beni de Maça Götür" oyununun (oldukça heyecan verici) bir taklidi olan oyunda genellikle çete başı rolünü oynuyor.

İnsanların kişilikleri üzerinde çalışan araştırmacılar bize utangaçlığın büyük ölçüde kalıtımsal olduğunu ve kişinin doğumdan gelen temel yapısında var olan bir özellik olduğunu söylüyorlar. Ancak Ian'ın durumunda da gördüğümüz gibi, utangaçlık değiştirilmesi mümkün olmayan bir özellik değildir. Nitekim ebeveynlerin çocuklarının utangaçlığıyla baş etmek için kullandıkları yöntemler, çocuğun bu kişisel özelliğiyle başa çıkmasını ve daha sonra da ne ölçüde utangaç olacağını derinden etkiler.

Burada önemli olan, çocuk büyütmenin bizim doğuştan gelen ve kalıtımsal olan mizacımızı bile etkileyecek ölçüde büyük bir önemi olduğunu görmektir. Çocuklarımızı teşvik ederek ve akılgözü becerilerini geliştirmelerini sağlayacak fırsatlar yaratarak, onların başkalarıyla bağ kurma ve anlamlı ilişkiler yaşamaya hazır hale gelmelerine yardımcı olabiliriz. Bunu nasıl yapmamız gerektiğine dair birazdan size bilgi vereceğiz. Ama önce, insanlarla etkileşim içine girmeye hevesli olmaları için çocuklarımıza yardım etmenin ne anlama geldiğine bir bakalım.

BİR "EVET" RUH HALİ YARATMAK: ÇOCUKLARIMIZA İLİŞKİLERE AÇIK OLMAYI ÖĞRETMEK

Çocuklarımızın sağlıklı ilişkiler yaşayan kişiler olmasını istiyorsak, onların *kapalı* ve *tepkili* değil, *açık* ve *kabul etmeye hazır* olmalarını sağlamalıyız. Dan'in pek çok aile için kullandığı bir egzersizi işe yarayabilen bir örnek olarak önerebiliriz. Dan önce ebeveynlere bir sözcüğü birkaç kez tekrarlayacağını söyler ve bu sözcüklerin onların bedenlerinde nasıl bir etki yaptığını kendisine söylemelerini ister. İlk sözcük kararlı ve biraz da sert bir tonda yedi kez söylenen ve her seferinde iki saniye kadar ara verilen "hayır"dır. Dan biraz ara verdikten sonra da açık ve net olarak ama daha nazik bir tonla yedi kez "evet" der. Ebeveynler genellikle "hayır" sözcüğünün insanı kasan ve öfkelendiren bir tınısı olduğunu, kendilerini devreden çıkarılmış veya azarlanmış gibi hissettirdiğini söylerler. Öte yandan, "evet" sözcüğü onları kendilerini sakin, huzurlu ve hatta hafiflemiş gibi hissettirmiştir. (Siz de gözlerinizi kapayarak bu egzersizi yapabilirsiniz. Kendiniz veya bir arkadaşınız birkaç kez üst üste "hayır" ve sonra da "evet" dediğinde bedeninizde neler olup bittiğine dikkat edin.

"Hayır" ve "evet" sözcüklerine verilen bu iki farklı tepki bizim tepkisel olmak ve kabul edici olmaktan ne kastettiğimizi güzel bir şekilde göstermektedir. Sinir sistemimiz tepkisel konumdayken, biz "savaş-kaç-olduğun-yerde-kal" durumlarına geçeriz. Bunlar, bizim başka bir kişiyle açık ve sevecen bir şekilde bağ kurmamızın mümkün olmadığı durumlardır. Amigdalayı ve alt beyninizin kendinizi tehdit altında hissettiğiniz her an düşünmeden tepki göstermeye hazır olan diğer bölümlerini hatırlıyor musunuz? Bütünüyle savunmaya odaklandığımız zaman, ne yaparsak yapalım bu tepkisel ve "hayır" ruh hali içinde kalırız. Orada esir kalır, başkalarına kulak verme, onların bazı konularda şüphe duymasına hoş görü gösterme ve duygularını göz önüne alma gibi eylemlerde bulunamaz ve onlarla bağ kuramayız. Böyle durumlarda tarafsız yorumlar bile kavga sözcüklerine dönüşebilir, işittiğimiz her şeyi gerçek anlamından saptırıp onlara korkutucu anlamlar yükleriz. Tepkisel konuma, yani savaşmaya, kaçmaya veya buz gibi donup kalmaya hazır konuma işte böyle geçeriz.

Halbuki kabul edici konumdayken beynimizin farklı bir dizi devresi iş başındadır. Nitekim yukarıdaki egzersizin "evet" bölümünün pek çok kişiye olumlu bir deneyim yaşattığı gözlenmiştir. Bu kişilerin yüz adaleleri ve ses telleri gevşemekte, kan basınçları ve kalp atışları normal seyretmekte ve diğer kişinin ifade etmek istediği şeyleri deneyimlemek için daha açık olmaktadırlar. Kısacası, daha kabul edicidirler. Tepkisellik alt beynimizden kaynaklanır ve kendimizi dışlanmış ve üzgün hissetmemize ve savunmaya geçmemize neden olur. Kabul edici konumda olduğumuz vakit ise tam tersine, üst beynimizin bizi başkalarıyla birleştiren ve kendimizi güvende ve fark edilir kılan farklı bir dizi devresi iş başındadır ve sosyal yükümlülükler sistemimiz aktive olmuştur.

Çocuklarımızla etkileşim içindeyken, onların tepkisel mi, yoksa kabul edici ruh halinde mi olduklarını çözmek son derece yararlı olabilir. Tabii, bu da bizim açımızdan onların davranışlarına akılgözüyle bakmamızı gerektirir. Herhangi bir anda çocuklarımızın (ve kendimizin) duygusal olarak nerelerde olduğumuzu bilmemiz gerekir. Parktan uzaklaştırmak için koltuğunuzun altına sıkıştırmak zorunda kaldığınız dört yaşındaki çocuğunuz "Salıncakta daha fazla sallanmak istiyorum!" diye avaz avaz bağırdığı an, ona güçlü duygularla nasıl baş etmesi gerektiğini öğretmek için en iyi zaman olmayabilir. Onun bu tepkisel durumunun geçmesini beklemeniz gerekir; sonra o daha kabul edici bir ruh haline geçtiğinde, bundan böyle hayal kırıklığına uğradığı vakit nasıl davranmasını beklediğinizi ona anlatın. Aynı şekilde, on bir yaşındaki oğlunuz çok istediği sanat sınıfına kabul edilmediğini öğrendiğinde, ona güçlü ümitler veren sözcükler kullanmaktan ve alternatifler sunmaktan kaçının. Onun alt beyninden kaynaklanan bu tepkisellik, ona söyleyeceğiniz üst beyin sözcüklerinin pek çoğundan bir şey anlamayacaktır. Genellikle, bu tepkisellik anlarında, (sarılmak ve empati gösteren yüz ifadeleri takınmak gibi) sözel olmayan yaklaşımlar çok daha etkili olacaktır.

İlişkiler konusunda daha kabul edici olmaları ve zaman içinde başkalarıyla bağ kurabilmelerini sağlayan akılgözlerini geliştirmeleri için çocuklarımıza yardımcı olmalıyız. O zaman, bu kabul edicilik, onların içlerinde anlamlı ilişkilerde yaşanan derinliği ve samimiyeti hissetmelerini sağlayan bir rezonans (titreşim) yaratacaktır. Aksi takdirde, bu çocuklar muallakta kalırlar ve başkalarıyla bağ kurma arzusu ve becerisi göstermek yerine bir izolasyon duygusu içinde hareket ederler.

Çocuklarımızın kabul edici olmalarını ve ilişkisel becerilerini geliştirmeleri için ne gibi adımlar atmamız gerektiğini görmeden önce, son olarak şunu söylemeliyiz: Diğer insanlarla kaynaşmaları için çocuklarımızı daha açık olmaya teşvik ederken, onların kendi kişisel kimliklerinden vazgeçmemelerinin önemini de hatırda tutmamız gerekir. On yaşındaki kızınızın okulundaki bir "bencil kızlar kliğiyle" uyum sağlamak için tüm gücünü sarf etmesinin nedeni, onun bir "biz"le kaynaşmakta yeterli ölçüde kabul edici olmama özelliği olabilir. O belki de tam tersine, içindeki "ben"i kaybetmiştir ve o nedenle bu zorba kızların ona söylediklerini harfiyen yerine getirmeye çalışıyordur. Sağlıklı ilişkiler (aile içindeki, arkadaşlar arasındaki, romantik ilişkiler ve diğerleri) başkalarıyla bağ kurabilen sağlıklı kişiler arasında yaşanır. İyi işleyen bir "biz"in bir parçası olmak için bir insanın bireysel bir "ben" olarak kalabilmesi gerekir. Nasıl ki çocuklarımızın sadece sağ-beyinli veya sadece sol-beyinli olmasını istemiyorsak, ne onları bencilliğe ve izolasyona götürecek kadar bireysel olmalarını, ne de sağlıksız ve zararlı ilişkilere karşı savunmasız, muhtaç ve bağımlı kılacak kadar ilişkisel olmalarını isteriz. Bizim istediğimiz onların Bütün-Beyinli olmaları ve entegre ilişkiler yaşamalarıdır.

Neler Yapabilirsiniz?
Kendisini Öteki ile Entegre Etmesi için Çocuğunuza Yardımcı Olmak

Bütün-Beyin Stratejisi #11:
Aile İçi Eğlence Faktörünü Geliştirin: Birbirinizden Keyif Almanın Önemini Vurgulamak

Vaktinizin çoğunu çocukları disiplin altına almak veya onları bir etkinlikten diğerine götürmekle geçirdiğiniz ve onlarla yeterince vakit geçirmenin keyfine varamadığınız hissine kapıldığınız oldu mu? Eğer olduysa, yalnız değilsiniz; hepimiz zaman zaman benzer hislere kapılıyoruz. Bazen aile içinde eğlenebilmenin mümkün olduğunu unutabiliyoruz. Halbuki hepimizin beyni oyun oynamak ve yeni şeyler keşfetmek kadar, birbirimizle vakit geçirmek üzere de donanımlıdır. Nitekim "oyun oynayarak ebeveynlik yapmak" çocuklarınızı başkalarıyla bağ ve ilişki kurmaya teşvik etmek için en iyi yollardan biridir. Bunun nedeni, en çok vakit geçirdikleri kişilerle, yani ebeveynleriyle birlikte olmalarını sağlayan bu oyunların onlara olumlu duygular yaşatmasıdır.

Tabii ki, çocukların davranışlarından sorumlu tutulmaları ve önlerine bazı kısıtlama ve sınırlamalar koyulması önemlidir, ama otoritenize sahip çıksanız bile çocuklarınızla keyifli vakit geçirmeyi ihmal etmeyin. Onlarla oyunlar oynayın. Onlara fıkralar anlatın. Birlikte aptallıklar yapın. Sevdikleri şeylere ilgi gösterin. Sizinle ve ailenin diğer fertleriyle birlikte geçirdikleri zamandan ne kadar çok keyif alırlarsa, insan ilişkilerine o kadar değer verirler ve gelecekte daha sağlıklı ve olumlu ilişkisel deneyimler yaşamayı o kadar daha fazla arzu ederler.

Bunun basit bir nedeni vardır. Çocuklarınıza aile içinde yaşattığınız her keyifli ve eğlenceli deneyimle birlikte, başkalarıyla sevgi dolu ilişkiler içinde olmanın ne anlama geldiğini anlamalarını mümkün kılan olumlu bir takviyede bulunmuş olursunuz. Bunun da nedenlerinden biri beyninizin içinde dopamin adı verilen kimyasalla ilgilidir. Dopamin bir nörotransmitter, yani sinir taşıyıcısıdır. Beyin hücreleriniz, hoşlandığınız bir deneyim yaşadığınızda bazılarının "dopamin fıskiyesi" adını verdikleri kimyasal bir baskına uğrar ve bu olayın tekrarlamasını arzu etmenize neden olacak şekilde sizi motive eder. Bağımlılık konusunu araştıran bilim insanları, bu dopamin akışlarının, insanların kendileri için kötü olduğunu bilseler dahi, belirli huylar edinmelerine veya bağımlılıklar oluşturmalarına yol açan faktörler olduğunu saptamışlardır. Ama aile fertlerinin birlikte vakit geçirmesinden keyif almak gibi, olumlu ve sağlıklı arzular pekiştiren dopamin fıskiyeleri üretmemiz de mümkündür. Dopamin ödülün kimyasal halidir ve oyun oynamak ve eğlenmek de hayatımızın bize verdiği ödüllerdir.

Örneğin Peter Pan kılıcını sallayan küçük oğlunuz, sizin dramatik bir şekilde yere yıkılarak "ölmeniz" üzerine zevkten dört köşe olur; veya siz ve kızınız bir konserde veya oturma odanızda birlikte dans edersiniz; veya siz ve çocuklarınız bir inşaat veya bahçe projesinde birlikte çalışırsınız. İşte yaşadığınız bu deneyimler, onlarla aranızdaki bağları güçlendirecek ve ilişkilerin onaylayıcı, ödüllendirici ve doyurucu olabildiğini onlara öğretecektir. O yüzden bu küçük oyunlara, dilerseniz hemen bu gece bir şans tanıyın. Akşam yemeğinden sonra "Herkes tabağını mutfağa getirsin ve sonra bir battaniye bulsun ve benimle oturma odasında buluşsun. Bu gece bir kalenin içinde buzlu dondurma çubukları yiyeceğiz!" diye bağırın.

Kabul ediciliği ve yeniliklere açık olmayı öğreten eğlenceli bir başka aile içi etkinlik de, birlikte doğaçlama oyunlar oynamaktır. Bu oyunlar ana hatlarıyla komedyenlerin yaptığı doğaçlamalara benzer. İzleyiciler onlara bazı önerilerde bulunur ve onlar da bu aniden oluşan fikirleri alarak bir şekilde anlam ifade eden eğlenceli şekillerde birleştirirler. Siz ve çocuklarınız rol yapmaktan hoşlanıyorsanız, bu tür doğaçlamaları birlikte yapabilirsiniz. Ama bu etkinliğin daha kolay versiyonları da vardır. İçinizden biri bir hikaye anlatmaya başlasın ve her cümleden sonra bir başkası ona eklemeler yapsın ve bu şekilde devam edin. Bu tür oyun ve etkinlikler aile içindeki eğlence faktörünü canlı tutmakla kalmaz, aynı zamanda çocuklara hayatta karşılarına çıkabilecek beklenmeyen dönemeçlerde kabul edici olmayı denemelerini de sağlar. Bu tür oyunları ciddi bir sınıf etkinliği haline sokmanız gerekmez, ama yaptıklarınızın kabul edici olma kavramıyla açık bir şekilde örtüştüğünden emin olun.

Spontane olmak ve yaratıcılık önemli yeteneklerdir ve yeniliklere açık olmak dopaminin daha iyi iş görmesini sağlar.

Eğlence faktörü ilkesi, çocuklarınıza kardeşler arası ilişkilerle ilgili olarak yaşattığınız deneyimler için de geçerlidir. Yakın zamanda yapılan çalışmalar yetişkinlik yıllarında kardeşler arasındaki iyi ilişkilerin, onların küçük yaşlarda birlikte ne kadar eğlendiklerine bağlı olduğunu göstermektedir. Birlikte yaşanan eğlenceli anlar fazla olduğu müddetçe, kardeşler arasındaki anlaşmazlıkların oranı yüksek olsa da fark etmez. En tehlikelisi kardeşlerin birbirlerini yok saymasıdır. Baş etmeleri gereken sıkıntılar az olabilir, ama bu da yetişkinler arasındaki ilişkilerin soğuk ve uzak olduğunu gösteren bir belirtidir.

Dolayısıyla, çocuklarınız arasındaki ilişkilerin yakın ve uzun vadeli olmasını istiyorsanız, bunu birlikte paylaştıkları keyifli saatlerin, aralarındaki anlaşmazlıklardan daha fazla olması gereken bir matematik denklemi olarak düşünün. Denklemin anlaşmazlık tarafını asla sıfıra indiremezsiniz. Kardeşler birbirleriyle münakaşa ederler; bu iş böyledir. Ama denklemin diğer tarafını arttırabilir ve onlarda olumlu duygular ve anılar yaratan etkinlikler sunabilirseniz, aralarında güçlü bağlar yaratabilir ve onlara hayat boyu sarsılmadan sürdürülme şansı yüksek olan bir ilişki kurdurabilirsiniz.

Bazı kardeşler arası eğlenceler doğal olarak oluşur, ama sizin yardımınızla gerçekleşebilecek olanlar da vardır. Yeni bir kutu kaldırım tebeşiri açın ve onlara birlikte çılgın bir canavar resmi çizmelerini söyleyin. Veya video makinesini kullanarak birlikte bir film çeksinler. Veya bir takım kurup büyükbabalarına vermek üzere sürpriz bir hediye projesi üzerinde çalışsınlar. Nasıl yaparsanız yapın, ister ailece bisikletle bir gezi yapın, masa üstü oyunları oynayın, birlikte kurabiye pişirin, evin annesine karşı su tabancasıyla savaşın, yeter ki çocukların birlikte eğlenmesini ve aralarındaki bağların güçlenmesini sağlayın.

Çocuklarınız öfkelendiğinde veya meydan okumaya kalkıştığında, onların ruh hallerini dönüştürmek için de eğlence faktörü kullanabilir ve hatta aptalca bir şeyler yapabilirsiniz. Onlar bazen sizin bu aptalca davranışlarınızı kaldıracak veya oyun oynayacak ruh hali içinde olmayabilirler, dolayısıyla özellikle de daha büyük yaştaki çocuklarınızın nasıl davrandıklarına dikkat edin ve bazı belirtilere karşı duyarlı olun. Oyunlarınızın nasıl bir hassasiyetle karşılanacağı konusunda duyarlı olmak şartıyla, aptalca bir şeyler yaparsanız, çocuklarınızın hislerini değiştirmek için son derece güçlü ve kolaylıkla uygulanabilir bir yol bulmuş olursunuz.

Sizin ruh haliniz çocuklarınızın ruh hallerini etkileyebileceği için, onların huysuzluğunu ve alınganlığını eğlenceye, kahkahaya ve bağ kurmaya dönüştürebilirsiniz.

Strateji #11

EMİR VEYA TALİMAT VERMEK YERİNE...

ÇOCUKLARINIZLA OYUNLAR OYNAYIN

Bütün-Beyin Stratejisi #12:
Çatışmaları Bağ Kurmak için Kullanın:
Çocuğunuza "Biz" Sözcüğünü Hatırda Tutarak
Tartışmayı Öğretmek

Çocuklarımızın her zaman tüm çatışmalardan uzak kalması için onlara yardımcı olmak isteriz, ama bunu yapamayız. Onlar bir ilişki içine gireceklerse, bazı münakaşalar ve anlaşmazlıklar yaşayacaklardır. Ama onlara bazı akılgözü becerileri öğretebilir, çatışmalarla sağlıklı ve verimli yollarla baş etmelerini ve başkalarıyla etkileşim içinde olduklarında işler istedikleri gibi gitmediği takdirde çareler bulmalarına yardımcı olabiliriz.

Bir kez daha söylemek gerekirse, her yeni anlaşmazlık sadece aşılması gereken bir sorun değil, bunun daha da ötesinde bir durumdur. Bunların her biri, çocuklarınıza ilişkisel olarak başarılı olmalarına yönelik önemli dersler öğretmeniz için size fırsatlar yaratır. Çatışmalarla baş etmek yetişkinler için bile kolay bir iş değildir, dolayısıyla çocuklarımızdan bu konuda fazla bir şey beklememeniz gerekir. Ama onlara hepimizin bireysel çatışmalarımızla baş etmemizi sağlayacak bazı basit beceriler öğretebilir ve onların yetişkinliğe giden yolda başarılı olmalarına yardımcı olabiliriz. Dilerseniz şimdi akılgözünü devreye sokmak için kullanabileceğimiz bu yöntemlerden üç tanesine bir göz atalım:

Olaya Diğer Kişinin Gözünden Bakmak: Çocuklarınızın
Başka Bakış Açılarını Kabul Etmelerine Yardımcı Olun

Şu senaryo size tanıdık geliyor mu? Bir çalışma masasının başında çalışıyorsunuz ve yedi yaşındaki kızınız size yanaşıyor. Öfkeli olduğu her halinden belli. Küçük erkek kardeşi Mark'ın

GÖRMEZDEN GELMEK VE İNKAR ETMEK YERİNE

ÇATIŞMALARI BAĞ KURMAK İÇİN KULLANIN

az önce ona aptal dediğini söylüyor. Neden öyle demiş olabileceğini soruyorsunuz ve kızınız herhangi bir neden olmadığında ısrar ediyor. Mark hiçbir neden olmadan öyle demiş!

Bir olayı başka birinin bakış açısından görmek kolay bir iş olmayabilir. Biz kendi gördüğümüzü bilir ve genellikle de görmek *istediğimizi* görürüz. Ama olaylara başkalarının bakış açısından bakmak için akılgözümüzü ne kadar çok kullanırsak, çatışmaları da sağlıklı bir şekilde çözümleme konusunda daha çok şansımız olur.

Bu, çocuklara öğretmesi oldukça zor olan bir beceridir, özellikle de hararetli bir tartışmanın ortasında. Ama biz kendimiz neler söylediğimize dikkat edersek, istediğimiz dersleri çocuklarımıza vermek için de şansımız artar. Örneğin, "Peki, sen Mark'a ne yaptın? Sana durup dururken, aptal demediğinden eminim," tarzında bir şey söyleme eğilimi içinde olabilirsiniz.

Bunun yerine sakin durur ve öğretmek istediğiniz şeylerin bilincinde olursanız, sohbete farklı bir şekilde başlayabilirsiniz. Önce kızınızın hislerini anladığınızı ona göstermeniz gerekir. (Önce bağ kurmanız ve daha sonra onu yeniden yönlendirmeniz gerektiğini hatırladınız, değil mi?) Böylece kızınızın savunmasını zayıflatabilir ve onu erkek kardeşinin neler hissettiğini anlamaya hazırlarsınız. Sonra da, kızınızda bir empati duygusu yaratma hedefine odaklanabilirsiniz.

Haklısınız, çocuklarımıza bu şekilde yaklaşmak her zaman kolay olmayabiliyor, ama başka birinin nasıl hissettiğiyle ve neden belirli bir şekilde davranmış olabileceğiyle ilgili sorular sorarak çocuklarımızdaki empati duygusunu teşvik etmemiz mümkündür. Başka birinin zihnini önemseme eylemi üst beynimizi ve beynimizin sağ yarım küresini kullanmamızı gerektirir. Bunların ikisi de bizim olgun ve doyurucu ilişkiler yaşamanın keyfine varmamıza izin veren sosyal devre sisteminin birer parçalarıdır.

Söylenmeyen Şeylere de Kulak Vermek: Çocuklarınıza Sözel Olmayan İletişimi ve Başkalarına Uyum Sağlamayı Öğretin

Çocuklarımıza başkalarının dediklerine kulak vermeyi öğretmek harika bir olaydır: "Onun dediklerini dinle. Sana hortumla ıslatılmak *istemediğini* söyledi!" Ama ilişkilerin önemli bir bölümü *söylenmeyen* şeylere de kulak vermektir. Çocukların genellikle bu beceride doğal bir ustalıkları yoktur. O nedenle, küçük kız kardeşinin yoğurduna bisküvisini sokarak onu ağlatan oğlunuzu azarladığınız vakit, o size "Ama bu onun hoşuna gidiyor! Biz bir oyun oynuyoruz," diye yanıt verir.

Sözel olmayan işaretler bazen sözcüklerden çok daha fazla şey söylerler, o yüzden, ağızlarını açmasalar dahi başka insanların ne söylediklerini anlamakta ustalaşmak için çocuklarımıza beyinlerinin sağ yarımküresini kullanmalarına yardımcı olmalıyız. Ayna nöron sistemleri devrede olduğu için, çocuklarımızın tek ihtiyacı olan şey, bizim o ayna nöronlarının ne söylemek istediğini açığa çıkarmakta onlara yardım etmemizdir. Örneğin, önemli bir futbol maçını kazandıktan sonra, karşı takımdaki bir arkadaşının (kendisi iyi olduğunu söylese bile) biraz teselli edilmeye ihtiyacı olduğunu ona hatırlatmanız çok yerinde olur. Arkadaşının beden diline ve yüz ifadelerine dikkat çekerek, onun düşük omuzlarını, eğik başını ve asık yüzünü kanıt olarak gösterebilirsiniz. Oğlunuzun bu basit gözlemlerde bulunmasına yardımcı olarak onun akılgözünü geliştirmiş ve hayatının geri kalan kısmında başkalarının duygularına önem vermek ve onlarla uyum sağlamaya çalışmak için daha donanımlı bir hale gelmesini sağlamış olursunuz.

Onarmak: Çocuklarınıza Bir Çatışmadan Sonra İşleri Düzeltmeyi Öğretin

Özür dilemenin önemini hepimiz biliriz ve çocuklarımıza da özür dilerim demeyi öğretiriz. Ama çocukların bunun bazen işin sadece başlangıcı olduğunu anlamaları gerekir. Bazen yaptıkları yanlış işleri düzeltmek için fazladan bazı adımlar atmalıdırlar.

Böyle bir durum, kırılan bir oyuncağın onarılması veya yerine yenisinin alınması veya herhangi bir projenin yeniden yapılandırılması için yardım etmek gibi özel ve doğrudan bir yanıt gerektirebilir. Bazen de, incinen kişi için bir resim çizmek, ona nazik bir davranışta bulunmak veya bir özür mektubu yazmak gibi daha ilişkisel bir yanıt gerekir. Burada önemli olan, başkalarının hislerine önem verdiklerini ve ilişkinin bozulmasını bir şekilde onarmak istediklerini gösteren sevgi ve samimi pişmanlık eylemlerine girişmeleri için çocuklarınıza yardımcı olmanızdır.

Bu yöntem, yukarıda bahsettiğimiz empati ve başkalarının hislerine uyum sağlamakla ilgili olan iki Bütün-Beyin stratejisiyle doğrudan örtüşmektedir. İşleri düzeltmeyi samimi bir şekilde istemek için, bir çocuk diğer kişinin kendisini nasıl hissettiğini ve neden üzgün olduğunu anlamalıdır. O vakit, ebeveyn "Onun yerinde sen olsaydın ve kırılan şey senin en sevdiğin şey olsaydı, kendini daha iyi hissetmek için sana ne yapılmasını isterdin?" sorusunu daha kolaylıkla sorabilir. Bir başkasının hislerini anlama yönündeki her yeni adım, beynin içindeki ilişkisel devre sisteminde daha güçlü bağlantılar yaratır. Çocuklarımız savunma kalelerini yıktığımız ve sorumluluk yüklenmekteki isteksizliklerini kırdığımız vakit, onların incittikleri kişilerin hislerini anlamalarına yardım etmiş ve yeniden bağ kurmak için gayret göstermelerini sağlamış oluruz. Bu da onların olaylara akılgözüyle bakmalarını sağlamak anlamına gelir. Bazen içten gelen bir özür, özellikle de dürüstlük ve samimiyetle birleştiğinde, yeterli olabilir: "Öyle yaptım çünkü içimi kıskançlık duygusu kapladı ve çok üzgünüm." Ama çocuklar bu yolun bir devamı olduğunu ve uzlaşma yönünde bazı adımlar atmaları gerektiğini de öğrenmek zorundadırlar.

Şimdi dilerseniz tekrar yedi yaşındaki Colin'e dönelim. Hatırlarsanız, anne ve babası onun çok bencil olduğunu düşünüyorlardı. Keşke Ron ve Sandy'ye sihirli bir değnek, oğullarıyla ilgili olarak karşılaştıkları benmerkezciliği ve benzeri hayal kırıklıklarına anında şifa veren bir ilaç verebilseydik. Ama ne yazık ki böyle bir şansımız yok. Ama yine de bir iyi haberimiz var: Ron ve Sandy'nin Colin'e yardımcı olmaları mümkündür. Bunu Colin'i sevmeye devam ederek, onun insan ilişkilerinin yararlarını görmesini sağlayarak ve başkalarının düşüncelerini anlamaya çalışmanın ve onlarla bağ kurmanın önemini anlamasına yardımcı olarak yapabilirler.

Ron ve Sandy bunun da ötesinde, burada tartıştığımız "çatışmaları bağ kurmak için kullanma" becerilerini vurgulayarak oğullarının başkalarının hislerini anlama yolunda ilerlemeye devam etmesini sağlayabilirler. Örneğin, Colin'in odayı yeniden dekore etmesi ve kardeşinin eşyalarını dışarıya atması, onlara başkalarıyla iyi ilişkiler kurmayı çocuklarına öğretmeleri açısından mükemmel bir fırsat yaratmıştı. "Disiplin" altına almanın, aslında "cezalandırmak" değil "öğretmek" olduğunu hepimiz sıklıkla unuturuz. Disiplin etmek istediğimiz kişi, davranışlarının sonucunu ceza olarak gören bir kişi değil, bir öğrencidir. Ona akılgözüyle bakmayı öğretirsek, o da çatışma anlarından ders alır, birtakım beceriler oluşturur ve bu anları beynini geliştirmeye yönelik fırsatlar olarak değerlendirebilir.

Ron, Colin'e kardeşi Logan'a bir göz atmasını ve resimlerini yerden toplayıp düzeltirken onun ne kadar üzgün olduğunu belli eden yüz ifadesine dikkat etmesini söyleyebilir. Öyle yaparsa, kardeşinin bumburuşuk olmuş resimlerden ve etrafa saçılmış ödüllerden oluşan bu sahneden ne kadar üzüntü duyduğunu anlar ve ikisinin arasında düşünceli bir sohbet başlayabilir. Colin'in olaya Logan'ın bakış açısından bakmasını sağlamanın bile uzun süreli faydalar sağlayacağı kesindir. Basit bir ceza Colin'e izin almadan kardeşinin eşyalarının yerlerini değiştirmemesi gerektiğini öğretebilir belki, ama ona akılgözüyle bakma becerisini kazandırmaz.

Ve nihayet, Ron ve Sandy işleri düzeltmek için, Colin'in özür dilemesi ve Logan ile birlikte yeni resimler yapıp odalarında ortak olarak kullandıkları duvara asması gibi çareler düşünüp, neler yapmaları gerektiğini konuşabilirler. Colin'in ebeveynleri, bu olayı uzak durulması gereken ve hoş olmayan bir engel gibi görmek yerine, çocuğun olgunlaşması ve gelişmesi için bir fırsat olarak kullanabilir ve oldukça zorlu olan bu çatışmayı oğullarının başkalarıyla iyi ilişkiler kurmanın anlamını öğrenmesini sağlayan bir başarı anına dönüştürebilirler. Burada önemli olan şey, akılgözünün merceklerini açık tutmak ve her iki çocuğun da iç dünyalarının incelenmesini mümkün kılmaktır.

Olaylara akılgözüyle bakmak, çocukların düşüncelerin ve hislerin iç dünyasının ne kadar önemli olduğunu görmelerini sağlar. Böyle bir gelişme yaşamadıkları takdirde, bu çocukların davranışları yüzeysel ve basit etkileşimler olarak kalır ve bir şeyi "halletmek" için gösterdiği otomatik tepkilerin ötesine geçemez. Ebeveynler bir çocuğun ilk akılgözü öğretmenleridir; zorlu anları çocuğun kendi düşünce devrelerinin ortak iç dünyalarımızı görmesi için kullanırlar. Çocuklar bu akılgözünü geliştirdikleri vakit, kendi iç dünyalarını başkalarınınkilerle dengelemeyi öğrenirler. Bu beceriler ayrıca, etraflarındaki insanların duygusal hayatlarını anlamaya çalışan çocukların bir yandan da kendi duygularını dengede tutmayı öğrenmeleri için çok önemlidir. Akılgözü hem duygusal hem de sosyal zekanın temelidir. Çocukların, duygulara önem verilen ve kurulan bağların da bir ödül, anlam ve keyif kaynağı olduğu, ilişkilerden oluşan daha büyük bir dünyanın parçası olduklarını görmelerine izin verir.

Bütün-Beyinli Çocuklar: Çocuklarınıza Kimliklerini Başkalarınınkiyle Entegre Etmesini Öğretin

Akılgözü hakkında artık epeyce bilgi sahibi olduğunuza göre, şimdi çocuklarınıza aşağıdaki parçayı okuyabilir ve onları kendi akıllarını ve başkalarının aklını okuma kavramıyla tanıştırabilirsiniz.

BEN VE BİZ

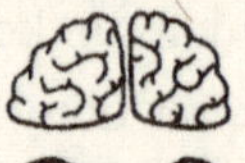

NORMAL GÖRME EYLEMİ "GÖZLERİMİZİ KULLANARAK", "AKILGÖZÜ" DE AKLIMIZI KULLANARAK GÖRMEK ANLAMINA GELİR. BUNUN İKİ ANLAMI VARDIR...

BİRİNCİSİ: AKILGÖZÜYLE BAKMAK, NELER OLUP BİTTİĞİNİ GÖRMEK İÇİN KENDİ AKLIMIZIN İÇİNE BAKMAK DEMEKTİR. AKILGÖZÜYLE GÖRMEK SİZİN KAFANIZIN İÇİNDEKİ RESİMLERE, AKLINIZIN İÇİNDEKİ DÜŞÜNCELERE, YAŞADIĞINIZ DUYGULARA VE HATTA BEDENİNİZDEKİ HİSLERE DİKKAT ETMENİZE İZİN VERİR. KENDİNİZİ DAHA İYİ TANIMANIZA YARDIM EDER.

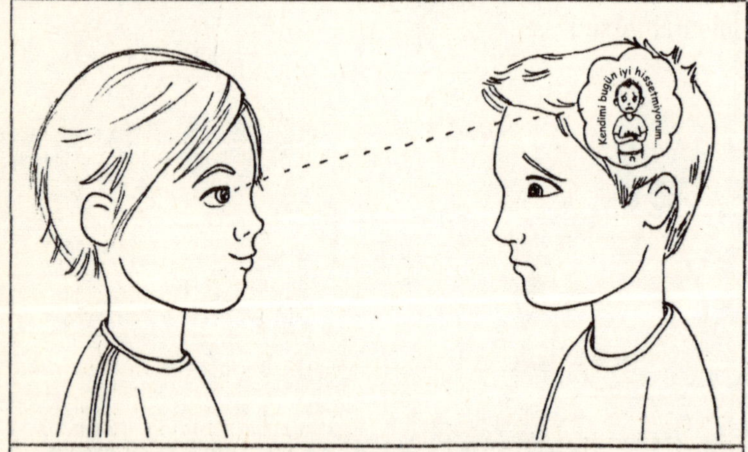

İKİNCİSİ: AKILGÖZÜYLE BAKMAK BAŞKA BİRİNİN AKLINI GÖRMEK VE OLAN BİTENE ONLAR GİBİ BAKMAYA ÇALIŞMAK ANLAMINA GELİR.

ÖRNEĞİN;

DREW EVE GELDİ VE BABASINA TİM'İN YENİ VE ESKİ SU TABANCALARININ KİMİN KULLANACAĞI KONUSUNDA TİM İLE MÜNAKAŞA ETTİKLERİNİ SÖYLEDİ. SONUNDA TABANCALARI SIRAYLA KULLANMA KONUSUNDA MUTABIK KALMIŞLARDI AMA DREW EVE DÖNDÜKTEN SONRA BİLE KENDİSİNİ HÂLÂ ÖFKELİ HİSSEDİYORDU.

DREW, KENDİSİ MİSAFİR OLDUĞUNDAN TİM'İN YENİ TABANCASINI KULLANMASI İÇİN ONA İZİN VERMESİ GEREKTİĞİNİ SÖYLEDİ. BABASI ONU DİNLEDİ VE ONU ANLADIĞINI SÖYLEDİ. SONRA ONA ŞÖYLE SORDU: "SENCE TİM O TABANCAYI NEDEN O KADAR ÇOK İSTİYORDU?"

DREW BİRAZ DÜŞÜNDÜ. "ÇÜNKÜ," DEDİ, "BU TABANCA ÇOK YENİYDİ VE KENDİSİ BİLE ONUNLA HENÜZ OYNAYAMAMIŞTI. O YÜZDEN OLABİLİR Mİ?" DREW BUNU DEDİĞİ ANDA AKILGÖZÜNÜ KULLANMIŞ VE TİM'İN DUYGULARINI ANLAMAYI BAŞARMIŞTI. KENDİSİNİ ARTIK ÖFKELİ HİSSETMİYORDU.

BUNDAN BÖYLE BİRİNE ÖFKELENİRSENİZ, ONUN NASIL HİSSETTİĞİNİ ANLAMAK İÇİN AKILGÖZÜNÜZÜ KULLANIN. ÖZELLİKLE DE BİRİYLE MÜNAKAŞA ETTİĞİNİZDE VEYA HAYAL KIRIKLIĞINA UĞRADIĞINIZDA, OLAYLARA AKILGÖZÜNÜZLE BAKMAK KARŞINIZDAKİ KİŞİNİN NELER DÜŞÜNDÜĞÜNÜ VE HİSSETTİĞİNİ ANLAMANIZA ÇOK YARDIMCI OLUR. BU DA HER İKİNİZİN DE KENDİNİZİ ÇOK DAHA İYİ HİSSETMENİZİ SAĞLAR.

Kendimizi Entegre Etmek: Kendi Hikayemizden Anlam Çıkarmak

Bir ebeveyn olarak sizin hayatınızdaki en önemli "biz", çocuklarınızla paylaştığınız deneyimlerdir. Aranızdaki ilişkiler çocuğunuzun geleceğini önemli ölçüde belirleyecektir. Araştırmalar göstermiştir ki, ebeveynler çocuklarına onların beklentileri doğrultusunda ve tekrarlayan deneyimler yaşatıp, onların duygu ve ihtiyaçlarını göz ardı etmeden duyarlı yanıtlar verdikleri müddetçe, bu çocuklar sosyal, duygusal, ilişkisel ve hatta akademik açıdan başarılı olacaklardır. Çocukların ebeveynleriyle iyi ilişkiler içinde oldukları vakit daha başarılı oldukları bir sır olmamakla birlikte, ebeveyn-çocuk ilişkilerinin nasıl oluştuğunu öğrenmek sizi şaşırtabilir. Bu ebeveynlerimizin bizi nasıl yetiştirdiğiyle veya çocuk yetiştirme konusunda okuduğumuz kitap sayısıyla ilgili olan bir durum değildir. Çocuklarımızla olan ilişkilerimizi ve çocuklarımızın gelecekteki başarısını en fazla etkileyen şeyler, kendi ebeveynlerimizle ne ölçüde anlamlı ilişkiler yaşadığımız ve çocuklarımıza karşı ne kadar duyarlı olduğumuzdur.

Sonuçta her şey hayat hikayemize, yani kim olduğumuza bakıp bu kimliğe nasıl kavuştuğumuzu anlatırken söylediğimiz hikayeye gelip dayanmaktadır. Bu hikaye bizim geçmişimizle ilgili duygularımızı belirler, (anne ve babamız gibi) bazı kişilerin neden belirli bir şekilde davrandığını anlamamızı sağlar ve yetişkinliğe doğru giden yolda bu olayların bizim gelişmemize nasıl bir katkısı olduğunu fark etmemize yardımcı olur. Eğer hayat hikayemiz tutarlıysa, geçmişimizin bizim kim olduğumuza ve neler yaptığımıza ne gibi katkıları olduğunu anlamışız demektir.

İncelenmemiş ve anlaşılmamış bir hayat hikayesi bizi şimdiki zamanda kısıtlamakla kalmaz, aynı zamanda tepkisel ebeveynlik yapmamıza ve bizi hayatımızın ilk yıllarında olumsuz olarak etkileyen bu acı verici mirası çocuklarımıza geçirmemize neden olur. Örneğin, babanızın kötü bir çocukluk geçirmiş olduğunu farz edin. Belki de içinde yaşadığı ev duygusal anlamda bir çölden farksızdı, korktuğu veya üzüldüğü vakit anne ve babası onu hiç rahatlatmamışlardı, belki de ona soğuk davranıyorlar, ondan uzak duruyorlar ve hayatın güçlüklerine karşı tek başına mücadele etmesini istiyorlardı. Anne ve babası ona ve duygularına dikkat etmemişlerse, o da pek çok yönden yaralanmış olarak büyüyecektir. Sonuç olarak, sizin bir çocuk olarak ihtiyacınız olan şeyleri verme yeteneği kısıtlanmış bir şekilde yetişkinliğe geçecektir. İçtenlikten ve ilişki kurabilme yeteneğinden yoksun olacaktır; sizin duygu ve ihtiyaçlarınıza yanıt vermekte zorlanacaktır, üzgün olduğunuz, korktuğunuz veya kendinizi yalnız hissettiğiniz vakit size "kendine gel" diye bağıracaktır. Bütün bunlar, kendisinin bile farkında olmadığı bazı örtük anıların etkisiyle gerçekleşmektedir. Bir yetişkin ve bir ebeveyn olduğunuzda siz de bu zararlı kalıpları kendi çocuklarınıza geçirme riski altında olacaksınız. İşte kötü haber budur.

Ama iyi bir haberimiz de var, hatta iyinin de ötesinde bir haber bu. Kendi deneyimlerinizden anlam çıkarabilir ve babanızın çocukken ne kadar yaralanmış ve ilişkisel açıdan kısıtlanmış olduğunu *anlarsanız*, bu acıyı çocuklarınıza devretme riskinin önüne geçebilirsiniz. Yani, yaşadıklarınızı ve bunların sizi ne şekilde etkilemiş olduğunun üzerinde kafa yormaya başlayabilirsiniz.

Çocuklarınızı, ebeveynlerinizin sizi yetiştirirken benimsediği tarzın tam tersi bir şekilde yetiştirme eğilimi içine girmeniz de mümkündür. Ama burada önemli olan, ebeveynlerinizle olan ilişkilerinizin sizi nasıl etkilediğini açık ve net bir şekilde gözden geçirmektir. Bunu yaparken, siz farkında bile olmadan sizi etkilemekte olan örtük anılarınızla baş etmeniz gerekecektir. Bazen bunu bir terapist eşliğinde yapmanız veya deneyimlerinizi bir arkadaşınızla paylaşmanız daha iyi olabilir. Duygusal hayatımızı, iyi veya kötü yönleriyle birlikte, ayna nöronlar ve örtük bellek kanalıyla olduğu gibi çocuklarımıza geçirdiğimiz için, hayat hikayenizi açığa çıkarmanız çok büyük bir önem taşır. Çocuklarımızın bizim deneyimlerimizden etkilendiğini hatırda tutarsak, acı ve tatlı olaylarla dolu olan kendi hikayelerimizi daha iyi anlama yolunda bize motivasyon veren güçlü bir içgörüden faydalanmış oluruz. Ondan sonra, çocuklarımızın ihtiyaçlarına ve onlardan gelen sinyallere uyum sağlayabilir ve onlarla güvenli bağlar, güçlü ve sağlıklı ilişkiler kurabiliriz.

Araştırmalar mükemmelin epeyce altında bir çocukluk geçirmiş olan yetişkinlerin bile etkin ebeveynlik yapmakta ve sevildiklerini ve güvenli ilişkiler içinde olduklarını bilen çocuklar yetiştirmekte, en az aile hayatları tutarlı ve sevgi dolu olanlar kadar başarılı olabildiklerini göstermektedir. Hayat hikayeniz üzerinde çalışmaya başlamak için asla çok geç değildir ve bunu yaptığınız vakit çocuklarınızın da sizin ektiklerinizi biçeceklerini unutmayın.

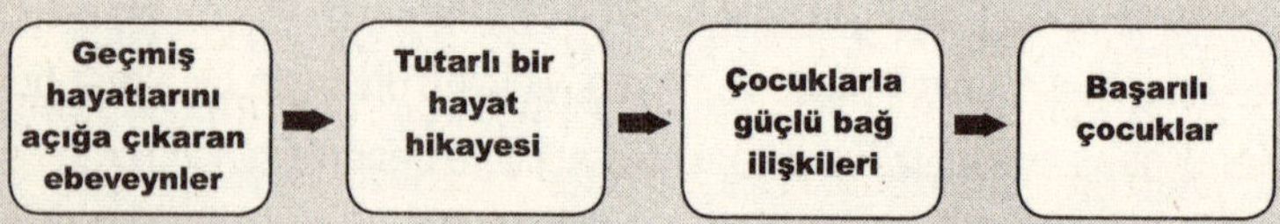

Şu hususun mümkün olduğu kadar açık ve net olması gerekir: Hayatın ilk yıllarında yaşananlar kader değildir. Geçmişinizi anlayarak, nesilden nesile geçme tehlikesi arz eden, acı ve güvensiz bağlarla dolu bir mirastan kendinizi kurtarabilir ve çocuklarınız için sevgi ve şefkat dolu bir gelecek bağışlamış olursunuz.

SONUÇ
Sözün Özü...

Hepimizin çocuklarımız için hayalleri ve ümitleri vardır. Pek çoğumuz için, bunlar onların mutlu, sağlıklı ve bütünüyle kendileri olmalarıyla ilgilidir. Bu kitapta vermek istediğimiz mesaj, çocuklarınız için bu gerçeği günlük yaşantınızda ve onlarla paylaştığınız olağan deneyimlerle yaratmanızın mümkün olduğudur. Bunun da anlamı şudur: Sadece açıkça belli olan öğretilebilir anları değil, sıradan "asayiş berkemal" anlarını bile, çocuklarınızın mutlu, başarılı, iyi ilişkilerin keyfini çıkaran ve kendileriyle barışık, kısacası Bütün-Beyinli çocuklar olmaları için fırsatlar olarak kullanabilirsiniz.

Daha önce anlattığımız gibi, bütün-beyin bakış açısının yararlarından bir tanesi, çocuklarınızla yaşayabileceğiniz eğlenceleri ve onlarla kurabileceğiniz bağları engelleyen günlük çocuk yetiştirme güçlüklerini dönüştürme gücünü size vermesidir. Bütün-beyinli bir çocuk yetiştirmek, size sırf ayakta kalmanın ötesinde bir şeyler verir. Bu yaklaşım çocuklarınızla sizin aranızda bağ kurulmasını ve daha derin bir anlayışın oluşmasını teşvik eder. Entegrasyon farkındalığı, size baş etmeniz gereken sorunları çocuklarınıza yakınlaştıracak şekilde ele almanızı sağlayacak yetenek ve güven duygusunu verir. Böylece onların aklını daha iyi anlayabilir ve onları daha olumlu ve sağlıklı yollara yönlendirebilirsiniz. Bunun sonucunda da, sadece çocuklarınız başarılı olmakla kalmaz, onlarla olan ilişkileriniz de gelişir.

Gördüğünüz gibi, bütün-beyinli çocuklar yetiştirmek sadece sizin sevimli (ama hiç şüphesiz zaman zaman sizi çileden çıkaran) çocuğunuzun şu anda nasıl olduğuyla değil, onun gelecekte nasıl olacağıyla ilgilidir. Onun beyninin entegre edilmesi, zihninin beslenmesi ve ona ergenliğe ve yetişkinliğe giden yolda yararlı olabilecek becerilerin verilmesiyle ilgilidir. Çocuklarınızın entegrasyonunu teşvik etmekle ve onların üst beyinlerinin gelişmesine katkıda bulunmakla, onların daha iyi arkadaşlar, daha iyi eşler ve daha iyi ebeveynler olmaya hazırlanmalarına da yardım etmiş olursunuz. Örneğin, zihnindeki algılara, imgelere, hislere ve düşüncelere dikkat etmeyi ve onları ELEMEYİ öğrenen bir çocuk, kendisini daha derinden anlayacak, kendisini daha iyi kontrol altında tutabilecek ve başkalarıyla daha rahatlıkla bağ kurabilecektir. Aynı şekilde, çocuğunuza yaşadığı çatışmaları bağ kurmak için kullanmayı öğretirseniz, ona hoş olmayan tartışmaların bile başkalarının zihinlerini anlamak için birer fırsat olduğunu görebilme yeteneği gibi çok değerli bir armağan vermiş olursunuz. Entegrasyon yaşam boyu ayakta kalmanızla, başarılı olmanızla ve çocuğunuzun sadece şimdi değil gelecekte de kendisini iyi hissetmesiyle ilgilidir.

Bütün-Beyin yaklaşımının nesiller boyu etkili olduğunu bilmek size olağanüstü bir güç verir. Geleceği olumlu yönde değiştirmek için sahip olduğunuz bu gücün artık farkında mısınız? Çocuklarınıza beyinlerinin bütününü kullanmayı öğretmekle, sadece onların değil, onların etkileşim içinde olduğu kişilerin de hayatlarını etkilemiş oluyorsunuz. Ayna nöronları ve beynin ne kadar sosyal olduğunu hatırlıyor musunuz? Daha önce de anlattığımız gibi, çocuğunuzun beyni izole edilmiş, bir boşluk içinde işlev gören ve "tek bir kafatası" içinde hapsolmuş bir organ değildir. Kişinin kimliği, ailesi ve içinde yaşadığı toplum temelde birbiriyle nörolojik olarak bağlantılıdır. Koşuşturmalı, hırslı ve genellikle izole olan hayatlarımızı yaşarken bile, bu temel gerçeği ve onlarla karşılıklı bir bağımlılık ve bağlantı içinde olduğumuzu hatırlarız.

Bu gerçeği öğrenen çocuklar sadece kendi hayatlarına mutluluk, anlam ve bilgelik getirmekle kalmazlar, bildiklerini başkalarına aktarma şansına da sahip olurlar. Örneğin, çocuklarınızın örtük anılarını açık anılar haline getirmek için içlerindeki uzaktan kumanda aletini kullanmalarına yardımcı olursanız, onlara hayatları boyunca başkalarıyla anlamlı etkileşimler içine girmelerini sağlayacak bir öz-yansıtma yeteneği vermiş olursunuz. Aynı şey, onlara farkındalık çarkını öğretirken de geçerlidir. Bir kez kimliklerinin farklı yönleriyle entegre olmayı öğrendikten sonra, kendilerini daha derinden anlayabilecek ve etraflarındaki insanlarla nasıl bir etkileşim içinde olacaklarını *aktif bir şekilde seçebileceklerdir.* Kendi hayat gemilerinin kaptanı olabilecekler, nehrin kaos ve katı düzen yakalarından uzak durabilecekler ve mutluluğun uyumlu akışı içinde daha çok vakit geçirebileceklerdir.

Biz, insanlara entegrasyon konusunu ve bunu günlük hayatlarında nasıl uygulamaları gerektiğini öğretmenin çok derin ve uzun süreli olumlu etkileri olduğunu çeşitli vesilelerle gözlemledik. Bu yaklaşım çocukların gelişmesinin yönünü değiştirebiliyor ve onların hayatlarına anlam, şefkat, esneklik ve direnç katıyor. Bütün-Beyin yaklaşımıyla büyütülen çocukların bazılarının, kendi yaşlarını çok aşan bilgece şeyler söylediklerine sıklıkla rastlanmaktadır. Tanıdığımız bir üç yaşındaki çocuk, görünürde birbirinin tersi olan bazı duyguları teşhis etmekte ve onları belli etmekte öyle ustalaşmıştı ki, bakıcısıyla geçirdiği bir gecenin sonunda ebeveynleri eve geldiğinde onlara "Siz evde yokken sizi özledim ama Katie ile de çok güzel vakit geçirdim," demişti. Yedi yaşındaki bir başkası da pikniğe giderlerken ebeveynlerine "parka gittiğimizde acıyan baş parmağımı sorun yapmamaya karar verdim. Herkese parmağımı incittiğimi söyleyeceğim, ama sonra da eğlenip oyun oynayacağım," demişti. Bu kadar küçük yaştaki çocuklarda bu denli özfarkındalık olması oldukça olağandışı görülebilir ama Bütün-Beyin yaklaşımının neleri mümkün kıldığını göstermesi açısından ilginçtir. Gözünüzün önünde açılan tarih sayfalarının pasif bir yazmanı olmaktan vazgeçip, hayat hikayenizin etkin yazarı konumuna geçtiğiniz vakit, kendinize sevdiğiniz türden bir hayat yaratmaya başlamışsınız demektir.

Bu tür bir özfarkındalığın gelecekte daha sağlıklı ilişkilere nasıl yol açacağını ve özellikle de çocuklarınız ebeveyn olduklarında onların çocukları için nasıl bir anlam taşıyacağını artık görebiliyorsunuz sanırım. Bütün-Beyinli bir çocuk yetiştirmekle, siz aslında kendi torunlarınıza büyük bir armağan vermiş oluyorsunuz. Bir saniye için gözlerinizi kapayın ve çocuğunuzun kendi çocuğunu kucağında tuttuğunu hayal edin ve ona aktardığınız gücün farkına varın. Ve bilin ki, bu iş burada da bitmeyecektir. Sizin torunlarınız kendi ebeveynlerinden öğrendiklerini mutluluk ve neşe veren bir miras olarak kendi çocuklarına geçireceklerdir. Kendi çocuklarınızı torunlarınızla bağ kurarken ve onları yeniden yönlendirirken hayal edin! İşte hayatlarımızı nesiller boyu entegre etmek, böyle bir şey.

Umarız bu vizyon, dilediğiniz türde ebeveynler olma konusunda size esin verir. Haklısınız, zaman zaman ideallerinizi yakalamaktan uzak kalacaksınız. Ve evet, sizinle paylaştıklarımızın pek çoğu sizin ve çocuklarınızın çok çaba göstermenizi gerektirecek. Ne de olsa, acı veren deneyimlere geri dönüp onlarla ilgili hikayeleri anlatmak veya çocuğunuz üzgün olduğunda onun alt beynini tetiklemek yerine, üst beynini devreye sokmak her zaman kolay olmayabilir. Ama her Bütün-Beyin stratejisi, aile hayatınızı daha iyi ve daha idare edilebilir hale getirmeniz için size pratik adımlar sunar. Mükemmel bir süper ebeveyn olmanız veya çocuklarınızın ideal robot çocuklar haline getiren birtakım reçeteler takip etmeniz gerekmez. Aynen bizim gibi pek çok yanlışlar yapacaksınız ve çocuklarınız da aynen bizim çocuklarımız gibi pek çok yanlışlar yapacaklardır. Ama Bütün-Beyin bakış açısının güzelliği, bu *hataların* olgunlaşmak ve gelişmek için gerekli olan *fırsatlar* olduğunu anlamanıza izin vermesidir. Bu yaklaşım, bir yandan insan olduğumuzu kabul ederken, bir yandan da yaptığımız her şeyi ve gittiğimiz her yeri bilinçli olarak seçmemizi gerektirmektedir. Hedefimiz istekli olmak ve dikkatimizi vermektir, yoksa mükemmellik adına katı ve insafsız beklentiler içine girmek değil.

Bütün-Beyin yaklaşımını keşfettiğiniz anda, onu muhtemelen geleceği oluşturma sorumluluğunda sizinle birlikte hareket eden hayatınızdaki diğer kişilerle paylaşmak isteyeceksinizdir. Bütün-Beyinli ebeveynler bildiklerini diğer ebeveynlerle olduğu kadar, çocuklarının sağlıklı ve mutlu yetişmesi için takım halinde çalışan öğretmenlerle ve bakıcılarla paylaşmak için çok hevesli olurlar. Bütün-Beyinli bir aile oluşturduğunuz vakit, şimdiki ve gelecekteki nesiller için duygusal mutluluğun önemli olduğu ve ilişkiler açısından zengin topluluklarla dolu bir toplum yaratma konusunda daha kapsamlı bir vizyona sahip olursunuz. Hepimiz sinaptik ve sosyal olarak birbirimize bağlıyız ve hayatlarımıza entegrasyonu getirmekle insanların kendilerini iyi hissettikleri bir dünya yaratmış oluruz.

Ebeveynlerin çocukların ve toplumun geneli üzerindeki olumlu etkisine ne kadar inandığımızı sanırım siz de görebilmektesiniz. Bir ebeveyn olarak, sizin için çocuğunuzun zihnine şekil vermeyi istemekten daha önemli bir şey olamaz ve bu hedefi gerçekleştirmek için sizin yaptıklarınız çok şey ifade edecektir.

Bunu da söyledikten sonra, son olarak kendinizi aşırı baskı altında tutmamanızı önereceğiz. Çocuklarınızla birlikte geçirdiğiniz anlardan yararlanmanın önemini pek çok kez vurguladık, ama vaktinizin yüzde yüzünü bunu yapmak için geçireceğinizi düşünmek gerçekçi olmaz. Burada önemli olan husus, çocuklarınızın gelişmesini teşvik etmek için günlük hayatta karşınıza çıkan fırsatları kullanmanın avantajlarının farkına varmaktır. Ama bu, sürekli olarak beyin hakkında konuşmanız veya çocuklarınıza durmadan hayatlarının önemli olaylarını tekrarlatmanız anlamına gelmez. Gevşemek ve birlikte eğlenmek de bunlar kadar önemlidir. Ve evet, bazen de çocuklarımıza ders olabilecek bir anın geçip gitmesine izin vermeyi bile kabul etmek gerekir.

Çocuklarınızın zihinlerini şekillendirme ve geleceği etkileme gücünüzle ilgili bütün bu konuşmalar başlangıçta bizi ürkütebilir, çünkü genler ve deneyimler çocukları ebeveynlerin kontrol edemediği şekillerde etkiler. Ama Bütün-Beyinli Çocuk kavramının özünü anlamışsanız, bu kavramın sizi çocuklarınızı iyi yetiştirme konusunda yetersiz olma korkusundan arındıracağını da göreceksiniz. Hiç hata yapmamak gibi bir sorumluluk altında olmadığınız gibi, çocuğunuzun karşısına çıkabilecek tüm engelleri ortadan kaldırmak zorunda da değilsiniz. Tam tersine, sizin göreviniz çocuklarınızın yanında olmak ve hayatın iniş çıkışlarında onlarla aranızda bir bağ kurmaktır.

Bütün-Beyinli Çocuk kitabının sunduğu en iyi haber, çocuklarınızla yaşadığınız en zorlu anların ve bir ebeveyn olarak yaptığınız hataların aslında çocuklarınızın olgunlaşmaları, bazı şeyleri öğrenmeleri ve mutlu, sağlıklı ve bütünüyle kendileri olmalarına yardımcı olmak için size fırsatlar yaratmasıdır. Güçlü duygularını görmezden gelmek veya verdikleri mücadelelerden vazgeçirmek yerine, onların Bütün-Beyinli olmalarını sağlamak için *zorluklara karşı onlarla birlikte yürüyebilir,* yanlarında durarak ebeveyn-çocuk bağlarını güçlendirebilir ve onların kendilerini görünen, dinlenilen ve önem verilen kişiler olarak hissetmelerine yardımcı olabilirsiniz. Bu sayfalarda sizinle paylaştığımız bilgilerin, çocuklarınız ve aileniz için arzu ettiğiniz hayatların yaratılmasında size hem şimdi, hem de gelecek yıllara ve nesillere uzanacak kadar sağlam temeller ve esin vereceğini ümit ediyoruz.

BUZDOLABI BÖLÜMÜ

Bütün-Beyinli Çocuk

Daniel J. Siegel ve Tina Payne Bryson

GİRİŞ

Yıkılmayın, Ayakta Kalın ve Başarılı Olun: Çocuk yetiştirmenin güç anları karşısında ayakta kalma çabası gösterirken, bu anları alın ve onları çocuklarınızın başarılı olmasını sağlayacak fırsatlar haline getirme yollarını bulmaya bakın.

Entegrasyon → Sağlık ve Başarı: Beyin en iyi performansını, farklı bölümleri koordine ve dengeli bir şekilde çalıştığı vakit gerçekleştirir. Entegre bir beyin kişinin daha iyi kararlar almasını, bedenini ve duygularını daha iyi kontrol etmesini, kendisini daha iyi anlamasını, daha güçlü ilişkiler kurmasını ve okulda başarılı olmasını sağlar.

Kendini İyi Hissetme Nehri: Çocuklarımız ne kadar dengeli olurlarsa, kendini iyi hissetme nehrinin içinde daha çok kalırlar, kaos ve katı düzen yakalarından uzak dururlar.

SOL VE SAĞ BEYNİN ENTEGRASYONU

Sol + Sağ = Açıklık ve Kavrayış: Çocuklarınızın mantıksal sol beyinleri ile duygusal sağ beyinlerini birlikte kullanmalarına ve böylece onların yakın ilişkilerle dolu dengeli, anlamlı ve yaratıcı hayatlar yaşamalarına yardımcı olun.

Neler Yapabilirsiniz: Çocuğunuzun her iki beynini kullanarak iş görmesine nasıl yardımcı olabilirsiniz?

- *Çocuğunuzla bağ kurun ve onu yeniden yönlendirin:* Çocuğunuz üzgün olduğu vakit, her şeyden önce sizin sağ beyninizle onun sağ beyni arasında duygusal bir bağ kurun. Çocuğunuz kendisine daha hakim ve kabul etmeye daha hazır bir hale geldiğinde, sol beyin derslerini ve disiplini devreye sokun.

- *Sorunu halletmek için sıkıntının adını koyun:* Sağ beyinden kaynaklanan ciddi duygular kontrolden çıkmışsa, çocuklarınıza onları bu derece üzen şeyi bir hikaye şeklinde anlatmasını söyleyin. Çocuklar bunu yaptıklarında, sol beyinlerini kullanırlar ve yaşadıklarına bir anlam vermeyi başararak kendilerini kontrol altına alabildiklerini hissederler.

ÜST VE ALT BEYNİN ENTEGRASYONU

Üst Beyinle İlgili Olarak Sabırlı Olun: Doğuştan eksiksiz olan ilkel sağ beynin aksine, sofistike üst beynin yapılanması çocuklukta ve ergenlik yıllarında bile devam eder. Üstelik, özellikle güçlü duyguların etkili olduğu durumlarda, alt beyin tarafından kaçırılmaya karşı savunmasızdır. O nedenle, çocuklarınızın her zaman iyi kararlar almalarını veya duyguların ve eylemlerini kontrol altında tutmalarını beklemeyin.

Neler Yapabilirsiniz: Çocuğunuzun üst beyninin gelişmesine ve entegre olmasına nasıl yardımcı olabilirsiniz?

- *Hangisini devreye sokmalı veya sokmamalı:* Aşırı stresli durumlarda, çocuğunuzun alt beynini tetiklemek yerine, üst beynini devreye sokmaya çalışın. "Ben sana demiştim!" kartını hemen oynamayın. Onun yerine, çocuğunuzun yüksek-düzey düşünce becerilerine hitap edin. Sorular sorun, ne gibi alternatifler düşündüğünü öğrenmeye çalışın ve hatta uzlaşma yoluna gidin.

- *Onu kullanın veya kaybedin:* Güçlenmesi ve alt beyinle ve bedeninizle entegre olabilmesi için çocuğunuzun üst beynine elinizden geldiğince çok fırsat tanıyın. Onlarla "Sen olsaydın ne yapardın?" oyununu oynayın ve önlerine bazı ikilemli durumlar getirin. Güç kararlar almaları gerektiğinde, onları bu durumdan kurtarmaya kalkışmayın.

- *Onu hareket ettirin veya kaybedin:* Bir çocuk üst beyniyle temasını kaybettiği vakit, dengesini tekrar kazanması için başvuracağınız etkili bir yöntem, onun bedenini hareket ettirmesini sağlamaktır.

BELLEĞİN ENTEGRASYONU

Örtük Anıları Açığa Çıkarın: Çocuklarınıza örtük anılarını açığa çıkarmaları için yardımcı olun, böylece geçmişte yaşadıkları onları elden ayaktan düşürecek şekilde etkilemez. Geçmiş olayları hikaye şeklinde anlatarak, neler olup bittiğini görebilirler ve bu anılarla baş edebilmek için yerinde ve bilinçli kararlar alabilirler.

Neler Yapabilirsiniz: Çocuğunuzun örtük ve açık anılarını entegre etmesi için nasıl yardımcı olabilirsiniz?

- *Çocuğunuza aklının uzaktan kumandasını kullandırın:* Acı veren bir olaydan sonra, çocuk neler olup bittiğini anlatmak istemeyebilir. Ama ona aklının içindeki uzaktan kumandayı kullanmasını öğretirseniz, hikayeyi anlatırken durup bekleyebilir, bandı başa alabilir veya hızla öne sarabilir ve böylece olayın hatırladığı kadarını kontrolü altına almış olur.

- *Ona hatırlatmayı hatırlayın:* Olayları hatırlamaları ve belleklerini çalıştırmaları için çocuklarınıza bol bol hatırlama pratiği yaptırın. Arabada giderken, yemek masasının başındayken, aklınıza gelebilecek her yerde onlara yaşadıkları şeyleri anlattırın ve böylece örtük ve açık anılarını entegre etmelerini sağlayın.

KİMLİĞİMİZDEKİ FARKLI YÖNLERİN ENTEGRASYONU

Farkındalık Çarkı: Çocuklarımız bazen farkındalık çarklarının çemberindeki noktalardan belirli bir tanesine takılıp kalırlar ve kimliklerinin pek çok diğer özelliğini göremez olurlar. Zihinlerinin içinde neler olup bittiğini görmeleri için onları akılgözüyle tanıştırmamız gerekir. O vakit, dikkatlerini odaklayacakları yerleri seçebilirler, kimliklerinin farklı yönlerini entegre edebilirler ve duygularını kontrol altına alabilirler.

Neler Yapabilirsiniz: Çocuğunuzu farkındalık çarkıyla nasıl tanıştırabilirsiniz?

- *Bırakın, duygu bulutları geçip gitsin:* Çocuğunuza hislerin gelip geçici olduğunu öğretin. Korku ve hayal kırıklığı ve yalnızlık geçici durumlardır, kalıcı özellikler değildir.

- *ELEME (SIFT):* İçindeki algılara, imgelere, duygulara ve düşüncelere dikkat etmesi için çocuğunuza yardımcı olun.

Eğer içinde neler olup bittiğinin farkında değilse, iç deneyimlerini anlamayı ve onları değiştirmeyi de başaramaz.

- *Çocuğunuza akılgözünü kullandırın:* Akılgözüyle bakma pratiği, çocuklara sakinleşmeyi ve dikkatlerini diledikleri yerlere odaklamayı öğretir.

KENDİNİN ÖTEKİ İLE ENTEGRASYONU

"Biz" Bağlantısını Kurmak: Beynin içinde mevcut olan sosyal etkileşim kapasitesini kullanma yollarını araştırın, özellikle de olumlu zihinsel ilişkiler yaratma konusunda istekli olun. Çocukların hayatları boyunca onları etkileyecek ve yönlendirecek olan ilişkilere dair beklentileri vardır, bu beklentileri yaratan kişiler onların ebeveynleri veya yetiştirilmelerinden sorumlu olan belli başlı kişilerdir. Kendilerini bireyler olarak görme içgörüsü sunan ve çevrelerindeki kişilerle empati ve bağlantı kurmalarını sağlayan akılgözünü geliştirmeleri için çocuklarınıza yardımcı olun.

Neler Yapabilirsiniz: Çocuğunuzun kendisini başkalarıyla entegre etmesini sağlamak için neler yapabilirsiniz?

- *Birbirinizden keyif alın*: Ailenin içine eğlence faktörünü getirin, böylece çocuklarınız en fazla vakit geçirdikleri kişilerle olumlu ve doyurucu deneyimler yaşarlar.

- *Çatışmaları bağ kurmak için kullanın:* Çatışmalara, sadece uzak durulması gereken engeller olarak bakmamaya çalışın. Onun yerine, bunları başka insanların bakış açısını önemseme, sözel olmayan işaretleri okuma ve ilişkileri onarma gibi önemli ilişki becerilerini çocuklarınıza öğretmek için fırsatlar olarak değerlendirin.

Bütün-Beyin Stratejilerinin Farklı Yaş ve Aşamalar için Kullanılması

Çocuklarınızı büyütürken, kitabımızda bahsettiğimiz on iki Bütün-Beyin stratejisini onların yaşlarına ve geçirmekte oldukları aşamalara göre uyarlamak isterken yardıma ihtiyacınız olabilir. O nedenle, bilgilerinizi tazelemek istediğiniz anda rehber olarak kullanmanız için aşağıdaki çizelgeyi hazırladık. Aşağıda önerdiklerimizin bir kısmının farklı aşamalarda örtüştüğünü göreceksiniz, bunun nedeni her bir bölümde de açıkladığımız gibi, bazı stratejilerin farklı gelişme aşamaları için aynı şekilde geçerli olmasıdır. Hedefimiz bu kitabın, çocuklarınız büyüse de hayati önem taşıyan bir kaynak olarak kalması ve onların her bir gelişme aşamasında kullanabileceğiniz kolay anlaşılan, özel araçları size sunmasıdır.

Yeni Doğan/Yeni Yürümeye Başlayan Çocuk (0-3)

ENTEGRASYON TÜRÜ	BÜTÜN-BEYİN STRATEJİSİ	STRATEJİNİN UYGULANMASI
Sol ve Sağ Beynin Entegrasyonu	*#1: Çocuğunuzla Bağ Kurun ve Onu Yeniden Yönlendirin:* Çocuğunuz üzgün olduğu vakit, her şeyden önce sizin sağ beyninizle onun sağ beyni arasında duygusal bir bağ kurun. Çocuğunuz kendisine daha hakim ve kabul etmeye daha hazır bir hale geldiğinde, sol beynin derslerini ve disiplini devreye sokun.	Çocuklarınıza duygular hakkında bir an önce bilgi vermenin tam zamanıdır. Onun duygularını yansıtın veya onu anladığınızı göstermek için (sarılmak ve empati gösteren yüz ifadeleri takınmak gibi) sözel olmayan işaretlerden faydalanın. *Hayal kırıklığına uğradın, öyle değil mi?* Onunla böyle bir bağ kurduktan sonra sınırları çizmek için ona şöyle deyin: *Isırılmak insanın canını acıtır, ama sen lütfen yine de nazik ol.* Son olarak, uygun bir alternatif üzerine odaklanın veya yeni bir konuya atlayın. *Hey, bak ayıcığın şurada. Onu ne zamandır görmemiştim.*

ENTEGRASYON TÜRÜ	BÜTÜN-BEYİN STRATEJİSİ	STRATEJİNİN UYGULANMASI
Sol ve Sağ Beynin Entegrasyonu	*#2: Sorunu halletmek için sıkıntının adını koyun:* Sağ beyinden kaynaklanan şiddetli duygular kontrolden çıkmışsa, çocuklarınıza onları bu derece üzen şeyi bir hikaye şeklinde anlatmasını söyleyin. Çocuklar bunu yaptıklarında, sol beyinlerini kullanırlar ve yaşadıklarına bir anlam vermeyi başararak kendilerini kontrol altına alabildiklerini hissederler.	Çocuklarınız bu yaştayken bile, onların duygularını tanımlamayı ve kabul etmeyi âdet haline getirin. *Çok üzgün görünüyorsun. Canın çok yandı, öyle değil mi?* Sonra olayın hikayesini anlatın. Çocuğunuz küçükken hikayenin asıl anlatıcısı siz olacaksınız. Esprili sözcükler kullanın, hatta nasıl düştüğünü ve başının nasıl şiştiğini kendinizi yere atarak canlandırın ve onun sizi ne kadar büyük bir keyifle izlediğini fark edin. Onu üzen olayı yeniden anlatmak için, olan biteni evde hazırladığınız bir deftere resimlerle veya fotoğraflarla kaydetmek de yararlı olabilir. Bu yöntem çocuğunuzu okul öncesi eğitimine veya yeni bir uyku vakti rutine başlatmak gibi bir geçiş dönemine hazırlamak istediğinizde de geçerli olabilir.

ENTEGRASYON TÜRÜ	BÜTÜN-BEYİN STRATEJİSİ	STRATEJİNİN UYGULANMASI
Üst Beyin ile Alt Beynin Entegrasyonu	*#3: Hangisini devreye sokmalı veya sokmamalı?* Aşırı stresli durumlarda, çocuğunuzun düşünme eylemiyle daha az ama tepki göstermekle daha çok ilgili olan alt beynini tetiklemek yerine, ona düşünmesini, plan yapmasını ve seçmesini söyleyerek üst beynini devreye sokun.	Kimse kendisine "hayır" denmesinden hoşlanmaz ama yeni yürümeye başlayan bir çocuğa sıklıkla kullandığınız takdirde bu strateji özellikle etkisiz olacak ve geri tepecektir. Küçük çocuğunuzla mümkün olduğunca doğrudan güç mücadelesine girişmekten sakının. "Hayır" sözcüğünü gerçekten ihtiyacınız olacağı bir an için saklayın. Çocuğunuz aynaya bir sopayla vurduğu vakit, onu yasaklamayı aklınızdan geçirdiğinizi fark ettiğinizde, biraz durun ve onun üst beynini devreye sokun. *Hadi gel dışarıya çıkalım. O sopayla bahçede neler neler yapabilirsin.*
	#4: Onu kullanın veya kaybedin: Çocuğunuzun üst beynini çalıştırmak için ona çeşitli fırsatlar tanıyın ve onun güçlenerek alt beyniyle ve bedeniyle entegre olmasını sağlayın.	Çocuğunuzun üst beynini çalıştırması ve kendi kararlarını kendisi alabilmesi için elinizden geldiğince yollar bulmaya çalışın. Bugün mavi bluzunu mu, yoksa kırmızı bluzunu mu giymek istiyorsun? Yemekte süt mü içersin, yoksa su mu? Birlikte kitap okuduğunuzda ona beynini geliştirecek sorular sorun: *Sence o kedi yavrusu ağaçtan nasıl inecek? O kız neden bu kadar üzgün görünüyor dersin?*

ENTEGRASYON TÜRÜ	BÜTÜN-BEYİN STRATEJİSİ	STRATEJİNİN UYGULANMASI
Üst Beyin ile Alt Beynin Entegrasyonu	*#5: Onu hareket ettirin veya kaybedin:* Bir çocuğun üst ve alt beynini dengeli olarak çalıştırması için en güçlü yöntemlerden biri, onun bedenini hareket ettirmesini sağlamaktır.	Çocuğunuz bir şeye üzülmüşse, onun duygularına önem verdiğinizi ve onayladığınızı gösterdiğinizden emin olun. Atacağınız ilk adım her zaman bu olmalıdır. Ama daha sonra ve hiç vakit kaybetmeden onun hareket etmesini sağlayın. Evin içinde onunla birlikte gürültülü bir şekilde eğlenin. "Lideri takip et" oyununu oynayın. Odasına kadar koşarak yarış yapın ve yine koşarak geri gelin. Onu hareket ettirin ve ruh halinin değiştiğine tanık olun.
Belleğin Entegrasyonu	*#6: Ona aklının uzaktan kumandasını kullandırın.* Acı veren bir olaydan sonra, çocuk neler olup bittiğini anlatmak istemeyebilir. Ama ona aklının içindeki uzaktan kumandayı kullanmasını öğretirseniz, hikayeyi anlatırken durup bekleyebilir, bandı başa alabilir veya hızla öne sarabilir ve böylece olayın hatırladığı kadarını kontrolü altına almış olur.	Bu yaştaki çocuklar uzaktan kumandanın ne olduğunu bilmeyebilirler ama bir hikayenin gücünün farkındadırlar. Onun bir hikaye anlattırmak ve (yeniden anlattırmak) istediği anlardan keyif alın. Bir süre sonra kumandanın bekleme veya hızla öne sarma düğmelerine değil, tekrar tekrar "oynat" düğmesine bastığınızı ve aynı hikayeyi birkaç kez üst üste anlattığınızı fark edeceksiniz. Aynı şeyi tekrar tekrar anlatmak bir süre sonra sizi sıksa bile, hikaye anlatmanın anlayış, şifa ve entegrasyon getirdiğini unutmayın.

ENTEGRASYON TÜRÜ	BÜTÜN-BEYİN STRATEJİSİ	STRATEJİNİN UYGULANMASI
Belleğin Entegrasyonu	*#7: Ona hatırlatmayı hatırlayın*: Olayları hatırlamaları ve belleklerini çalıştırmaları için çocuklarınıza bol bol hatırlama pratiği yaptırın.	Bu yaştaki çocuklara basit sorular sormak ve onun dikkatini günlük yaşantısındaki bazı ayrıntılara çekmek ve oraya odaklamak gerekir. *Bugün Carrie'lerin evine gittik, öyle değil mi? Ve orada neler yaptığımızı hatırlıyor musun?* Entegre bir bellek sistemi için bu tür sorular temel taşları gibidir.
Kimliğin Farklı Yönlerinin Entegrasyonu	*#8: Duygu bulutlarının geçip gitmesine izin verin*: Çocuklarınıza hislerin gelip geçici olduğunu öğretin. Korku, hayal kırıklığı ve yalnızlık geçici durumlardır, kalıcı özellikler değildir.	"Hissetmek" ile "gerçekten olmak" arasındaki farkı görmelerini sağlayın. Küçük çocuklar kendilerini üzgün (veya öfkeli veya korkmuş) hissettikleri vakit, her zaman öyle hissetmeyeceklerini anlamakta güçlük çekerler. O yüzden onlara "Şu anda kendimi üzgün *hissediyorum ama daha sonra mutlu olacağımı biliyorum*" demeyi öğretin. Ama yine de temkinli olun ve çocuğun gerçek hislerini gözden kaçırmayın. O andaki duygularını onaylayın ve onu rahatlatın, daha sonra da sonsuza dek mutsuz olmayacağını ve kısa süre içinde kendisini iyi hissedeceğini anlamasına yardımcı olun.

ENTEGRASYON TÜRÜ	BÜTÜN-BEYİN STRATEJİSİ	STRATEJİNİN UYGULANMASI
Kimliğin Farklı Yönlerinin Entegrasyonu	**#9: *ELEME/SIFT:*** İçlerindeki algıları, imgeleri, duyguları ve düşünceleri fark etmeleri ve anlamaları için çocuklarınıza yardımcı olun.	İç dünyasını fark etmesi ve onun hakkında konuşması için çocuğunuza yardımcı olun. Ona, bedensel algılarını *(Aç mısın?),* zihinsel imgelemelerini *(Büyükanne'nin evini düşününce gözünün önüne ne gibi resimler geliyor?),* duygularını *(Oyuncak bloklar yere düşünce insan hayal kırıklığına uğruyor, öyle değil mi)* ve düşüncelerini *(Yarın Jill geldiğinde neler olacak dersin?)* fark etmesini sağlayacak sorular yöneltin.
	#10: *Çocuğunuzun akılgözünü çalıştırın:* Akılgözü egzersizleri çocuğunuza kendisini sakinleştirmesini ve dikkatini dilediği yere odaklamasını öğretir.	Küçük yaştaki çocuklar bile, birkaç saniye için bile olsa, hareketsiz kalabilir ve sakin nefesler alabilirler. Çocuğunuzu sırt üstü yatırın ve karnının üzerine oyuncak bir tekne koyun. Ona, tekneyi yukarıya çıkaracak ve aşağıya indirecek şekilde yavaş yavaş ve derin nefes almasını öğretin. Çocuğunuz çok küçük olduğu için bu egzersizi çok kısa tutun. Sadece onun hareketsiz durma, sakin ve huzurlu olma deneyimi yaşamasını sağlayın.

ENTEGRASYON TÜRÜ	BÜTÜN-BEYİN STRATEJİSİ	STRATEJİNİN UYGULANMASI
Kendinin Öteki ile Entegrasyonu	*#11: Aile İçi Eğlence Faktörünü Geliştirin:* Aile bireyleri arasında beraber eğlenme imkanı yaratın, böylece çocuklarınız en fazla vakit geçirdikleri kişilerle olumlu ve doyurucu deneyimler yaşarlar.	Çocuğunuz ne yapmak istiyorsa onu yapın ve sadece oynayın. Onu gıdıklayın, onunla birlikte gülün, onu sevin. Bir şeyleri üst üste koyun, onları devirin. Direklere, tavalara vurun, parka gidin, top yuvarlayın. Çocuğunuzla birlikte odaklandığınız ve uyum sağladığınız her bir etkileşim, onun zihninde sevilmekle ve iyi ilişkiler kurmakla ilgili olumlu beklentiler yaratır.
	#12: Çatışmaları bağ kurmak için kullanın: Çatışmalara, sadece uzak durulması gereken engeller olarak bakmamaya çalışın. Onun yerine, bunları çocuklarınıza ilişki becerilerini öğretmek için fırsatlar olarak değerlendirin.	Çocuğunuzla paylaşma ve bir işi sırayla yapma konusunda konuşun, ama ondan fazla bir şey beklemeyin. İleriki yıllarda ona sosyal beceriler ve disiplin konularını öğretmek için pek çok fırsatınız olacaktır. Şimdilik, onunla başka bir çocuk arasında bir çatışma olduysa, duygularını ifade etmesi, diğer çocuğun neler hissettiğini anlaması ve eğer mümkünse sorunu birlikte çözmeleri için ona yardımcı olun. Eğer bu mümkün olamazsa, onları her birinin ayrı ayrı keyif alacağı başka etkinliklere yönlendirin.

Okul Öncesi Dönem (3-6)

ENTEGRASYON TÜRÜ	BÜTÜN-BEYİN STRATEJİSİ	STRATEJİNİN UYGULANMASI
Sol ve Sağ Beynin Entegrasyonu	*#1: Çocuğunuzla bağ kurun ve onu yeniden yönlendirin:* Çocuğunuz üzgün olduğu vakit, önce sizin sağ beyninizle onun sağ beyni arasında duygusal bir bağ kurun. Çocuğunuz kendisine daha hakim ve kabul etmeye daha hazır bir hale geldiğinde, sol beynin derslerini ve disiplini devreye sokun.	Her şeyden önce çocuğunuzun neden üzgün olduğunu sevecen bir tavırla dinleyin. Ona sarılın ve duyduklarınızı şefkatle tekrarlayın. *Molly bize gelemeyeceği için çok hayal kırıklığına uğradın, değil mi?* Onunla bu şekilde bağ kurduktan sonra, onu sorunun çözümüne ve daha uygun bir davranış içine girmeye doğru yönlendirin. *Üzgün olduğunu biliyorum, ama annene karşı daha nazik davranmalısın. Oyun konusunda bir fikrin var mı? Belki Molly'nin bize yarın gelmesi için bir yol bulabiliriz.*

ENTEGRASYON TÜRÜ	BÜTÜN-BEYİN STRATEJİSİ	STRATEJİNİN UYGULANMASI
Sol ve Sağ Beynin Entegrasyonu	*#2: Sorunu halletmek için sıkıntının adını koyun:* Sağ beyinden kaynaklanan şiddetli duygular kontrolden çıkmışsa, çocuklarınıza onları bu derece üzen şeyi bir hikaye şeklinde anlatmasını söyleyin. Çocuklar bunu yaptıklarında, sol beyinlerini kullanırlar ve yaşadıklarına bir anlam vermeyi başararak kendilerini kontrol altına alabildiklerini hissederler.	Çocuğunuzun yaşadığı travma ister büyük ister küçük olsun, (sağ beyinleriniz arasında bağ kurduktan sonra) hiç vakit kaybetmeden hikaye anlatma yöntemine geçebilirsiniz. Bu yaşlardaki çocuğunuz sizin öncülük etmenizi bekler. *Ben ne gördüm, biliyor musun? Senin koştuğunu, ayağının o kaygan yere bastığını ve düştüğünü… Öyle oldu, değil mi?* Çocuğunuz hikayeyi anlatmaya devam etmek isterse, ne âlâ. İstemezse, siz devam edin: *Sonra sen ağlamaya başladın, ben de senin yanına koştum ve…* Onu üzen olayı yeniden anlatmak için, olan biteni evde hazırladığınız bir deftere resimlerle veya fotoğraflarla kaydetmek de yararlı olabilir. Bu yöntem çocuğunuzu okul öncesi eğitimine veya yeni bir uyku vakti rutine başlatmak gibi bir geçiş dönemine hazırlamak istediğinizde de geçerli olabilir.

ENTEGRASYON TÜRÜ	BÜTÜN-BEYİN STRATEJİSİ	STRATEJİNİN UYGULANMASI
Üst Beyin ile Alt Beynin Entegrasyonu	*#3: Hangisini devreye sokmalı veya sokmamalı?* Aşırı stresli durumlarda, çocuğunuzun düşünme eylemiyle daha az ama tepki göstermekle daha çok ilgili olan alt beynini tetiklemek yerine, ona düşünmesini, plan yapmasını ve seçmesini söyleyerek üst beynini devreye sokun.	Açık ve net sınırlamalar getirmek önemlidir, ama genellikle söylememiz gerekenden fazlasını söylemeyiz. Çocuğunuz üzgünse, yaratıcı olun. *Böyle davranılmaz* demek yerine, ona *Bu konuyla baş etmek için farklı bir* şey *yapabilir miydin?* diye sorun. *Bu konuşma tarzından hiç hoşlanmıyorum* demek yerine, *Bunu ifade etmek için başka bir yol bulabilir misin, örneğin daha terbiyeli olan bir yanıt?* demeyi deneyin. Sonra, farklı alternatifler bulma çabasını gösterdiği ve üst beynini kullandığı için onu övün. Güç mücadelesini engellemek için sorulacak en güzel sorulardan biri de şudur: *Her ikimizin de istediğinin olabilmesi için aklına değişik bir fikir geliyor mu?*

ENTEGRASYON TÜRÜ	BÜTÜN-BEYİN STRATEJİSİ	STRATEJİNİN UYGULANMASI
Üst Beyin ile Alt Beynin Entegrasyonu	*#4: Onu kullanın veya kaybedin:* Çocuğunuzun üst beynini çalıştırmak için ona çeşitli fırsatlar tanıyın ve onun güçlenerek alt beyniyle ve bedeniyle entegre olmasını sağlayın.	Çocuğunuzu şekillerle, harflerle ve sayılarla tanıştırmanın dışında, onunla onu kuramsal ikilemlerle karşı karşıya bırakan "Sen olsaydın ne yapardın?" türünde oyunlar oynayın. *Parkta olsaydın ve orada çok beğendiğin bir oyuncak bulsaydın, ama bu oyuncağın başka birine ait olduğunu bilseydin ne yapardın?* Çocuğunuzla birlikte düşünün ve bu hikayenin nasıl sona ereceğini birlikte tahmin etmeye çalışın. Sorun çok çetrefilli olsa dahi (hatta özellikle de o vakit) kendi kararlarını kendi vermesi için ona fırsatlar tanıyın.
	#5: Onu hareket ettirin veya kaybedin: Bir çocuğun üst ve alt beynini dengeli olarak çalıştırması için en güçlü yöntemlerden biri, onun bedenini hareket ettirmesini sağlamaktır.	Bu yaştaki çocuklar hareket etmekten hoşlanırlar. O yüzden, çocuğunuz üzgün olduğu vakit, önce onun duygularını onayladığınızı gösterin, sonra da bedenini hareket ettirmesi için ona bazı nedenler gösterin. Onunla güreş edin. Balonu havada tutma oyunu oynayın. Size neden üzgün olduğunu anlatırken onunla top atıp tutun. Bedeni hareket ettirmek, ruh halini değiştirmek için birebirdir.

ENTEGRASYON TÜRÜ	BÜTÜN-BEYİN STRATEJİSİ	STRATEJİNİN UYGULANMASI
Belleğin Entegrasyonu	*#6: Çocuğunuza aklının uzaktan kumandasını kullandırın:* Üzüntü veren bir olaydan sonra, çocuk neler olup bittiğini anlatmak istemeyebilir. Ama ona aklının içindeki uzaktan kumandayı kullanmasını öğretirseniz, hikayeyi anlatırken durup bekleyebilir, bandı başa alabilir veya hızla öne sarabilir ve böylece olayın gözlerinin önüne getirdiği kadarını kontrol altına almış olur.	Çocuğunuz hikaye anlatmaktan muhtemelen hoşlanıyordur. Bunu teşvik edin. İyi, kötü veya ortada kalan her şey hakkında hikayeler anlatın. Önemli bir olay olduğunda bunu tekrar tekrar anlatmaktan kaçınmayın. Çocuğunuz uzaktan kumandalar hakkında pek bir şey bilmiyor olsa dahi, hikayesinin belirli bir yerinde "beklemeye" geçmeyi veya "geriye sarmayı" başaracaktır. Onun hayatındaki önemli bir olayı sizin anlatmanızdan, ona anlattırmanızdan ve tekrar anlattırmanızdan mutlu olacaktır. O yüzden, "yeniden oynat" butonuna defalarca arka arkaya basacağınızdan emin olabilirsiniz ve bunu yaptığınız vakit, çocuğunuza şifa verdiğinizden ve onun entegrasyonuna yardımcı olduğunuzdan emin olabilirsiniz.

ENTEGRASYON TÜRÜ	BÜTÜN-BEYİN STRATEJİSİ	STRATEJİNİN UYGULANMASI
Belleğin Entegrasyonu	**#7: *Ona hatırlatmayı hatırlayın:*** Olayları hatırlamaları ve belleklerini çalıştırmaları için çocuklarınıza bol bol hatırlama pratiği yaptırın.	Çocuğunuza belleği çalıştıran sorular sorun: *Bayan Alvarez bugün okula götürdüğün robot hakkında ne dedi? Chris amcanın seni külah içinde dondurma almaya götürdüğü günü hatırlıyor musun?* Çocuğunuzla onun eş anlamlı sözcükler, birbirine benzeyen eşyalar veya belirli anılarla ilintili olan arkadaş ve aile fotoğraflarını bulma gibi, belleği çalıştıran oyunlar oynayın. Onun hatırlamasını istediğiniz önemli olayları anlatırken, her birinizin önem verdiği ayrıntıları sırayla birbirinize anlatın.
Kimliğin Farklı Yönlerinin Entegrasyonu	**#8: *Duygu bulutlarının geçip gitmesine izin verin:*** Çocuklarınıza hislerin gelip geçici olduğunu öğretin. Korku, hayal kırıklığı ve yalnızlık geçici durumlardır, kalıcı özellikler değildir.	Güçlü duyguların küçük çocuklar için bu kadar rahatsız edici olmasının bir nedeni, onların bu duyguları geçici olarak görmemesidir. Çocuğunuz üzgün olduğunda onu rahatlatmaya çalıştığınız vakit, ona duygularının gelip geçici olduğunu öğretin. Duygularını kabul etmenin iyi bir şey olduğunu görmesine yardımcı olun, şu anda üzgün (veya korkmuş veya öfkelenmiş) olsa da birkaç dakika içinde yeniden mutlu olacağını bilsin. Hatta istediğiniz yanıtı alabileceğiniz "yönlendirici sorular" sorarak, ona öncülük edebilirsiniz: *Kendini ne zaman iyi hissedeceğini düşünüyorsun?*

ENTEGRASYON TÜRÜ	BÜTÜN-BEYİN STRATEJİSİ	STRATEJİNİN UYGULANMASI
Kimliğimizin Farklı Yönlerinin Entegrasyonu	*#9: ELEME/SIFT:* İçindeki algıları, imgeleri, duyguları ve düşünceleri fark etmeleri ve anlamaları için çocuğunuza yardımcı olun.	Çocuğunuza onun iç dünyasından bahsedin. Zihninde ve bedeninde neler olup bittiğini fark edebileceğini ve onlar hakkında konuşabileceğini anlamasını sağlayın. SIFT akronimini anlamaya henüz hazır olmayabilir, ama bedensel algılarını *(Aç mısın?),* zihinsel imgelemelerini *(Büyükannenin evini düşününce gözünün önüne ne gibi resimler geliyor?),* duygularını *(Arkadaşlar oyuncaklarını paylaşmazlarsa insan hayal kırıklığına uğruyor, öyle değil mi)* ve düşüncelerini *(Yarın okulda neler olacak dersin?)* fark etmesini sağlayacak sorular yöneltin.

ENTEGRASYON TÜRÜ	BÜTÜN-BEYİN STRATEJİSİ	STRATEJİNİN UYGULANMASI
Kimliğin Farklı Yönlerinin Entegrasyonu	*#10: Çocuğunuzun akılgözünü çalıştırın:* Akılgözü egzersizleri çocuğunuza kendisini sakinleştirmesini ve dikkatini dilediği yere odaklamasını öğretir.	Bu yaştaki çocuklar, özellikle kısa tuttuğunuz vakit, sakin sakin nefes alma pratiğini yapabilirler. Çocuğunuzu sırt üstü yatırın ve karnının üzerine oyuncak bir gemi koyun. Ona, gemiyi yukarıya çıkaracak ve aşağıya indirecek şekilde yavaş yavaş ve derin nefes almasını öğretin. Bu yaştaki çocuğunuzun hayal gücüne hitap ederek, dikkatini odaklamasını ve ruh halini değiştirmeyi denemesini söyleyebilirsiniz: *Plajdaki sıcacık kumların üzerinde dinlendiğini, kendini sakin ve mutlu hissetitğini hayal et.*
Kendinin Öteki ile Entegrasyonu	*#11: Aile İçi Eğlence Faktörünü Geliştirin:* Aile bireyleri arasında beraber eğlenme imkanı yaratın, böylece çocuklarınız en fazla vakit geçirdikleri kişilerle olumlu ve doyurucu deneyimler yaşarlar.	Çocuğunuzla eğlenmek için kendinizi zorlamanız gerekmez. Sizinle birlikte olması bile onun için cennette olmak gibidir. Onunla vakit geçirin, oyunlar oynayın ve birlikte gülün. Kardeşleriyle ve büyük ebeveynleriyle eğlenmesini kolaylaştırın. Aptalca şeyler yapın ve potansiyel güç mücadelelerini oyunlara ve birlikte yaşanan komik anlara dönüştürün. Eğlenmeye ve eğlenceli aile içi ritüeller yaratmaya gerçekten niyetiniz varsa, ilişkilerinize yıllar boyu faydasını göreceğiniz bir yatırım yapmış oluyorsunuz demektir.

ENTEGRASYON TÜRÜ	BÜTÜN-BEYİN STRATEJİSİ	STRATEJİNİN UYGULANMASI
Kendinin Öteki ile Entegrasyonu	*#12: Çatışmaları bağ kurmak için kullanın:* Çatışmalara, sadece uzak durulması gereken engeller olarak bakmamaya çalışın. Onun yerine, bunları çocuklarınıza ilişki becerilerini öğretmek için fırsatlar olarak değerlendirin.	Çocuğunuzun kardeşleriyle, sınıf arkadaşlarıyla ve hatta sizinle yaşadığı çatışmaları, başkalarıyla nasıl geçinmek gerektiğini ona öğreten dersler haline getirin. Bu yaştaki çocuğunuz paylaşmak, bir işi sırayla yapmak ve bağışlamak ve bağışlanmayı istemek gibi kavramları öğrenmek için hazırdır. Bu konularda ona örnek olun, dizlerinizin üzerine çöküp ona bir ilişkinin nasıl olması gerektiğini anlatın ve başkalarına karşı en güç anlarda bile düşünceli ve saygılı olmanın ne anlama geldiğini anlamasına yardımcı olun.

ERKEN OKUL YILLARI (6-9)

Sol ve Sağ Beynin Entegrasyonu	*#1: Çocuğunuzla bağ kurun ve onu yeniden yönlendirin:* Çocuğunuz üzgün olduğu vakit, önce sizin sağ beyninizle onun sağ beyni arasında duygusal bir bağ kurun. Çocuğunuz kendisine daha hakim ve kabul etmeye daha hazır bir hale geldiğinde, sol beynin derslerini ve disiplini devreye sokun.	Önce çocuğunuzu dinleyin ve daha sonra onun ifade ettiği duyguları tekrarlayın. Aynı zamanda, onu rahatlatmak için sözel olmayan şekilde onunla iletişim kurun. Güçlü duyguları yatıştırmak için sarılmak, dokunmak ve empati gösteren yüz ifadeleri takınmak çok güçlü araçlardır. Daha sonra çocuğunuzu sorunu çözmeye doğru yönlendirin ve duruma göre disiplin ve sınırları çizme konularına girişin.

ENTEGRASYON TÜRÜ	BÜTÜN-BEYİN STRATEJİSİ	STRATEJİNİN UYGULANMASI
Sol ve Sağ Beynin Entegrasyonu	*#2: Sorunu halletmek için sıkıntının adını koyun:* Sağ beyinden kaynaklanan şiddetli duygular kontrolden çıkmışsa, çocuklarınıza onları bu derece üzen şeyi bir hikaye şeklinde anlatmasını söyleyin. Çocuklar bunu yaptıklarında, sol beyinlerini kullanırlar ve yaşadıklarına bir anlam vermeyi başararak kendilerini kontrol altına alabildiklerini hissederler.	Çocuğunuzun yaşadığı travma ister büyük ister küçük olsun, (sağ beyinleriniz arasında bağ kurduktan sonra) hiç vakit kaybetmeden hikaye anlatma yöntemine geçebilirsiniz. Küçük yaştaki çocuklarınızla hikayenin çoğunu sizin anlatmanız gerekebilecekken, daha büyük yaştakilere hikayeyi anlatmaları için izin vermelisiniz. Okul çağındaki çocuklarınız için ise ikisinin arasında kalan bir yöntem uygulamalısınız. Onlara bol bol soru sorun: *Salıncağın sana doğru geldiğini fark etmemiş miydin?* veya *Öğretmenin bunu sana söylerken ne yapıyordu? Ondan sonra ne oldu?* Onu üzen olayı yeniden anlatmak için, olan biteni evde hazırladığınız bir deftere resimlerle veya fotoğraflarla kaydetmek de yararlı olabilir. Bu yöntem çocuğunuza dişçiye gitmek veya korktuğu bir şeyi yaptırmak istediğiniz vakit de yararlı olabilir.

ENTEGRASYON TÜRÜ	BÜTÜN-BEYİN STRATEJİSİ	STRATEJİNİN UYGULANMASI
Üst Beyin ile Alt Beynin Entegrasyonu	*#3: Hangisini devreye sokmalı veya sokmamalı?* Aşırı stresli durumlarda, çocuğunuzun düşünme eylemiyle daha az ama tepki göstermekle daha çok ilgili olan alt beynini tetiklemek yerine, ona düşünmesini, plan yapmasını ve seçmesini söyleyerek üst beynini devreye sokun.	Her zamanki gibi, önce çocuğunuzla bir bağ kurun ve "Ben sana demiştim!" kartınızı hemen oynamaktan kaçının. Çocuğunuzun üst beyni şu anda çiçek açmaktadır ve sizin de onun görevini yapmasına izin vermeniz gerekir. Ona gerekçelerinizi anlatın, soru sormasına izin verin, alternatif çözümleri olup olmadığını sorun ve hatta onunla uzlaşın. Bu ilişkide otorite sahibi olan sizsiniz ve saygısızlığa yer yoktur ama çocuğunuzun disiplin veya ders alma konularında farklı yaklaşımlar içinde izin verin. Daha sofistike düşünme tarzını kolaylaştırır veya öyle bir beklenti içine girersek, tepkisel ve kavgacı bir yanıt alma ihtimalimiz daha az olur.

ENTEGRASYON TÜRÜ	BÜTÜN-BEYİN STRATEJİSİ	STRATEJİNİN UYGULANMASI
Üst Beyin ile Alt Beynin Entegrasyonu	*#4: Onu kullanın veya kaybedin:* Çocuğunuzun üst beynini çalıştırmak için ona çeşitli fırsatlar tanıyın ve onun güçlenerek alt beyniyle ve bedeniyle entegre olmasını sağlayın.	Çocuğunuzla "Sen Olsaydın Ne Yapardın?" türünde oyunlar oynayın ve karşısına ikilemler çıkarın: *Zorba bir çocuk okuldaki bir çocuğu sürekli ezseydi ve etrafta yetişkin kimse olmasaydı, ne yapardın?* Ona düşünmeye yönelten sorular sorarak empati kurmasını sağlayın ve hem karşısındaki kişiyi, hem de kendi niyetlerini, arzularını ve inanışlarını analiz etmesini teşvik edin. Ayrıca, onun güç kararlarla ve koşullarla mücadele etmesine izin verin. Bunu sorumluluk hissi içinde yapın ve ufak tefek hatalar yapsa da veya yaptığı seçimler yerinde olmasa da, sorunlarını onun için çözmekten ve onu güç durumlardan kurtarmaktan kaçının. Ne de olsa, sizin buradaki hedefiniz çocuğunuzun vereceği her kararın şu anda mükemmel olmasını sağlamak değil, onun kısa bir süre sonra gelişmiş bir üst beyne sahip olmasıdır.

ENTEGRASYON TÜRÜ	BÜTÜN-BEYİN STRATEJİSİ	STRATEJİNİN UYGULANMASI
Üst Beyin ile Alt Beynin Entegrasyonu	*#5: Onu hareket ettirin veya kaybedin:* Bir çocuğun üst ve alt beynini dengeli olarak çalıştırması için en güçlü yöntemlerden biri, onun bedenini hareket ettirmesini sağlamaktır.	Çocuğunuz üzgünse, ilk olarak onunla bağ kurun ve daha sonra onu hareket ettirin. Birlikte "topu havada tutma" oyununu oynayın veya bazı yoga duruşlarını deneyin. Çocuğunuzun mizacına göre, ne yaptığınız konusunda daha direkt bir tavır alabilirsiniz. Onu "aldatıyormuş" veya stratejinizi ondan saklıyormuş gibi görünmeyin. Açık sözlü olun ve ona "hareket ettir veya onu kaybet" kavramını anlatın, daha sonra da ruh hallerimizi büyük ölçüde kontrol altında tutabileceğimizi öğretin.

ENTEGRASYON TÜRÜ	BÜTÜN-BEYİN STRATEJİSİ	STRATEJİNİN UYGULANMASI
Belleğin Entegrasyonu	*#6: Çocuğunuza aklının uzaktan kumandasını kullandırın:* Üzüntü veren bir olaydan sonra, çocuk neler olup bittiğini anlatmak istemeyebilir. Ama ona aklının içindeki uzaktan kumandayı kullanmasını öğretirseniz, hikayeyi anlatırken durup bekleyebilir, bandı başa alabilir veya hızla öne sarabilir ve böylece olayın gözlerinin önüne getirdiği kadarını kontrol altına almış olur.	Bu yaştaki bir çocuk güç hikayeleri anlatmak veya acı veren anıları hatırlamak istemez. Kendisine neler olduğunu anlaması için ona yardımcı olun. Nazik ve şefkatli olun ve ona hikayenin istediği yerinde durabileceğini, hoş olmayan yerlere geldiğinde başa veya geriye sarabileceğini söyleyin. Ama daha sonra bile olsa belirli bir noktada, siz kendiniz hikayeyi başa sardığınızdan ve acı veren ayrıntılar da dahil olmak üzere onun tamamını anlattığınızdan emin olun.
Belleğin Entegrasyonu	*#7: Ona hatırlatmayı hatırlayın:* Olayları hatırlamaları ve belleklerini çalıştırmaları için çocuklarınıza bol bol hatırlama pratiği yaptırın.	Nerede olursanız olun, arabada giderken veya yemek masasında otururken, örtük ve açık anılarını entegre edebilmesi için çocuğunuzdan deneyimlerinden bahsetmesini isteyin. Aile içinde yaşadıkları, önem verdiği arkadaşlıklar ve belirli geçiş törenleri gibi onun hayatının en önemli anları konu olduğunda bu çok büyük bir önem taşır. Sırf sorular sorarak ve olayları gözünün önüne getirmesini teşvik ederek, geçmişindeki olayları hatırlamasına ve onlara anlam vermesine yardımcı olmuş olursunuz. Bu da onun şu anda kendisiyle ilgili olarak olan biteni daha iyi anlamasını sağlar.

ENTEGRASYON TÜRÜ	BÜTÜN-BEYİN STRATEJİSİ	STRATEJİNİN UYGULANMASI
Kimliğimizin Farklı Yönlerinin Entegrasyonu	*#8: Duygu bulutlarının geçip gitmesine izin verin:* Çocuklarınıza hislerin gelip geçici olduğunu öğretin. Korku ve hayal kırıklığı ve yalnızlık geçici durumlardır, kalıcı özellikler değildir.	Duygularını anlatırken kullandığı sözcüklere dikkat etmesi için çocuğunuza yardımcı olun. "Korkuyorum" demekte bir mahsur olmadığını anlasın. Ama bunu ifade etmek için "korktuğumu *hissediyorum*" da diyebileceğini anlamasını sağlayın. Kullandığı sözcüklerdeki bu basit fark, onun "hissetmek" ile "gerçekten olmak" arasındaki belli belirsiz farkı da anlamasını sağlayacaktır. Şu anda korkuyor gibi hissedebilir ama bu yaşadığı şey, kalıcı değil geçicidir. Ona bu tür bir bakış açısı sağlamak için, beş dakika, beş saat, beş gün, beş ay ve beş yıl sonra kendisini nasıl hissedeceğini düşündüğünü sorun.

ENTEGRASYON TÜRÜ	BÜTÜN-BEYİN STRATEJİSİ	STRATEJİNİN UYGULANMASI
Kimliğimizin Farklı Yönlerinin Entegrasyonu	*#9: ELEME/SIFT:* İçlerindeki algıları, imgeleri, duyguları ve düşünceleri fark etmeleri ve anlamaları için çocuklarınıza yardımcı olun.	Çocuğunuza farkındalık çarkından bahsedin. Onunla arabada giderken veya yemek masasında otururken ELEME (SIFT) oyununu oynayın ve ona bu akronimin ne anlama geldiğini öğretin. Nasıl hissettiğimizi ve davrandığımızı kontrol altına almak istiyorsak, içimizde neler olup bittiğini de anlamamız gerektiğini ona aşılayın. Ona bedensel algılarını (*Aç mısın?*), zihinsel imgelemelerini (*Büyükannenin evini düşününce gözünün önüne ne gibi resimler geliyor?*), duygularını (*Grubun dışında kalmak pek hoş bir şey değil, öyle değil mi?*) ve düşüncelerini (*Yarın okulda neler olacak dersin?*) fark etmesini sağlayacak sorular sorun.

ENTEGRASYON TÜRÜ	BÜTÜN-BEYİN STRATEJİSİ	STRATEJİNİN UYGULANMASI
Kimliğimizin Farklı Yönlerinin Entegrasyonu	*#10: Çocuğunuzun akılgözünü çalıştırın:* Akılgözü egzersizleri çocuğunuza kendisini sakinleştirmesini ve dikkatini dilediği yere odaklamasını öğretir.	Bu yaştaki çocuklar sakin olmanın ve zihni odaklamanın faydalarını anlayabilirler. Onlara sakin ve sessiz durma pratikleri yaptırın ve içlerindeki sükunun keyfini çıkarmalarına izin verin. Gözlerinin önün getirme ve hayal etme yöntemiyle zihinlerine rehberlik edin ve dikkatlerini onlara mutluluk ve huzur veren düşünce ve duygulara odaklama yeteneğine sahip olduklarını gösterin. Onları, sakinleşme ihtiyacı duydukları her vakit, durup nefes alıp verişlerine odaklanabileceklerini anlatın.
Kendinin Öteki ile Entegrasyonu	*#11: Aile İçi Eğlence Faktörünü Geliştirin:* Aile bireyleri arasında beraber eğlenme imkanı yaratın, böylece çocuklarınız en fazla vakit geçirdikleri kişilerle olumlu ve doyurucu deneyimler yaşarlar.	Birlikte yapmaktan keyif aldığınız şeyler yapın. Patlamış mısırlı bir aile sinema gecesi düzenleyin. Birlikte masa oyunları oynayın. Bisiklete binin. Hikayeler uydurun. Şarkı söyleyip, dans edin. Mutluluk veren aptalca şeyler yaparak birlikte vakit geçirin. Bütün bunlar gelecek için güçlü ilişkisel temeller atmaya yarar. Eğlenmek ve eğlenceli ritüeller ve anılar yaratmak için istekli olun.

ENTEGRASYON TÜRÜ	BÜTÜN-BEYİN STRATEJİSİ	STRATEJİNİN UYGULANMASI
Kendinin Öteki ile Entegrasyonu	*#12: Çatışmaları bağ kurmak için kullanın:* Çatışmalara, sadece uzak durulması gereken engeller olarak bakmamaya çalışın. Onun yerine, bunları çocuklarınıza ilişki becerilerini öğretmek için fırsatlar olarak değerlendirin.	Çocuğunuz artık daha sofistike ilişkiler kurmak için hazırdır. Ona bazı beceriler öğretin ve onları birlikte uygulayın. Ona başka kişilerin bakış açısından bahsedin. Örneğin, bir mağazada veya restoranda çalışan birini rastgele seçsin ve bu kişinin hayat hikayesini ve önem verdiği şeyleri tahmin etmeye çalışsın. Ona ayrıca sözel olmayan işaretleri okumayı da öğretin ve bu tür işaretlerden (surat asma, omuz silkme, kaşlarını kaldırma, vb. gibi) kaç tane örnek verebileceğini anlamak için onunla oyunlar oynayın. Ona işleri berbat ettiğimizde özür dilemenin de ötesine geçmemiz gerektiğini öğretin ve özür mektubu yazma veya kırılan bir şeyin yerine başka bir şey alma gibi konularda ona pratikler yaptırın.

Geç Okul Yılları (9-12)

ENTEGRASYON TÜRÜ	BÜTÜN-BEYİN STRATEJİSİ	STRATEJİNİN UYGULANMASI
Sol ve Sağ Beynin Entegrasyonu	*#1: Çocuğunuzla bağ kurun ve onu yeniden yönlendirin:* Çocuğunuz üzgün olduğu vakit, önce sizin sağ beyninizle onun sağ beyni arasında duygusal bir bağ kurun. Çocuğunuz kendisine daha hakim ve kabul etmeye daha hazır bir hale geldiğinde, sol beynin derslerini ve disiplini devreye sokun.	Önce çocuğunuzu dinleyin ve daha sonra onun ifade ettiği duyguları tekrarlayın. Onu küçümseme veya hor görme gibi bir yanlış yapmayın. Sadece onun söylediklerini tekrar edin. Bu arada sözel olmayan işaretler verin. Çocuğunuz büyümekte olsa da, sizden şefkat beklemeye devam etmektedir. Onun duygularını anladığınızı hissettiği anda, onu plan yapmaya ve eğer gerekiyorsa disiplin almaya doğru yönlendirmeye geçebilirsiniz. Açık, net ve direkt olarak konuşarak ona saygı gösterdiğinizi belli edin. Çocuğunuz artık durumun mantıklı bir açıklamasını ve sonuçlara katlanması gerektiğini anlayacak yaştadır.

ENTEGRASYON TÜRÜ	BÜTÜN-BEYİN STRATEJİSİ	STRATEJİNİN UYGULANMASI
Sol ve Sağ Beynin Entegrasyonu	*#2: Sorunu halletmek için sıkıntının adını koyun:* Sağ beyinden kaynaklanan şiddetli duygular kontrolden çıkmışsa, çocuklarınıza onları bu derece üzen şeyi bir hikaye şeklinde anlatmasını söyleyin. Çocuklar bunu yaptıklarında, sol beyinlerini kullanırlar ve yaşadıklarına bir anlam vermeyi başararak kendilerini kontrol altına alabildiklerini hissederler.	Her şeyden önce, çocuğunuzun duygularını onaylayın. Bu, çocuğunuz küçük de olsa, büyük de olsa (hatta bir yetişkin için bile) geçerlidir. Yapmanız gereken şey, sadece gözlemlediğiniz şeyleri açıkça ifade etmektir. Üzgün olduğun için seni suçlamıyorum. Senin yerinde ben olsam, ben de üzülürdüm. Sonra hikaye anlatma faslını kolaylaştırın. Ona sorular sorun ve yanında olun, ama hikayesini kendi hızıyla ve kendisinin anlatmasına izin verin. Çocuğun özellikle ona acı veren ayrıntıları anlatması önemlidir ama bunu zorlayarak yaptırmanız doğru olmaz. Sabırlı olmalı, onun yanında olmalı ve hazır olduğu vakit konuşmasına izin vermeliyiz. Çocuğunuz bu olay hakkında sizinle konuşmak istemiyorsa, daha rahat konuşabileceği birisini bulması için ona yardımcı olun.
Sol ve Sağ Beynin	*#2: Sorunu halletmek için*	

ENTEGRASYON TÜRÜ	BÜTÜN-BEYİN STRATEJİSİ	STRATEJİNİN UYGULANMASI
Üst Beyin ile Alt Beynin Entegrasyonu	*#3: Hangisini devreye sokmalı veya sokmamalı?* Aşırı stresli durumlarda, çocuğunuzun düşünme eylemiyle daha az ama tepki göstermekle daha çok ilgili olan alt beynini tetiklemek yerine, ona düşünmesini, plan yapmasını ve seçmesini söyleyerek üst beynini devreye sokun.	"Ben sana demiştim!" kartını oynamak için en kötü dönemlerden biri de bu yaş aralığıdır. Onun yerine, sürekli olarak çocuğunuzun üst beynine hitap ederek onun gelişmesini teşvik edebilirsiniz. İlişkideki otoritenizi muhafaza edin ama ona mümkün olduğu kadar alternatiflerden bahsedin ve kurallar ve disiplin konularında onunla uzlaşmaya bakın. Onun yüksek-düzey düşünme becerilerini geliştirirken yaratıcı ve ona karşı saygılı olun. Ona birlikte karar almayı ve çözüm üretmeyi teklif edin.

ENTEGRASYON TÜRÜ	BÜTÜN-BEYİN STRATEJİSİ	STRATEJİNİN UYGULANMASI
Üst Beyin ile Alt Beynin Entegrasyonu	*#4: Onu kullanın veya kaybedin:* Çocuğunuzun üst beynini çalıştırmak için ona çeşitli fırsatlar tanıyın ve onun güçlenerek alt beyniyle ve bedeniyle entegre olmasını sağlayın.	Çocuğunuzun beyni geliştikçe, kuramsal oyunlar daha da eğlenceli bir hal alır. Onunla "Sen olsaydın ne yapardın?" oyunları oynayın ve karşısına ikilemler çıkarın. Bu tür oyunları dışarıdan satın almak da mümkündür ama kendi oyunlarınızı kendiniz de yaratabilirsiniz. *Arkadaşının annesinin arabayla seni eve bırakmadan önce içki içtiğini bilseydin, ne yapardın?* Ona düşünmeye yönelten sorular sorarak empati kurmasını sağlayın ve hem karşısındaki kişiyi, hem de kendi niyetlerini, arzularını ve inanışlarını analiz etmesini teşvik edin. Ayrıca, onun güç kararlarla ve koşullarla mücadele etmesine izin verin. Bunu sorumluluk hissi içinde yapın ve ufak tefek hatalar yapsa da veya yaptığı seçimler yerinde olmasa da, sorunlarını onun için çözmekten ve onu güç durumlardan kurtarmaktan kaçının. Ne de olsa, sizin buradaki hedefiniz çocuğunuzun vereceği her kararın şu anda mükemmel olmasını sağlamak değil, onun kısa bir süre sonra gelişmiş bir üst beyne sahip olmasıdır.

ENTEGRASYON TÜRÜ	BÜTÜN-BEYİN STRATEJİSİ	STRATEJİNİN UYGULANMASI
Üst Beyin ile Alt Beynin Entegrasyonu	*#5: Onu hareket ettirin veya kaybedin:* Bir çocuğun üst ve alt beynini dengeli olarak çalıştırması için en güçlü yöntemlerden biri, onun bedenini hareket ettirmesini sağlamaktır.	Çocuğunuza direkt olarak, bedenini hareket ettirmenin onun ruh halini nasıl değiştireceğini anlatın. Özelikle de üzgün olduğu vakitler, bir mola vermenin ve ayağa kalkıp hareket etmenin ne kadar faydalı olduğunu anlamasını sağlayın. Ona bisiklete binmeyi veya arabayla dolaşmayı veya ping pong oynamak gibi birlikte fiziksel olarak aktif gerektiren bir şey yapmayı teklif edin. Birlikte gerinme egzersizleri yapmak veya yo-yo bile oynamak işe yarayabilir.
Belleğin Entegrasyonu	*#6: Çocuğunuza aklının uzaktan kumandasını kullandırın:* Üzüntü veren bir olaydan sonra, çocuk neler olup bittiğini anlatmak istemeyebilir. Ama ona aklının içindeki uzaktan kumandayı kullanmasını öğretirseniz, hikayeyi anlatırken durup bekleyebilir, bandı başa alabilir veya hızla öne sarabilir ve böylece olayın gözlerinin önüne getirdiği kadarını kontrol altına almış olur.	Çocuğunuz ergenlik yaşlarına yaklaşmaktadır, o nedenle ona acı veren deneyimleri konusunda sizinle konuşmaya pek hevesli olmayabilir. Ona örtük anıların öneminden ve geçmişte yaşadığı bir olayın çağrışımlarının onu hâlâ nasıl etkilemekte olduğundan bahsedin. Ona bir deneyimini kontrol altına almak istediği takdirde, başından geçen olayın hikayesini anlatmanın işe yaradığını öğretin. Nazik ve şefkatli olun ve ona hikayenin istediği yerinde durabileceğini, hoş olmayan yerlere geldiğinde başa veya geriye sarabileceğini söyleyin. Ama daha sonra bile olsa belirli bir noktada, siz kendiniz hikayeyi başa sardığınızdan ve acı veren ayrıntılar da dahil olmak üzere onun tamamını anlattığınızdan emin olun.

ENTEGRASYON TÜRÜ	BÜTÜN-BEYİN STRATEJİSİ	STRATEJİNİN UYGULANMASI
Belleğin Entegrasyonu	*#7: Ona hatırlatmayı hatırlayın:* Olayları hatırlamaları ve belleklerini çalıştırmaları için çocuklarınıza bol bol hatırlama pratiği yaptırın.	Arabada giderken veya yemek masasında otururken, deneyimlerini düşünmesi ve onları anı defterine geçirmesi için çocuğunuzu teşvik edin ve böylece örtük ve açık belleklerini entegre etmesine yardımcı olun. Bu yaklaşım özellikle de onun aile içinde yaşadıkları, önem verdiği arkadaşlıklar ve belirli geçiş törenleri gibi hayatının en önemli anları konu olduğunda, büyük bir önem taşır. Sırf sorular sorarak ve olayları gözünün önüne getirmesini teşvik ederek, geçmişindeki olayları hatırlamasına ve onlara anlam vermesine yardımcı olmuş olursunuz. Bu da onun şu anda kendisiyle ilgili olarak olan biteni daha iyi anlamasını sağlar.

ENTEGRASYON TÜRÜ	BÜTÜN-BEYİN STRATEJİSİ	STRATEJİNİN UYGULANMASI
Kimliğimizin Farklı Yönlerinin Entegrasyonu	*#8: Duygu bulutlarının geçip gitmesine izin verin:* Çocuklarınıza hislerin gelip geçici olduğunu öğretin. Korku ve hayal kırıklığı ve yalnızlık geçici durumlardır, kalıcı özellikler değildir.	Çocuğunuz artık bu konuyu bilinçli olarak anlayacak yaşa gelmiştir, ama siz yine de ona bu konuyu öğretirken onun duygularını dinlemeyi ihmal etmeyin. Onun duygularına önem verdiğinizi ve onayladığınızı gösterdikten sonra, bunların sonsuza dek kalıcı olmadığını anlamasını sağlayın. "Kendimi üzgün hissediyorum" ile "üzgünüm" arasındaki belli belirsiz farkı vurgulayın. Ona bu tür bir bakış açısı sağlamak için, ona beş dakika, beş saat, beş gün, beş ay ve beş yıl sonra kendisini nasıl hissedeceğini düşündüğünü sorun.

ENTEGRASYON TÜRÜ	BÜTÜN-BEYİN STRATEJİSİ	STRATEJİNİN UYGULANMASI
Kimliğimizin Farklı Yönlerinin Entegrasyonu	*#9: ELEME/SIFT:* İçindeki algıları, imgeleri, duyguları ve düşünceleri fark etmesi ve anlaması için çocuğunuza yardımcı olun.	Bu yaştaki çocukların bazıları içlerinde olup biteni görebilmek için ELEME (SIFT) kavramıyla ilgilenebilirler. Bu kategorileri öğrenmek, ergenliğe giden ve kendilerini giderek artan bir kaos içinde hissettikleri yolda bir ölçüde hayatlarını kontrol altına alabilmelerini sağlar. Bu yaş aralığı, karşılaşılan sorunları anlamak ve onlara yanıt vermek üzere farkındalık çarkını düzenli olarak kullanmak için iyi bir yaştır.
	#10: Çocuğunuzun akılgözünü çalıştırın: Akılgözü egzersizleri çocuğunuza kendisini sakinleştirmesini ve dikkatini dilediği yere odaklamasını öğretir.	Çocuğunuza sakin olmanın ve zihnini odaklamanın önemini anlatın. Ona sakin ve sessiz durma pratikleri yaptırın ve içlerindeki sükunun keyfini çıkarmasına izin verin. Gözlerinin önüne getirme ve hayal etme yöntemiyle zihinlerine rehberlik edin ve dikkatini ona mutluluk ve huzur veren düşünce ve duygulara odaklama yeteneğine sahip olduğunu gösterin. Onu güdümlü görselleştirme ve nefese odaklanma gibi bu kitapta gösterdiğimiz bazı tekniklerle tanıştırın veya kütüphanelerde veya web sayfalarındaki sayısız kaynağa yönlendirin.

ENTEGRASYON TÜRÜ	BÜTÜN-BEYİN STRATEJİSİ	STRATEJİNİN UYGULANMASI
Kendinin Ötekiyle Entegrasyonu	*#11: Aile İçi Eğlence Faktörünü Geliştirin:* Aile bireyleri arasında beraber eğlenme imkanı yaratın, böylece çocuklarınız en fazla vakit geçirdikleri kişilerle olumlu ve doyurucu deneyimler yaşarlar.	Çocukların ergenliğe doğru yol aldığı yıllarda ebeveynleriyle birlikte olmaktan giderek daha az hoşlandıkları, bir klişe olmanın ötesine geçmez. Bu bir ölçüde doğru olabilir, ama çocuğunuza şu anda ne kadar çok eğlenceli ve anlamlı deneyimler yaşatırsanız, gelecek yıllarda sizinle birlikte vakit geçirmeyi o kadar çok isteyecektir. Bu yaştaki çocuklar birlikte basit oyunlar oynamaktan hâlâ zevk alırlar, o yüzden aile içi ilişkileri güçlendirmek istiyorsanız sessiz sinema oynamanın veya interaktif masa oyunlarının gücünü hafife almayın. Birlikte kamp yapın. Yemek pişirin. Konulu eğlence parklarına gidin. Keyifli vakit geçirmek için her yolu deneyin, yıllar boyunca keyifle hatırlayacağınız eğlence ritüelleri yaratın.

ENTEGRASYON TÜRÜ	BÜTÜN-BEYİN STRATEJİSİ	STRATEJİNİN UYGULANMASI
Kendinin Ötekiyle Entegrasyonu	*#12: Çatışmaları bağ kurmak için kullanın:* Çatışmalara, sadece uzak durulması gereken engeller olarak bakmamaya çalışın. Onun yerine, bunları çocuklarınıza ilişki becerilerini öğretmek için fırsatlar olarak değerlendirin.	Çocuğunuz ergenliğe doğru giderken ona öğretmeniz gerekenler, daha konuşmaya yeni başladığı anlardan itibaren öğretmeye çalıştığınız (olaylara başkalarının bakış açısından da bakabilmek, sözel olmayan işaretleri okuyabilmek, paylaşmak ve özür dilemek gibi) ilişkisel ve sorun çözme becerilerinin aynılarıdır. Ona bu becerileri açık bir şekilde anlatın ve birlikte pratik yapın. Çocuğunuzun dünyayı başkasının gözünden görmesini veya bir özür mektubu yazmasını istiyorsanız, ona çatışmanın uzak durulması değil, çözümlenmesi gereken bir şey olduğunu ve çözümlenmiş çatışmaların ilişkileri geliştireceğini öğretin.

YAZARLAR HAKKINDA

Daniel J. Siegel, Kaliforniya Üniversitesi Los Angeles (UCLA) Tıp Fakültesi'nde psikiyatri tıp profesörüdür. UCLA Mindfulness Araştırma Merkezi kurucu eş-direktörüdür ve aynı zamanda Akılgözü Enstitüsü'nü yönetmektedir. Harvard Üniversitesi Tıp Fakültesi'nden mezun olan Dr. Siegel, birçok farklı dilde yayınlanan pek çok esere imza atmıştır. Ayrıca Bilinçli Beyin ve Gelişen Beyin alanlarındaki mesleki yazıları ile uluslararası tanınırlık elde etmiş bir yazar olan Dr. Siegel, konferanslara davetli konuşmacı olarak katılmakta ve dünya genelinde pek çok çalıştay düzenlemektedir. Eşi ile birlikte Los Angeles'ta yaşamaktadır.

DrDanSiegel.com

Dr. Tina Payne Bryson, pediatrik ve adolesan psikoterapistidir. Akılgözü Enstitüsü'nde Ebeveynlik Bölümü direktörüdür ve Kaliforniya Altadena'da Saint Mark's Okulu'nda çocuk gelişim uzmanı olarak görev yapmaktadır. Konferanslara davetli konuşmacı olarak katılım göstermekte; dünyanın dört bir yanında ebeveynler, eğitimciler ve klinisyenler için çalıştaylar düzenlemektedir. Dr. Bryson, doktora derecesini Güney Kaliforniya Üniversitesi'nde tamamlamıştır. Eşi ve üç çocuğu ile birlikte Los Angeles yakınlarında yaşamaktadır.

TinaBryson.com

o   Canınızı sıkan bir anı var mı ya da kurtulamadığınız yersiz bir korku?

o   Sebepsiz yere kendinizi kızgın ya da üzgün hissediyor ve sakinleşmekte zorlanıyor musunuz?

o   Bazen kendi davranışlarınızı anlamlandıramıyor ve ne kadar deneseniz de öyle davranmaktan vazgeçemiyor musunuz?

o   Kendinizi çocuğunuzla (ya da anne-babanız, eşiniz veya patronunuzla) kaçınılmaz bir tartışmanın içinde bulup istemediğiniz sonuçlarla mı karşılaşıyorsunuz?

Bu akıl tuzaklarından kurtulup daha tatmin edici, daha başarılı ve daha mutlu bir hayat yaşayabilseniz nasıl olurdu? Bu yalnızca bir teori değil, beyin bilimini psikoterapi pratiğiyle birleştiren, dünyanın devrim yaratan psikiyatristlerinden Dr. Daniel J. Siegel'in yirmi beş yıllık klinik çalışmasının ürünü. Siegel vaka geçmişlerinden örneklerle, dikkat mekanizmamızı zihnin iç dünyasına çevirdiğimiz takdirde başkalarının zihinleriyle de uyum içine girebileceğimizi ve akılgözünü kullanarak istemediğimiz sonuçları istediğimiz sonuçlara nasıl dönüştürebileceğimizi anlatıyor.

Birçok insan hayatta karşılaşıla-bilecek en iyi fırsatları özgüven eksikliği yüzünden kaçırmaktadır. Topluluk önünde konuşmadan tutun da liderlik gerektiren bir işi üstlen-meye ya da birine arkadaşlık teklif etmeye kadar, kendimizi zorluklarla başa çıkmada yeterince donanımlı hissetmediğimiz pek çok durumla karşı karşıya kalıyoruz.

Russ Harris düşük özgüven, utangaçlık ve kendini güvensiz hissetme konularında şaşırtıcı bir çözüm önerisi sunuyor. Bu kitap Batı psikolo-jisinin temellerini derinden sarsan ve insan davranışlarını değiştirmek için oluşturulmuş yepyeni bir model üzerine kuruldu. Bilişsel davranış terapisinin gelişmiş bir formu olan Kabul ve Kararlılık Terapisi (ACT) tekniklerine dikkat çeken Özgüven Boşluğu'nu okuduğunuzda;

- Kendine güvenin ne olduğuna ve nasıl oluşturulduğuna dair yanlış kanılardan kendinizi arındıracak,

- İlişkilerinizi korku ve endişeden uzak bir noktaya taşıyacak,

- Öz değerlerinizi berraklaştırarak, onları ilham ve motivasyon kaynağı olarak kullanmaya başlayacak,

- Olumsuz düşünceler ve duygularla etkin bir şekilde mücadele ede-bilmek için kazandığınız farkındalığı kullanacaksınız.

Siz bilinçli ebeveyn olmak için elinizden geleni yaparken çocuğunuzun günlük hayattaki rutinlerle baş etmede zorlanışını izlemekten daha can sıkıcı bir şey yoktur. Akıllı ve istekli olduğu halde neden sizin çocuğunuz zorlanıyor hiç düşündünüz mü? Bu kitap size bağırmadan, rüşvet vermek, tehdit etmek veya cezalandırmak gibi olumsuz yöntemlere başvurmadan çocuğunuzun daha sıkı çalışması ve kendinden beklenenleri yapması için stratejiler ve ipuçları sunuyor.

Etkisini kısa sürede göreceğiniz, yararlılığı kanıtlanmış bu yöntemler sayesinde çocuğunuza odasını temizleme, öfkesini kontrol etme, sırasını bekleme, ödevlerini yapma, kurallara uyma, harçlığını biriktirme, hayal kırıklığı ile başa çıkma, yeni sosyal durumları idare etme ve planlardaki değişikliklere adapte olabilme gibi pek çok şeyi kaos yaşamadan öğretebilirsiniz. Çocuğunuzun evdeki ve okuldaki ilişkilerini düzene sokmasına yardımcı olarak hem ebeveynliği çekilmez kılan endişe döngüsünü tersine çevirecek hem de hayatı kendiniz ve çocuğunuz için daha eğlenceli hale getireceksiniz.

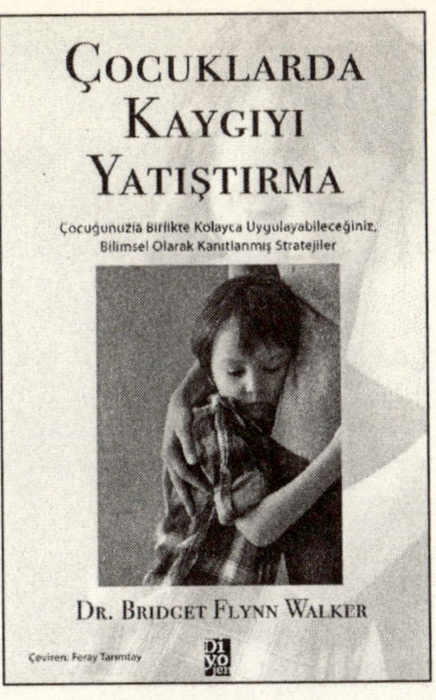

Kaygılı bir çocuğunuz varsa gün boyu evde, okulda veya arkadaşlarıyla karşılaştığı problemlerle baş etmenin zorluğunu biliyorsunuzdur. Çocuğunuzun hayatındaki en güzel dönemi sürekli endişe ve korku içinde geçirmesi sizi yaralar. Peki böyle zamanlarda nasıl çocuğunuzun kaygılarını yönetebilir ve aynı anda hem sizin hem de onun hayatındaki huzuru ve dengeyi geri getirebilirsiniz?

Bir psikolog ve çocukluk kaygısı uzmanı olan Dr. Walker evde, sosyal ortamlarda veya kaygının çocuğunuzu ele geçirdiği her yerde kolaylıkla kullanabileceğiniz hızlı ve etkili çözümler sunuyor. Bu kitapta farklı kaygı bozukluklarıyla ilgili merak ettiğiniz her şeyi bulacak, çocuğunuzda korku ve kaygıları nelerin tetiklediğini ortaya çıkaracak ve onun zor durumlarda ne tür baş etme davranışı benimsemesi gerektiğini belirleyebileceksiniz. Spesifik semptomlara yönelik ve bilimselliği kanıtlanmış müdahaleler, gerçek hayattan örneklenen vakalar ve pratik stratejiler ile kaygılı çocuğunuz için artık kaygılanmanıza gerek yok!